批判的合理主義の思想

蔭山泰之 著

［ポイエーシス叢書］44.

未來社

批判的合理主義の思想★目次

批判的合理主義の思想

装幀——戸田ツトム＋岡孝治

はじめに

カール・ライムント・ポパーを嚆矢とする批判的合理主義の思想は、物理学、生物学、医学、経済学、経営学、法学、歴史学、政治学など学問の世界だけでなく、政治や教育や芸術などの世界にまで多方面にわたってさまざまな影響を及ぼした。少なくともポパーの名前だけは、さまざまな分野で登場してくるようになった。しかしながら、そのように頻繁に言及され参照されてはいるものの、その思想は今ではもう十分に理解され活用されているとは決して言えないのが実状である。こうした事態についてはさまざまな事情、要因が考えられるだろう。そのひとつとして、その思想のもつきわだった特異性もあげられると思われる。つまり批判的合理主義の思想は、よく言えば革命的であり、悪く言えば常軌を逸している。このためこれを十分に理解することは、なかなか一筋縄ではいかないのである。

だれでも合理的であろうとする者なら、ごくふつうには、自分の主張をほかの人に受け容れさせるためにそれを正当化しようと試み、そのための経験的証拠や根拠などを探し求めるだろう。しかし批判的合理主義者は、あえて極端な言い方をすれば、そういう正当化はやるべきではないと主張する。また合理的である人でもそうでない人でも、どちらも自分の主張や信じるところをできるだけ確実にすべく、さまざまな手段を講じるだろう。けれども批判的合理主義者は、またもやそうした確実性は追い求めても不毛だと主張するのである。

もっとも正当化や確実性の追求を否定するだけなら、それはたんなる蒙昧主義、非合理主義となんらかわるところはないだろう。だが批判的合理主義は、その名が示しているようにあくまで合理主義を標榜する。これまでの合理主義のお膳立てをすべて捨て去っても、それでも合理性は維持できるというのである。では、その合理性はどのようにして維持できるのか。批判的合理主義者によれば、ふたたびその名が示しているように、それは批判によってである。合理的であろうとするなら、正当化ではなく批判に励めというのである。

一般には、合理性の最大の拠りどころと考えられている正当化によって、争いや不一致を納得できるかたちで収められると考えられている。それなのにこの正当化を、こともあろうに不和と対立の源泉と見なされている批判と置きかえるとは、じつに驚くべき考え方だろう。少なくともこうした考えだけを取り出してみると、批判的合理主義とはきわめて奇怪で異常なことを主張していると捉えられても不思議ではないかもしれない。

このようにポパーと批判的合理主義者たちは、きわめて常識はずれで逆説的に見えるかもしれないことを主張しているので、一筋縄では理解しにくいところが多分にある。実際ポパーの思想を受け継いだと考えられる批判的合理主義者のあいだでも、その思想展開はじつにさまざまで、源流のポパーの思想を批判するだけでなく、たがいのあいだでも批判的討論が絶えない。したがって批判的合理主義には、批判に合理性を求めるという点を除けば、一枚岩の統一的見解などみじんもない。だがふたたび逆説的な言い方をすると、こうした状態こそ批判的合理主義にとっては健全な状態なのである。

そこで本書は、こうした現状にかんがみて、批判的合理主義の思想と批判的合理主義者たちが主張する批判の合理性を徹底的に解明することを目指す。そしてその解明された姿を受けて、批判的合理主義の思想をさまざまな問題についてさらに展開させることも目指す。さらにこの目標を目指すにあたっては、批判的合理主義の精神にそって、この思想に対するさまざまな批判を積極的に取りあげ、それらの批判を批判的に検討することを通じて、さまざまな論点をあきらかにしていきたい。

最初に第1章で、批判的合理主義の基本的な立場である非正当化主義というものがどういう思想なのかをあきらかにしよう。そしてこの第1章を本書全体の伏線として、第2章以降からは帰納の問題、理論選択の問題、反証可能性の理論、エンジニアリングと組織の問題、客観主義、三世界論、決定論、価値と目的の問題など、批判的合理主義者たちが真正面から取りあげて議論を展開したさまざまな問題や、そうした議論において提出されたそれらの問題に対する解決案などを検討していくことにする。

第1章　非正当化主義序説

教会のなかでもっとも不寛容なローマ・カトリック教会は、聖人の聖列加入のときでさえ「悪魔の代弁者」を招き入れてその言に辛抱強く耳を傾ける。人のなかでもっとも聖なる者でも、本人に対して悪魔が言うことができるあらゆる批判が知られ考慮されるまでは、死後の栄誉を認められないようである。

ミル

1　非正当化主義的可謬論

反証主義（falsificationism）と批判的合理主義（critical rationalism）は、カール・ポパーにはじまる二〇世紀のひとつの思想的潮流である。反証主義の詳細な理論内容は、一九三四年の『探求の論理』においてはじめて公表され[☆1]、批判的合理主義の基本構想はこれに続くポパーのもうひとつの大著『開かれた社会とその敵』においてはじめて披瀝された[☆2]。この二つの立場は、もちろんたがいに密接に関連している。反証主義は批判的合理主義の運用面での方法論であり、

☆1　この一九三四年は、ポパーの処女作『探求の論理』が刊行された年であるが、その一年まえに発表された論文（Popper [1933]）においてポパーは反証可能性の理論を論じている。だから反証可能性理論が世に出たのは、正確には一九三三年ということになる。

☆2　Popper [1945], vol. II, chapter 24.

逆に批判的合理主義は反証主義の思想的背景である。

反証主義は実証主義（positivism）、検証主義（verificationism）、帰納主義（inductivism）と対立する。実証主義とは言うまでもなく、経験に照らして実証されることに科学の優越性を見ようとする立場であり、これが二〇世紀初頭のウィーン学団においてもっともラディカルなかたちをとったのが検証主義である。検証主義における検証可能性の規準は意味の規準であった。だが検証主義は、普遍命題などの絶対的検証の可能性という問題に直面して崩壊する。しかしそれでも、絶対的にではなくても経験によって知識の確実性が増すと考えることによって、検証主義は確証主義へと変貌していく（第2章第3節参照）。以上のような実証主義的な流れに対して、反証主義は一言で言えば実証ではなく、反証に科学の進歩と合理性の可能性を見出そうとする立場である。

一方、批判的合理主義は、包括的合理主義（conprehensive rationalism）、または無批判的合理主義（uncritical rationalism）と対立する。包括的合理主義とは、なにごとも十分な根拠がある場合にだけ合理性を認めようとする立場である。逆に言うと、十分に合理的な根拠がなければなにごとも受け容れない立場である。だがこの立場は、ポパーが指摘しているように[☆3]、自己言及のパラドックスにおいて崩壊する。つまり、その包括的合理主義それ自体には合理的根拠がないのである。どこまでも理由や根拠を追い求めていこうとすると、あとで見るように結局トリレンマに逢着してしまうという主張は批判的合理主義のひとつの重要な論点である。

こうした包括的合理主義に対して、批判的合理主義は合理性についての見方を根底から変え

☆3　Popper［1945］, vol. II, p. 230.〔邦訳第二部二二一頁〕

てしまう。科学的知識のコンテキストで経験的に実証されることを根拠や理由と見る点で、実証主義、検証主義、帰納主義はみな包括的合理主義の方法論上の立場であると見なせるが、批判的合理主義者は理由や根拠があることにではなく、自己や他者に対して批判的であることに合理的であることの可能性を見出そうとする。

さて、反証主義と批判的合理主義を以上のようにこれらと対立する立場と対比させてみると、この二つの立場に共通の特徴が浮かびあがってくる。それは最終的正当化の試みを峻拒する態度であり、非正当化主義（nonjustificationism）と呼ばれている。

反証主義と批判的合理主義とに対立する立場は、かたちはどうであれ、どれもみな正当化を問題にしている。つまり検証による正当化、帰納による正当化、合理的な根拠による正当化などである。また包括的合理主義は理由や根拠を求めるが、それを正当化という観点から見れば、まぎれもなく正当化主義（justificationism）、基礎づけ主義である。正当化主義は、合理性にかんして正当化をもっとも重視する合理主義である。こうした正当化主義に対して、反証主義も批判的合理主義も、こうしたさまざまな正当化すべてに反対している以上、非正当化主義と呼ぶにふさわしい。批判的合理主義やその方法論としての反証主義は、少なくとも言明を演繹するための最終的な前提については、正当化の企てを峻拒する合理主義である。

非正当化主義はすでにポパーの反証主義と批判的合理主義に内在していたが、ポパー自身はこの呼称を使って強力な議論を展開したことはあまりなかった。☆4 だがポパーの思想を受け継いだバートリーやミラーは、合理性を非正当化によってはっきりと特徴づけるようになる。

☆4　ただ、次のようには述べていた。「放棄されなければならないのは、理論が真であるという主張を正当化する意味での正当化の探求であることを理解した。」Popper［1972］, p. 29.〔邦訳三七頁〕Cf., Popper［1983］, pp. 18–30.

バートリーはポパーの批判的合理主義を独自の仕方でさらに発展させ、その主著『コミットメントへの撤退』で包括的批判的合理主義（Comprehensively Critical Rationalism）、汎批判的合理主義（Pancritical Rationalism）を展開したが、そこではっきりと次のように述べている。

なにものも正当化されない。だがすべてが批判できる。ある立場を正当化し保証する無謬の知的権威を仮定する代わりに、知的誤謬を防ぐための哲学的綱領を打ち立てることができる。合理性のために、環境上のニッチを創り出すことができるのである。[☆5]

またポパーが晩年にもっとも信頼していたミラー[☆6]は、ポパーの思想を包括的に擁護しようと試みたその著書『批判的合理主義――再定式化と擁護』の冒頭で、次のように宣言している。

本書の主たるテーゼは、科学的知識への合理主義的アプローチは、決定的な正当化であれ決定的でない正当化であれ、とにかく合理性を正当化と同一視する考え方を完全に放棄することによってはっきりと維持できるということである。科学的活動が合理的なのは、その活動の結論に対して根拠を与えるからではない。そうした根拠など与えてはいない。そうではなく、そのような結論を批判し評価するさいに理性を真剣に利用するからなのである。[☆7]

☆5　Bartley［1962］, pp. 112–113, cf., 196–197. バートリーの包括的批判的合理主義ないしは汎批判的合理主義については、小河原［1993］、第二章、第三章参照。

☆6　ポパーは亡くなるおよそ二ヶ月前のインタビューで、イギリスで批判的合理主義を引き継ぐ者はいるかとの問いにミラーの名前をあげて答えている。Popper, Chmielewski［1999］, p. 33.

☆7　Miller［1994］, p. ix.

このように、反証主義と批判的合理主義の背景には非正当化主義という思想があるが、これによって反証主義と批判的合理主義の思想的立場をはっきりと特徴づけることができる。

さて、以上のような非正当化主義の立場の根底には、可謬論（fallibilism）がある。それはなにごとも誤りうるという根本テーゼであり、あらゆるものが誤りを免れえず、いつでも誤っている可能性をはらんでいるという根本思想である。この思想は、もちろん正当化も基礎づけもできない。可謬論は二〇世紀のさまざまな知的変動についての考察から生じてきたが、ひとつの推測にすぎない。しかし、批判的合理主義はここから出発する。

もっとも、可謬論はすでに一九世紀には現われてきており、現代においてはほとんど常識となったと言えるほど広く認められるようになった。[☆8] 今日では経験主義者や実証主義者を含めた合理主義者だけでなく、懐疑主義者や非合理主義者もみな可謬論者であると言っていいくらいである。しかしそれでも、ポパーの非正当化主義的な可謬論とそれ以外の可謬論、つまり正当化主義的な可謬論はまったく異なっている。それは、非正当化主義的可謬論が以下に述べるような三つの特徴を備えているからである。

第一に、非正当化主義的可謬論は真理の探求と確実性の探求を峻別する。正当化主義においては、この二つは密接不可分と考えられているが、非正当化主義では真であることと確実であること、偽であることと不確かであることをそれぞれはっきりと区別する。

第二に、非正当化主義的な可謬論は確実性の探求とはきっぱりと訣別する。誤解のないように言い換えると、確実性の追求を仕方なしに断念したのではなくて始めから否定する。つまり、

☆8　ローダンによれば、「一八二〇年代から三〇年代までには無謬論自体は揺らいでいた。ハーシェル、ウェーウェル、コントらはみな真なる理論を生み出すいかなる公式もないことを認めていた。」Laudan [1981a], p. 188.

確実性を追い求めることに対して背を向けるのである。

第三に、非正当化主義的な可謬論においては、真理の探求が果てしなく続くことに積極的な意義が見出される。正当化主義においては最終的な確実性が目指されているので、探求が続いていることは現状が不確実であることを意味する。それゆえ探求が続くことには、否定的な意味しかない。これに対して非正当化主義では、知識が最終的な真理に到達不可能でも真理に接近できるということに無上の価値を見出す。だから、どこで停止してもそれは中途半端に探求を打ち切ることを意味するので、つねに前進することに意味がある。

以下において、これら三つの特徴が意味するところを具体的に見ていこう。

2 真理と確実性の峻別

アルバートによれば、「一貫した可謬論は、古典的な合理主義において追求されていた真理と確実性の結びつきがもはや維持できないところから生まれてくる。つまり、合理主義の伝統の枠組みのなかで、認識論の問題を批判的に解決するところから生まれてくるのである。」[☆9]

従来の正当化主義の立場では、真理と確実性は密接不可分と考えられていた。確実でなければ真理ではないし、真理である以上は確実でなければならなかった。というよりも、むしろ真理の探求よりも確実性の探求の方が重んじられた場合さえある。その例として、たとえば規約主義があげられる。規約主義は、反証されるかもしれない自然法則を定義や規約などとして解釈して、これを絶対確実な命題に仕立てあげようとする。定義や規約ならば実験や観察によっ

☆9 Albert [1982], p. 9.

て反証される恐れはなくなり、その意味で確実になる。だがこうなると、その法則命題が述べていることが現実の世界に本当に対応しているかどうか問題にできなくなってしまう。☆10

どちらの立場にしても、客観的な経験の世界から一歩身を引くことと引き換えに確実性を手に入れようとしている。だから、客観的な経験の世界については、規約主義も道具主義も絶対確実性を保証する手段にはなりえなかった。しかし、客観的な経験の世界に目を向けようとするならば、絶対的確実性など得られないのは否定できない事実である。実証主義の一連の立場では、どうにかして客観的世界についての確実性を獲得しようとあれこれ手段が講じられてきたが、これまでのところそれらはことごとく失敗している。

ワイルによれば、「絶対的なものを望む者はすべて主観性と自己中心性を甘んじて受けなければならない。また客観的なものに心引かれる者は、すべて相対性の問題に直面する。☆11」結局、定義や規約などある意味では主観的な世界にとどまって確実性を獲得する代わりに、客観的世界についての真理を放棄するか、あるいは客観的世界についての真理の探求に乗り出して確実性の追求を放棄するか、二つにひとつの道しかない。

批判的合理主義は、この選択肢を真摯に受け止め、後者の道、つまり客観的世界についての真理の探求に乗り出す。ポパーによれば、すでにクセノファネスがこのことを正しく認識していた。☆12「神々は、はじめから死すべき者にすべてをあきらかにはしなかった。だがわれわれは、時の流れのなかで探求し、よりよいものを見出す」というクセノファネスのことばには、たとえ確実性は得られなくても、真理を探求するという思想がはっきりと言い表わされている。

☆10 もっともこの点について道具主義などは、むしろ現実との対応をはっきりと拒否さえしている。真理の探求よりも確実性を重んじているために、道具として有用、確実であれば、それの真偽はとりあえず問題にしないのだろう。これは、たとえばカルナップの確証主義の後期の立場に見られる。本書五一頁以下参照。

☆11 Weyl [1949]、邦訳一二八頁。Cf., Popper [1934], p. 75, Popper [1959a], p. 111.〔邦訳一三九頁〕

☆12 Cf., Popper [1963], pp. 25-26.〔邦訳四五頁〕, Popper [1984a], pp. 220-222.〔邦訳三〇六―三一〇頁〕, Popper [1994a], pp. 39f.〔邦訳八〇―八一頁〕

3　確実性との決別

だが正当化主義のなかには、前述の二者択一のほかに第三の道を模索する試みもある。絶対的確実性は得られないとしても、部分的な確実性なら得られるのではないか、そしてそこから進んでいけば絶対的確実性に近づけるのではないか。こうして、実証主義は検証主義を経て確率論を利用した帰納主義、つまり確証主義に変貌してくる。

このように、正当化主義が正当化にこだわるのは、確実性にこだわるからである。[☆13] 正当化と確実性は密接不可分と考えられている。実際、可謬論を認めて、いかなる知識も絶対確実ではないと口では言っても、科学的知識はほかの知識に比べればはるかに確実だという見方は根強く、科学的知識といえども絶対確実ではないという言い方がたんなるリップサービスにすぎない場合もあった。[☆14] この点ではミラーも言うように、[☆15] ポパーが確実性の探求を否定し、それを不毛だと評したことは、ほかの可謬論者たちと決定的に異なる点である。

こうした状況において、確実性の探求を拒否することは正当化の試みを拒否することを意味し、逆に正当化の試みを拒否することは確実性の探求を拒否することを意味する。いったい、確実性とはなんだろうか。それは結局、主観的な安心感にしかすぎないではないのか。「確実性とはたいてい客観的ではない。それは、ふつう不十分な知識にしかもとづいていないのに、信頼したり確信したりする強い感情にすぎない。そうした感情には、ほとんどたいした根拠などないのだから危険である。確信しているという強い感情はわれわれを独断主義者にしてしま

☆13　Cf., Albert［1977］, p. 37.

☆14　Brown［1977］, pp. 65f.〔邦訳八九頁以下〕

☆15　Miller［1994］, p. 6. ミラーによれば、この確実性の探求の不毛さを主張したのはおそらくポパーが最初である。

い、確実性は得られないと無意識のうちには認めながらも、そうした感情によってその確実性を自分で信じ込もうとするようなヒステリックな狂信者にさえ変えてしまう。」[☆16]

このように、主観に逃避すれば確実性はいつでも簡単に得られてしまう。たとえ確証主義のように絶対的確実性は断念して、部分的、相対的な確実性で満足しようとしても、確実性を問題にし続けるかぎり結果は同じである。だから確証主義は、つねに規約主義や道具主義の誘惑にさらされており、経験主義も極端に走ると実証主義を経て、バークリーやマッハなどのように、主観主義に陥りがちである。絶対確実性を追い求めていけば、やがては主観から一歩も外に踏み出せなくなってしまう。真理と確実性が結びつけられると、たとえ真理を目指していても、いつでも確実性の方に目が向いていることになる。そして確実性が得られないとなると、真理も得られないと短絡的に判断され、結果的に懐疑主義、相対主義に陥ってしまう。

けれども、非正当化主義にとって探求すべきは客観的世界についての真理なのだから、こんな主観的な確実性など目指しても意味がない。確実性を峻拒し、主観の世界から客観の世界へ転ずるところからは、これまでの正当化主義とはまったく異なる地平が見えてくる。それはこうした確実性が得られない事実をどう見るかにかかってくる。

4　果てしなき探求

絶対確実性はいずれにしても得られない。だがこの事実をどう見るかにおいて、正当化主義と非正当化主義は根本的に異なってくる。従来の正当化主義的な合理主義の立場は、すべてこの

☆16　Popper [1990], p. 33.〔邦訳五六頁〕アルバートも確実性について、「知識の確実性はすべて、みずから捏造したものであり、それゆえ実在の把握にとっては価値がない」と述べている。Albert [1968], p. 30.〔邦訳四八頁〕

事実を問題と見なしていた。つまり、正当化の手続きが終わらないことは正当化に完全に成功していないことと見なされ、極端に忌避された。結局、帰納主義でも確証主義でも、絶対的確実性、つまりアルキメデスの点、エピステーメが最高の理想であり[☆17]、これに到達できないでいるのはどういうかたちであれ問題なのである。だから真理の探求が果てしなく続くかもしれないことも問題となり、できるだけ高い確実性、確率を得て終わりにしようとする。そのため、結局はどこかでその手続きを打ち切ろうとしていることになる。

こうして正当化主義では、絶対的であれ部分的であれ、正当化や基礎づけがいつまでも問題であり続ける。だがこうした正当化を問題にするかぎり、アルバートが指摘したようなミュンヒハウゼン・トリレンマは避けられないだろう。アルバートによれば、基礎づけ、正当化の試みは、最終的にその試みが永遠に終わらない無限後退に陥るか、あるものの基礎づけにそのもの自体がひそかにもち込まれるという論理的循環か、あるいは基礎づけの手続きを恣意的に打ち切って独自にアルキメデスの点をつくりあげてしまうかの、三つの道のどれかに逢着してしまう[☆18]。ここで注意すべきは、第二と第三の道はどちらも第一の道、つまり無限後退を回避するためにもち出されたということである。このように、正当化主義では、正当化、基礎、根拠の探求が無限に続くことはそれだけで問題視されている。無限に続くということは、なかなか最終的なアルキメデスの点、エピステーメにたどり着けないことを意味しているからである[☆19]。

しかし真理と確実性を切り離す非正当化主義では、探求が果てしなく続くことは問題とは見なされない。なぜなら、無限に続くのはすでに知っていることへの後退ではなくて、まだ知ら

☆17 Cf., Popper [1983], pp. 221f.

☆18 Albert [1968], pp. 11-15.〔邦訳一七―二三頁〕Cf., 小河原 [1993], pp. 14-24.

☆19 非正当化主義のこうした議論に対してアーペルは、基礎を疑うさいにはたとえば論理規則などのなんらかの立脚点を明証で確実なものとして前提にしているはずだから、すべてを疑えるという非正当化主義の論点は維持できないと反論する。Apel [1975]. だが非正当化主義でも、「どのような前提にでも異議を唱えることができるとしても、それらすべてを同時に問題にすることはまったく実行不可能」(Popper [1963], p. 238〔邦訳四〇三頁〕) なことは認めており、任意の前提が疑えると主張しているだけである。それゆえある前提を疑うさいのある時点での立脚点は、べつの時点ではべつの前提を立脚点

ないことへ向けての前進だからである。非正当化主義における真理の探求は、未知の領域に向けて無限に前進する。[20] 独断主義は決定的な知識を獲得するための確実な手段があるがゆえに知識は可能だと信じ、懐疑主義はそうした手段は存在しないがゆえに知識の可能性を否定した。けれども「批判的合理主義は、まさしくそのような決定的な知識に達するための確実な手段などは存在しないがゆえに知識は可能だと主張する。[21]」人間の知識の不完全さを嘆くのではなく、この世界にはまだまだ刺激的なことが待っていると期待するのである。

このように、正当化は後退の方法、不動のアルキメデスの点にまでさかのぼって、そこで絶対確実に静止するための方法である一方、批判は前進の方法、静寂のなかに波風を立て、動揺を引き起こし、ものごとを変化させる方法である。

5　批判の合理性

これまで見てきたように、非正当化主義は正当化主義とはまったく異なる構想のもとに正当化の企てをことごとく否定するが、これは合理性についても同じである。従来は、合理的であることは正当化されているとか、基礎づけられていることとほとんど同義と考えられてきた。こういう基礎づけや正当化を哲学の本務と見なすのならば、非正当化主義の立場は哲学ではない。[22] これまでは、こうした基礎づけや正当化を拒否すると、もはや非合理主義にいたるしかないと思われていた。だが、少なくともポパーの思想に源流を発する非正当化主義は、あくまでも合理主義である。

にして疑うことができる。Cf., Bartley [1962], p. 122, 小河原 [1993]、第四章。

☆20　もっとも現実には、暫定的にせよどこかで停止しなければならないのはあきらかである。だがそれは停止点が絶対的に正しいと示されたからではなく、当面の問題、批判がなくなったからである。Cf., Bartley [1962], pp. 122f. だからこの停止点は、あとで問題にされる可能性をいつでもはらんでいる。むしろわれわれは自分たちの立脚点を確実であると見なしがちだからこそ、倦むことなく探求を続けようという観点が欠かせない。

☆21　Boyer [1989], p. 94.

☆22　ポパーの思想が専門哲学者のあいだで受け容れられないのも、こうしたことと無縁ではないだろう。Cf., Bartley [1982b], pp. 268–275.〔邦訳四七–六二頁〕

非正当化主義は、正当化主義とは合理性についての捉え方をまったく変えている。正当化主義においては理由、根拠、正当化があることが合理的であったが、非正当化主義の批判的合理主義では批判的であることこそ合理的であると考える。ふつう正当化こそ合理的で批判と言えば対立と混乱しか生み出さない消極的な方法だと考えられているが、批判的合理主義では批判についてこれとはまったく異なる見方をとる。では、批判的であることがなぜ合理的なのだろうか。ポパーは、批判的であることが合理的であることについて次のように述べている。

　個人的態度としての合理性とは、自分が信じているところを訂正する用意ができていることである。それは、知的にもっとも高度に発展したかたちでは、自分が信じていることを批判的に論じる用意があることであり、ほかの人びととの批判的討論のもとでそれを訂正する用意ができていることである。[☆23]

合理ということの意味が理に適っていることだとすると、ここでの理とはすべてが誤りうるという客観的事実である。要するに、批判的であることは人間の可謬性という客観的事実に適っている。誤るかもしれない可能性を認めるからこそ、誤りの指摘が大切なのである。一方正当化は、この点で理に適っているとは言えないだろう。先に引用したポパーのことばで示唆されているように、正当化主義も極端に走ると、事実として正当化できないのに主観の世界で正当化を成し遂げようとすることさえある。だからそれは、結果として独断主義に転じやすい。[☆24]

☆23　Popper [1994a], p. 181.〔邦訳三一三頁〕

☆24　この点で可謬性を認める懐疑主義の方が、むしろ正当化主義よりも合理的かもしれない。事実、ポパーは非合理主義の方が包括的合理主義よりも論理的に優れていると述べている。Popper [1945], vol. II, p. 231.〔邦訳第二部二一三頁〕

なにごとに対しても正当な理由を求める正当化主義的な合理性の概念は、かなり常識的であると考えられるので、このように批判を根本とする非正当化主義における合理性の概念は、一見したところ理解しにくいかもしれない。だがこれを理解するためには、これら二つの合理性のうち一方しか備えていない次のような二者の態度を対比させて考えてみればよい。

他者も自己も批判しないし、いかなる批判も受け付けないが、ただ自説を正当化する者。

自己を正当化しないが、他者批判と自己批判を繰り返し、批判を真摯に受け止める者。

前者と後者、どちらが非合理的だろうか。もし自分が絶対確実に正しければ、前者は合理的と言えるだろう。そしてこの者の正当性の主張を認めるとすれば、批判が通用しない以上、ただ彼に帰依するしかない。だがそういう絶対的正当性などありえないというのが、正当化主義、非正当化主義のどちらにも共通した見解なのである。前者と後者どちらに対しても、もしこの者が誤っていると考えられれば、われわれは彼を批判するだろう。しかしその批判がみのりあるのはどちらだろうか。言うまでもなく批判による合理的な議論が成り立つのは、ただ後者のみである。これに対して前者には、ただひたすら帰依するか、拒絶するか、どちらかしかありえない。前者は、むしろ自分たちの殻を破れなくすることを誇りに思い、自分たちの偏執狂の囚人になることを誇りに思ってさえいる。[☆25]

このように見てくると、正当化ではなくて批判にこそ合理性を求めようとする考え方は、べ

☆25 Popper [1994a], p. 180.〔邦訳三一二―三一三頁〕この点を考慮すれば、批判的合理主義における「批判的」ということは、ミラーも言うように、主として「自己批判的」であることがわかる。Miller [1994], p. 78.

つに珍しいわけでも、常識に反するわけでもないことがわかる。実際にこうした考え方は、ポパーが批判的合理主義を主張する以前では、一九世紀の西欧自由主義思想において認められる。たとえばミルは次のように述べている。

ある人の判断が本当に信頼に値するとしたら、それはどうしてなのだろうか。それは、その人が自分の意見や行為に対する批判にいつでも心を開いていたからである。自分に対して投げかけられるあらゆる反対意見に耳を傾け、そのうちの正当な部分すべてから利益を得て、自分自身や必要とあれば他人に対しても、その誤っている点を説明することをみずからの習慣としてきたからである。[☆26]

ここでミルが言っている判断が信頼に値する人を、合理的な人と読み替えてもかまわないだろう。正当化主義は、どのようなかたちであっても、たとえ弱められたかたちであっても、可謬論を認めたとしても、つまるところ明示的にであれ暗黙にであれ、最終的には絶対に誤りを犯さないことを理想として目指している。つまり正当化とは、絶対的無謬性の確立である。[☆27] これに対して批判的合理主義は、誤りをいつでも訂正できることを目指している。だからこの二つの立場には、じつは見かけ以上に大きな違いがある。それは誤りに対する態度である。

正当化主義においては、意識的にであれ無意識的にであれ、最終的に絶対に誤らないことが目指されている以上、誤りはいつまでたっても否定的にしか評価されない。このため、この立

☆26　Mill [1859], p. 146.〔邦訳四五頁〕

☆27　もっとも理由や根拠をあげることをすべて正当化に含めて考えるとすれば、非正当化主義といえども、もちろんなんの理由もなしでやっていけるとは考えていない。「なぜならば」と言えなければ、議論などまったく成り立たないからである。ポパーが一定の独断主義を認めたわけもここにある。Popper [1976], pp. 41, 42.〔邦訳上巻六九、七一頁〕つまり、なにごとにつけ批判されるたびにすぐに意見を翻しているようでは、批判的議論など成り立たないからである。ただ、そうした理由はあくまでも真理を探求するための手段であって、それ自体が目的ではない。まして究極の絶対確実な理由などまったく求めていない。この点が正当化主義とは決定的に異なる。Cf., Miller [1994], pp. 109f.

場は容易に欺瞞的な立場に転落する可能性がある。それは、誤りがあってもそれを認めようとしない立場である。客観的な誤りを認めなければ、少なくとも主観の世界では無謬性は維持できるからである。だが、そうした主観の世界が客観的な現実に対応している保証などない以上、こんなことを繰り返していては、まさに「損失を取り戻そうとして損失を繰り返す」[☆28]地獄の循環に陥るだけである。

これに対して非正当化主義では、誤りはまえに進むための貴重な手がかりである。それゆえ、誤りはむしろ積極的に評価される。ポパーはあらゆる反駁を偉大な成功と見るべきだとまで言い切っているが[☆29]、それはこの誤りを積極的に評価しないとどういう事態に陥るかをよく知っているからである。だからこの立場にとってもっとも忌避すべきなのは、誤りようがないこと、つまり絶対的無謬性である。それは厳しい現実をおおい隠すことによって、不可能事を可能であるかのように見せかけ、それによって客観的世界とのつながりを断ち切り、最終的に改善、改良、進歩、前進の可能性を断ってしまうからである。ポパーはこれを「誤りをもみ消すことは、最大の知的犯罪である」[☆30]と厳しく戒めている。非正当化主義者は、誤りを否定的にしか見ないとこうなってしまうことを知っているし、また誤りは進歩、前進のための重要な契機であることを知っているために、誤りを積極的に評価する。

6　批判的合理性と倫理

すでに前節の最後で示唆されているように、こうしたポパーの批判的合理性の議論には倫理的

☆28　Popper［1976］，p. 34.〔邦訳上巻五六頁〕
☆29　Popper［1963］，p. 243.〔邦訳四一二頁〕このように考える以上、誤りを指摘する批判は論敵攻撃のためではなく、真理探求のための道具なのである。Cf., 立花［1984］，p. 29, Albert［1971］, p. 16.
☆30　Popper［1984a］，p. 228.〔邦訳三二〇頁〕

な背景がある。[☆31] 非正当化主義では、合理ということは理に適っていることだと言うとき、それは人道に適っているということも考えられる。この点で合理主義を選択することについて、ポパーは次のように述べている。

> 差し迫っている選択は、たんに知的なことがらとか趣味の問題などではない。それは道徳的決断である。……なぜなら、なんらかの、多かれ少なかれ急進的なかたちの非合理主義を受け容れるかどうかという問題、あるいはわたくしが「批判的合理主義」と名づけた非合理主義に対する最小限の譲歩を受け容れるかどうかという問題は、ほかの人びとや社会生活の問題に対するわれわれの態度全体に深く影響するだろうからである。[☆32]

倫理的な観点から見た場合、正当化主義の最大の問題はそれが権威主義的な構造をもっていることである。なんらかの知識の正当化にあたっては、たいていはその源泉が求められる。「きみはそれをどんなところから知ったのか。きみの主張はいったいどのような源泉を拠りどころにしているのか。」答えとしては、知覚とか直観とか理性などがあげられるだろう。だがそうした答えのどれもが最終的に正当化不可能である以上、正当化の究極的源泉と見なされたものは、不動の地位を確立するためにやがて権威となり、反対するものをすべて排除し批判を封じ込めることになる。

この知識の源泉を求める問いは、ポパーによれば「だれが統治すべきか」という政治哲学の

☆31　Cf., Artigas [1999], Second Part, Stokes [1998].
☆32　Popper [1945], vol. II, p. 232.〔邦訳第二部二二四頁〕

根本問題と対応している。[33] これに対しては「賢者」とか「民衆」とか「労働者」などとこれまでいろいろと答えられてきたが、これらの答えも究極的正当化が不可能であるだけに、その真相を隠蔽しようとしてますます権威主義的な性格を強めていかざるをえない。権威を守るために異論を抑圧し、批判を抑圧してまわりを黙らせようとするからである。[34]

このように、非正当化主義の思想は倫理にまで及ぶ。だれに対しても真理を獲得したと僭称する権利を認めない以上、おのれに対しては謙虚を求め、他に対しては寛容を求める。ここから、非正当化主義は理念としての唯一無二の真理を追い求めるにもかかわらず、現実的には多元論を勧める。[35] たとえば、一枚岩の共産主義の理想を誇っていた東側に対して「西側は何を信じているか」との問いに、ポパーは次のように答えている。

> われわれが誇りとすべきはひとつの理想をもっていることではなく、良くも悪くも多くの理想をもっていることである。ひとつの信仰、ひとつの宗教ではなく、良くも悪くも多くの信仰を抱いていることである。……西側がひとつの理想、ひとつの宗教に一致したとしたら、それは西側の終わりであり、全体主義的理想への降伏、無条件の隷従である。[36]

だれもみずからの絶対的正しさを絶対的確実性をもって示すことはできないのだから、統一されたひとつの理念を目指して他を排斥することは、いまだ真理に到達していないにもかかわらずそれへの探求を不当にも中断してしまうことにほかならない。いかなる知識も最終的に正当

☆33 Popper［1945］, vol. I, pp. 120–121.〔邦訳第一部一二六－一二七頁〕, Popper［1963］, p. 25.〔邦訳四三－四四頁〕, Popper［1984a］, pp. 57–58.〔邦訳八五－八六頁〕Cf., 立花［1991a］, pp. 163–172.

☆34 Cf., Popper［1945］, vol. I, p. 160.〔邦訳第一部一五九頁〕このように正当化主義の権威主義的性格は、ポパーが批判したユートピア主義にも通じている。第5章第2節および第6章第1節参照。

☆35 Cf., Albert［1971］, p. 38, Albert［1977］, pp. 186ff. 権威に反対する点では、ファイヤアーベントの立場も、一種の非正当化主義である。Cf., Boyer［1994］, p. 51. バートリーが自分とファイヤアーベントを批判的合理主義の二つの突然変異と見ている(Bartley［1982b］, p. 273.〔邦訳五八頁〕)ように、ファイヤアーベントの思想は

化されない以上、真理の探求は続けられなければならない。そしてその探求を効果的に進めるためには、できるだけ多様な立場、観点があった方がいい。

次章以降では、批判的合理主義者たちが、自分たちの思想をどのように主張し、どのように展開していったのかを見ていく。そしてその手はじめとして、ポパーがみずからの思想的立場を打ち出すためにどうしても片づけておかなければならなかった問題から取りあげてみたい。

批判的合理主義に近いと言えよう。ただし彼の相対主義はまったく異なる。なぜなら、その場に相対主義とは立ち止まってまえに進もうとしない立場だからである。

☆36 Popper [1984a], p. 238.〔邦訳三三四頁〕批判的合理主義と多元論の関係については、第8章第4節、第5節参照。

第2章　正当化主義と帰納の問題

家畜は、いつも餌をくれる人の姿を見ると餌を期待する。こういう一様性に対するいくらか粗雑な期待は、すべて誤りうることが知られている。雛に毎日餌をやってきた人も、最後にはその雛の首をひねる。これを見れば、自然の一様性についてもっと洗練された見方をもった方が雛の役には立っただろうということになる。ラッセル

1　正当化主義の枠組み

ポパーはその学問的キャリアをはじるまえの青年期に、すでに個人的な理由から科学と疑似科学の境界設定の問題に対する解決案を見出していた。それは言うまでもなく、反証可能性の理論である。ポパーにとって反証可能性とは、マルクス主義批判のための理論的な武器だった。[☆1]

だが、すでに境界設定の問題を解決したと考えていたにもかかわらず、ポパーの理論的活動はもうひとつべつの問題、つまり帰納の問題への取り組みから始まった。一九三〇年代初頭に

☆1　立花［1988］, p. 3.

すでに執筆されていたものの、最終的におよそ半世紀たってから出版されたポパーの事実上の処女作『認識論の二大根本問題』を見ると、その膨大な第一巻が帰納の問題の批判的検討にあてられており、ポパーがすでに二〇代後半から三〇代にかけて、この問題について徹底的に研究していたことがわかる。そして、境界設定の問題は、その浩瀚な研究成果が展開されたあとに第二巻から論じられている。ではポパーは、なぜ境界設定問題ではなく、帰納の問題からはじめたのだろうか。これについてのポパーの説明はこうである。

ベーコン以来まかり通ってきた科学についての誤った説——自然科学は帰納科学であり、繰り返された観察や実験によって理論を確立し、正当化するのが帰納の手続きであるという説——が、なぜこれほどまでに深く根づいてしまったのかがわかった。それは、科学者たちは自分たちの活動を神学や形而上学からと同じく、疑似科学から区別しなければならなかったので、ベーコンを継承して帰納の方法を自分たちの境界設定の規準としたからである。☆2

要するに科学と疑似科学の境界設定規準としては、当時すでに帰納法がそれだと見なされていたので、まずこれからやっつけたということである。なるほどポパーの処女作『探求の論理』でも、このような説明にそうように議論が展開されている。☆3

たしかに、ポパーが言うような事態は当時あったかもしれない。だがこの説明では、帰納の

☆2　Popper［1976］, p. 79.〔邦訳上巻一四三頁〕Cf., Popper［1963］, pp. 52–53.〔邦訳九〇頁〕ポパーは、帰納の問題に興味を抱くようになったのは一九二三年のことであり、五年間この問題と境界設定の問題の関係を十分に認識していなかったと述べている。Popper［1963］, p. 42.〔邦訳七一頁〕ポパーが境界設定の問題をはっきりと認識したのは、周知のように決定的な年、一九一九年である。Popper［1976］, section 8. したがって、二つの問題の認識には、少なくとも四年のずれがある。なお、これら二つの問題が、ポパーの思想のなかでどのように変化していったのかについては、ヴェッターシュテンの詳細な批判的研究がある。Cf., Wettersten［1992］, chapter 8, 9, 10.

☆3　Popper［1934］, pp. 8–9, Popper［1959a］, p. 34.〔邦訳三九頁〕

問題から取り組んだ理由としては今ひとつ弱いように思われる。なぜならこういう理由なら、境界設定問題から議論をはじめてその解決案を示し、そのあとで自分の解決案によって帰納の問題も解決できるし、しかも帰納法を境界設定規準と見なさなくてもすむ、というように議論を展開することもできたからである。もっとも、当時の常識を覆したうえで独自の解決策を提示した方が、議論として説得力があったとする見方も可能かもしれない。だがこれなら『認識論の二大根本問題』までの徹底した帰納の問題の研究は必要だろうか。ポパーの思想全体を考慮に入れてみると、境界設定の問題よりも先に帰納の問題に取り組んだことについては、べつの理由もありうるように思われる。このことを考えるために、まず帰納の問題に対するポパーの取り組み方を見てみよう。

帰納の問題とは、伝統的に「個別の観察言明からそれを帰納的に一般化した普遍命題は正当化できるか」というかたちで理解されてきたが、これに対してポパーは、「帰納的な一般化は正当化できない」と答える。だがこれは、ある意味では答えになっていない。少なくとも、帰納主義者にとってはまったく解決になっていない。というのも、帰納主義者は帰納の問題を「帰納的一般化はどのように正当化できるか」というかたちで捉えているので、こうした帰納主義的な問題設定と、正当化は存在しないというポパーの答えはまるっきりかみ合っていないからである。だから、ポパーは帰納の問題をたんに無視しただけだと言われる場合もある。[☆4]

ところがポパーによれば、逆に帰納の問題こそが誤って立てられているのである。[☆5] というのも、伝統的な理解では、すでに帰納の存在が前提にされているからである。こうしてポパーは

☆4　竹尾［1999］, p. 116.
☆5　Popper［1972］, p. 2.〔邦訳四頁〕

帰納的正当化の可能性だけでなく、帰納の存在そのものも否定する。この点に、帰納を徹底的に否定するという帰納の問題に対するポパーの取り扱いの特徴が現われている。

ポパーは帰納の絶対的正当化はおろか、確率計算を利用した部分的正当化まで否定する。さらに科学においてだけでなく日常生活一般においても帰納はなんら存在しないと、帰納にかんするあらゆることを徹底的に否定する。ヒュームの帰納法批判はカントなどを独断のまどろみから目覚めさせるほどのインパクトがあったが、ヒューム自身は心理的なレベルでの帰納は否定しなかった。帰納的正当化は否定しても、帰納の存在は認めていた。ところがポパーは、帰納的正当化はおろか帰納の問題から帰納の存在まで、帰納にかんするすべてを否定する。この点ではポパーの立場はかなりヒュームに依拠しているとはいえ、ヒュームをはるかに超えた帰納排斥主義とでも言うべき徹底したラディカリズムである。

現在でこそ帰納はもうあまり注目を浴びなくなってしまっているが、一九世紀の余韻がいまだ残っていた今世紀初頭においては、帰納法こそ科学的知識を正当化する唯一の方法であると思われていた。[☆6] 帰納法はニュートンの登場以来、それまで二〇〇年以上ものあいだ科学の確乎たる方法であると思われてきていたのだから、この帰納法の存在を核とした経験主義の枠組みのなかでまさにその帰納を否定することはどれほど大変だっただろうか。帰納を否定したインパクトをポパー自身は若き日の哲学者たちの会合での体験として、次のように振り返っている。その会合ではラッセルの講演があり、

☆6　今世紀初頭においては、経験的方法は帰納的方法であると思われていた。Cf., Poincaré［1902］, p. 26.〔邦訳一七頁〕

講演のあとで討論があった。エアがわたくしになにか話すように促したので、わたくしはこう始めた。わたくしは経験から学ぶことができると考えているし、ラッセルが提案したようなカント的限界のない経験主義を認めるが、しかし一般に帰納は存在しないと考えている。この考えを自分が話せるたどたどしい英語でできるだけ簡潔に言い表わした。すると聴衆にはよくわかったようで、これを冗談と受け取ったらしく、笑った。[☆7]

このように、当時の経験主義の枠組みにおいて帰納を否定する思想は、まるでウェゲナーの大陸移動説のようにあしらわれた。のちにその思想が世に出て有名になってからも、ポパーは帰納が現に存在するのにそれを認めないとは不誠実だとさえ言われた。[☆8] だがそれにもかかわらず、帰納を否定するポパーの態度はまったく変わらない。だれがなんと言おうとも、ポパーは帰納を否定し続けた。

ポパーがこれほどまでに帰納法を否定し続けたのはどうしてだろうか。それは彼が帰納の依って立つ枠組みを標的にしていたからではないか。ポパーは与えられた経験主義の枠組みのなかでおとなしく帰納の問題に取り組んだりはしなかった。それどころか、その枠組みそのものを突き崩そうとしていた。つまり、正当化主義の枠組みを突き崩すことを目指していたのである。「帰納の神話は誤った問題設定（「知識はどのように基礎づけられるだろうか」）についての考察から発している。こうした問題設定に対しては、常識的な知識論によって誤った解決が試みられるだけである。だから帰納の問題を『解決する』ことは、理論の地平を変えることに

☆7 Popper［1976］, p. 110.〔邦訳下巻一四一一五頁〕
☆8 Popper［1963］, p. 46.〔邦訳七八頁〕Cf., Popper［1983］, p. 130.

なる。この誤ったやり方をいったん放棄すれば、問題はまったく異なってくるだろう。」[☆9]

そしてポパーが帰納を中核とした正当化主義の枠組みを突き崩そうとしたのは、これを突き崩さないかぎり、正当化主義とはまったく異なる枠組みとしての非正当化主義的な発想から生まれた反証可能性は決して理解されないからである。こうした見方は多分に後知恵によると言われるかもしれないが、あとで見るようにこの正当化主義の枠組みはなかなか堅牢で、ポパーの批判にもかかわらずこの枠組みはいまだ存続しており、そのために反証可能性は正当化主義的に理解されてしまっている。それゆえ第4章でくわしく検討するが、反証可能性に対する批判のほとんどは、正当化主義的な観点からの批判ばかりであった。だからポパーは、反証可能性という境界設定問題に対するみずからの解決案を提案するために、まず正当化主義の枠組みを突き崩そうとし、そしてそのために、なによりも先に正当化主義の中心問題だった帰納の問題に取り組んだのではないだろうか。

以上のように、ポパーにとってはなによりもまず正当化主義の枠組みを崩す必要があった。そのうえで、はじめて批判を核とする新しい非正当化主義の枠組みが理解できるからである。ではポパーはその枠組みをどのように崩していったのか、具体的に見ていこう。

2　検証可能性と帰納の問題

ポパーがターゲットとして最初に選んだ最強の正当化主義の枠組みは、彼を育んだ論理実証主義の枠組みであった。ポパーはもちろん実証主義者ではなかった。けれどもポパーがその知的

☆9　Boyer [1994], p. 47. Cf., Popper [1983], p. 21.

キャリアをはじめたのは、論理実証主義のまっただなかだったことも事実である。ポパーにとって、この論理実証主義批判はきわめて重要な課題であった。それは、論理実証主義こそポパーにとって正当化主義の典型だったからである。実際、カルナップは明確に次のように宣言している。

> 認識論の課題は、知識を正当化する方法を確立することにある。認識論は、申し立てられた知識が妥当な知識として正当化され、基礎づけられるかどうかを述べられなければならない。☆10

このように、論理実証主義は壮大な正当化の企てであった。ここでカルナップが確立しなければならないと言っている知識の正当化の方法とは、まずは検証可能性の規準であった。

もっとも実際には、論理実証主義に所属していた理論家に共通の確立された学説などはなかったが、それでも彼らには少なくともひとつの共通の目標はあった。それは、形而上学を合理的な学問的知識から排除することである。彼らにとって形而上学とは、汎神論、無神論、観念論などのいわゆる経験を超えた世界にかんする学説であったが、論理実証主義者がこうした形而上学を排除しようとしたのは、形而上学的言明が真でも偽でもなく、無意味だからである。

論理実証主義者によれば、ある言明に意味があると考えることができるためには、その言明がどのような条件のもとで真であり、どのような条件のもとで偽であるのか示せなければなら

☆10 Carnap [1966a], p. 9.

ない。そのような条件を定式化することは、「検証」の方法を述べることと同じであると考えられるだろう。そしてその方法の可能性は、検証可能性である。「もしだれかがなにごとかを主張したら、その人はなんらかの検証が可能な方法を述べられなければならない。そうでなければ、その人は自分が言ったことを理解していないのである。[☆11]」

たとえば「世界は精神の自己展開である」といった言明は、どのような条件のもとで真になり、どのような条件のもとで偽になるのだろうか。そうした条件を述べられないとしたら、この言明には意味がない。これに対して科学の命題は、論理実証主義者にとって、たとえ観察不可能な概念が含まれていたとしても、原理的に検証可能である。だから、たとえばカルナップは次のように主張する。「科学的な概念から組み立てられたどのような言明も、根本的に真であるか偽であるかが確定可能である。[☆12]」論理実証主義者にとって、科学とは直接経験にもとづいており、検証によってコントロールされている命題の体系であった。

このような仕方で、初期の論理実証主義者たちは科学と形而上学を厳密に区別しようとした。科学的な命題は検証可能であり、形而上学的な言明は検証不可能である。そしてこのような検証可能性理論によって、合理性の問題、つまり科学を合理的な営みとし、形而上学を非合理な営みとして特徴づけ、両者を峻別する問題は解決できると考えられていた。実際のところ、境界設定問題は論理実証主義の正当化の企てにおいて特別な地位を占めていた。[☆13]それは、経験主義者は哲学的形而上学や宗教的形而上学を場合によってはきわめて危険な麻薬と見なしており、科学こそ合理的知識の希望であると見なしていたからである。[☆14]

☆11 Waismann [1976], p. 488.

☆12 Carnap [1928], p. 255.

☆13 Carnap [1934], p. 260.

☆14 検証可能性理論は、今では誤った哲学理論の見本のように取り扱われているが、その形而上学排除のエートスは強くポパーに受け継がれている。なるほど論理実証主義の形而上学無意味の教説に対して、ポパーが形而上学を擁護したことはよく知られている。だがポパーが擁護したのは、原子論のような科学的知識の元になる可能性のある形而上学であり、純哲学的形而上学に対しては、そのフランクフルト学派攻撃に見られるように、論理実証主義以上に激しく攻撃を加えている。Popper [1984a], chapter 6, Popper [1994a], chapter 3. この点では、ポパーと論理実証主義は、その数多くの相違点にもかか論理実証主義は、近代認識論の基礎が数理科学、自然科学の進歩によって激しく揺さぶられ、大きな影響をうけた時期に登場した。だから自然科学は彼らの世界観の基礎であり、哲学は科学の分析学としてだけ可能だと考えられた。したがって形而上学を排除するための境界設定規準は、たとえどんなものであっても科学的知識を排除してはならなかった。ところが検証可能性の規準は、まさにこのルールを破ってしまったのである。

ここで問題にしている検証可能性の規準とは、ある言明が真であるかどうかを完全に決定できることを要求する「絶対検証可能性」である。シュリックは、こうした絶対検証可能性を真正な命題の規準であると考え、実在にかんする言明の検証の手続きを厳密に定式化した[☆15]。しかしよく知られているように、絶対的検証可能性に対してはすぐに、普遍命題である自然法則の真理が検証できなくなってしまうという困難が指摘された。

自然法則は、その時間的空間的な外延にかんして本質的に制限があってはならない。言い換えると、それはこれまでに観察された結果をたんにまとめた報告であってはならない。さもないと、自然法則のもっとも重要な機能である予測の機能が失われてしまうからである[☆16]。したがって、いかなる自然法則も、原則として厳密な全称命題でなければならず、それが含む「すべての」という語はその外延に制限がないことを表わしている。ところがハーンによれば、真正な命題は観察から得られた構成可能(konstituierbar)なことばしか含んではならない[☆17]が、この意味ではこの「すべての」という語を含んだ自然法則は原理的に観察によって検証できないので、構成不可能になってしまう。自然法則が言及する事象を完全に枚挙することは論理的に不

わらず、あきらかに同志である。Cf., Gröbl [1983], p. 34. 実際ポパーは、個人的にも思想的にも論理実証主義にはかなり親近感を感じていたらしい。Cf., Popper, Kreuzer [1982], 邦訳五八—六〇頁。

☆15 Schlick [1925], pp. 186f.

☆16 このように法則命題は過去のテスト結果のサマリーであるとして、その厳密な普遍性を放棄する立場を、ポパーは厳密な実証主義 (Der strenge Positivismus) と名づけて、徹底的に批判している。Popper [1979], chapter IV. この点でポパーは、経験主義者というよりはカント主義者である。Cf., Gröbl [1983], p. 37.

☆17 Hahn [1933], pp. 57f. Cf., Carnap [1928], p. 47.

可能である。したがって、それが真であることは決して最終的に決められない。もっとも、古い時代の理論家たちは、自然法則の真理は因果律によって保証されていると考えていた。けれども論理実証主義者たちは、ヒュームの議論を大筋で認めているので、もはや因果律の普遍妥当性を認めていないのである。[☆18]

このような事態は、すでに帰納法の完全な正当化が不可能であることによって示唆されていた。帰納推理を確実に基礎づけるために、経験主義者たちはいわゆる「帰納の原理」を利用しようとした。だが、この帰納の原理自体を正当化するためには一レベル上の帰納が必要であるが、その帰納を正当化するためには、さらに高次のレベルにおけるべつの帰納の原理が必要になる。こうして無限後退が生じてしまう。[☆19]

このように、絶対的検証可能性の規準は自然法則とおり合わないことが避けられなくなってしまった。だが、この困難を避ける手段が少なくとも二つあった。第一は自然法則を解釈しなおすことであり、第二は検証可能性の規準をゆるめることである。

第一の手段はシュリックが採用した。彼は決定的に検証される言明しか真正な命題と認めなかったので、自然法則を真正な命題とは見なさなかった。だから、彼は自然法則を命題を導き出すための指示であると解釈した。[☆20] このようにしてシュリックは、自然法則そのものと、そこから導き出された予測命題をはっきりと区別した。予測命題の真理は先に叙述した検証の手続きによって決定的に検証することができるので、これは真正な命題である。これに対して自然法則は、その構成不可能な性質のために決して検証可能ではなく、したがって真正な命題では

☆18　たとえば、論理実証主義者も含めて一般に経験主義者たちは、ヒュームに対するカントの先天的総合判断による答えを認めていない。Cf., Russell [1912], chapter 8, Reichenbach [1951], pp. 110-114.〔邦訳一〇七–一一三頁〕, Stegmüller [1978/79], Band I, pp. XXVIII-XXIX.

☆19　Popper [1979], pp. 39, 156-158. もっともこうした困難には、ラッセルなどの経験主義者はすでに気がついていた。Cf., Russell [1912], pp. 36-38.〔邦訳七八–八一頁〕, Russell [1914], pp. 43-46, 224-226.〔邦訳一一四–一一八頁、二八三–二八六頁〕, Russell [1948], pp. 504f.〔邦訳第二巻四〇六–四〇八頁〕

☆20　Schlick [1931], p. 151.

ない。だから自然法則の妥当性は問題にはならない。[☆21]この点において、シュリックの立場はかなり規約主義に近づいている。

シュリックがこうした方策を選んだのは、あくまでも絶対的な検証可能性を守ろうとしたからであった。しかし普遍命題にかんする困難とならんで、決定的検証可能性の規準は理論的知識における観察不可能なものの検証が困難であるという問題も抱えていた。そこで検証主義者たちは、検証可能性の概念をさまざまな仕方で段階づけしようとした。たとえば、実際的な検証可能性と原理的な検証可能性を区別しようとしたり、技術的な検証可能性と物理的な検証可能性、または、強い検証可能性と弱い検証可能性を区別しようとしたりした。そしてそれぞれの区別において、前者の検証可能性概念は狭すぎるとして放棄された。

かくして以上のようなさまざまな困難のために、論理実証主義の内部でも、知識の絶対的確実性はもはやほとんど到達不可能なものとして徐々に放棄されるようになってきた。経験的命題の真理は、絶対確実には決定できない。一方分析的命題の真理は、つねに規約としての公理系に相対的である。こうして「経験科学も形式科学も、われわれの思考から独立した絶対的真理をもたらしてくれるものではない」[☆22]ことが確認されるにいたった。すべての経験的言明、とくにすべての自然法則は、その真理を決定的に確定できない。こうした言明は、たとえ証拠があったとしても、いつでも反証されることが論理的にも経験的にもありうるのである。もはや経験的知識の絶対的確実性を期待することはできない。

☆21 Cf., Toulmin [1953], p. 103.〔邦訳一三〇頁〕, Popper [1979], chapter VII, Popper [1983], pp. 181-121.
☆22 Hempel [1937], p. 243.

3　確率論的帰納主義

以上のように，知識の確実性に対する見方が変化してきたために，シュリックは論理実証主義の中心人物であったにもかかわらず，彼の規約主義的な立場はほかのメンバーには受け継がれなかった。ほとんどのメンバーは第二の手段を採用し，検証可能性の規準をゆるめて，帰納の問題を絶対的確実性の問題から部分的確実性の問題，つまり確証の問題に転換した。

経験は普遍法則の真理を決定的に確定できないものの，検証が繰り返されれば，またそこから導かれた予測が繰り返し確証されれば，真理とはいわないまでも，そうした言明はより「確からしく」なるのではないか。法則は確証されればされるほどますます確実になり，やがて絶対的確実性へかぎりなく近づいていくはずだ。このように経験主義者たちは考えた。こうしてライヘンバッハやカルナップなどの理論家は，この確率的な確実性を数学的な確率計算によって表現しようと試みた。

帰納的手続きによって得られた確実性を評価するために帰納主義者たちによって採用された確率は，二種類に分けられる。ひとつは「統計的確率」であり，もうひとつは「論理的確率」である。

統計的確率はフォン・ミーゼスによって基礎づけられたが，のちになってライヘンバッハは確率を，すべての場合の数を分母とし，特定の場合の数を分子とする比の「相対頻度の極限値」として定義した。その値は分母分子の観測値によって変動するので，統計的確率は経験的である。一方、論理的確率は命題のあいだの論理的関係を表わすので、これは分析的である。カルナップはこの確率を確率$_1$と表記し、統計的確率を確率$_2$と表記したが、ライヘンバッハは確率$_2$を、カルナップは確率$_1$をもとにして、それぞれ独自の帰納主義を展開した。

ライヘンバッハの解釈によれば、ヒュームは帰納法の正当化は帰納が真理をもたらすと証明されたときにだけ成り立つという前提で帰納法批判をはじめ、これによってそのような証明が不可能であると指摘することで帰納を批判した。だがライヘンバッハは、帰納の正当化は帰納の帰結が真であることを含意しないと強調する。これの証明は正当化のための必要条件ではなく、十分条件にすぎないという。すると、ライヘンバッハにとって「帰納的推論とは、未来にかんする最善の仮定を与えてくれるべき手続きである。未来についての真理を知らないとしても、それについての最善の仮定はありうる。つまり、知られていることに相対的な最良の仮定であるが、帰納の原理についてそうした特徴づけができるかどうか問わなければならない。もしそれが可能であると判明すれば、帰納の原理は正当化される。☆23」ライヘンバッハはこのように考えて、帰納の目的は生起の頻度がある限界値に収束するような事象の系列を見出すことにほかならないとする。

ここでライヘンバッハがいう帰納法とは、伝統的な理解とは異なり、「生起の頻度がある極限値に収束するような事象の連鎖を見出す☆24」ための方法である。帰納は未来についての最良の仮定を与える手続きであり、これは「帰納の規則」として次のように定式化される。

☆23 Reichenbach [1938], pp. 348f.
☆24 Reichenbach [1938], p. 350.

> 系列x_iのn個の要素の始めの部分が与えられ、頻度f^nに終わり、さらにある極限の生起のための第二のレベルの確率についてなにも知られていないなら、系列が続く場合、頻度f^iは$f^n \pm \delta$の範囲内で極限pに接近すると措定（posit）する。[☆25]

そしてそのうえで、この帰納の規則を次のように正当化しようとする。まず問題は、そのような頻度の極限値が存在するかどうかだが、「頻度の極限値が存在する」という命題をaで、「繰り返しの手続きにおいて帰納の規則を利用する」という命題をbで、そして「その頻度の極限値を見出す」という命題をcで表わす。すると、次のような関係が得られる。

$$a \supset (b \supset c)$$

これは$b \supset c$がaの必要条件であること、つまり帰納の規則を使ってその目的を達成する可能性は、極限値が存在することの必要条件であることを意味している。さらにaが真なら、bはcの十分条件である。要するに「頻度の極限値が存在するなら、帰納の規則を使うことはこれを見出すための十分な道具であることになる。[☆26]」

ところで確率には、統計的確率と論理的確率の区別とならんで、「事象確率」と「仮説確率」のもうひとつの区別がある。[☆27] 前者はしばしば数学的確率と呼ばれ、ある特定の事象

☆25 Reichenbach [1949], p. 446.

☆26 Reichenbach [1949], p. 474.

☆27 Wright [1938], p. 4. 経験主義の科学論における確率概念の発展については、cf., Nagel [1938].

に帰せられる。たとえばサイコロのある目が出る確率とか、ある放射性崩壊物質の崩壊の確率などである。こうした確率は通常、厳密に計算される。これに対して後者は、しばしば哲学的確率と呼ばれ、主として仮説としての自然法則などに帰せられる。これが数学的に定義できるかどうかについては議論がわかれるところだが、ライヘンバッハの試みは、仮説確率と同一であるとされる自然法則の確実性を相対頻度の極限値としての事象確率によって数学的に評価しようとしたことであった。彼は、このことは「帰納の規則」によって実現できると主張する。☆28

さて、以上のようなライヘンバッハの経験的な帰納理論に対して、カルナップは確率$_1$によって仮説の確証度を帰納的に決定するための新しい方法として、独自の帰納論理を演繹論理とならぶ分析的な体系として打ち立てようとする。*L*合意を基礎とする演繹論理ではその結論の確実性はその前提の確実性と同じであるが、帰納論理においては結論の確実性はいつでも前提に対して相対的な確率的な確実性を有することになる。☆29 こうして証拠eは、帰納論理では同じ言語の内部でhをある一定の程度において合意する。つまり帰納論理では、ある仮説の確証度は確率$_1$と同一視され、次のように定式化される。

$$\mathrm{c}(h, e) = q$$

これは「eにもとづいた仮説hの確証度はqである」ということを表わしており、eはあ

☆28 Reichenbach [1949], section 87.

☆29 Carnap [1950], pp. 164f., Carnap [1959], pp. 76 - 79. Cf., Stegmüller [1978/79], Band I, pp. 467ff.〔邦訳第2巻一二六―一二九頁〕

る人物Xが時刻tに有するすべての観察知識である。[☆30] このように帰納論理はひとつの形式的体系である。

カルナップは、帰納論理は演繹論理と同じく、有限の言語$L_n(n=1, 2, 3,\ldots)$の無限の系列と無限の言語系Lに適用できるとする。そして確証度を計算するための正則m関数と正則c関数を定義してから、[☆31] さまざまな帰納推理の概念を次の五種類にまとめた。[☆32]

（1）直接推理。全体からそのうちの選び出されたひとつ、ないしいくつかの事例への推理。
（2）予測推理。ある事例からこの事例とは重ならない別の事例への推理。
（3）類推。二つの事例について知られている類似性にもとづいた一方から他方への推理。
（4）逆推理。ある事例から全体への推理。
（5）普遍推理。観察事例の報告から普遍的な形式の仮説への推理。

この五つの推理のうち、帰納の正当化にはあきらかにオーソドックスな形態の帰納を表わしている最後の全推理が関係してくる。

以上のように見てくると、帰納主義の枠組みのなかでは、帰納の正当化の問題が確実性の追求の問題として取り扱われてきたことがわかる。当初は絶対的確実性が目指されていたが、それが到達不可能とわかると、相対的確実性に目標が切り替えられた。だがいずれ

☆30 Carnap［1963］, pp. 996f. Cf., Carnap［1952］, p. 11.
☆31 Carnap［1945］, pp. 73-81.〔邦訳六一一七〇頁〕, Carnap［1959］, chapter 14, 16.
☆32 Carnap［1945］, pp. 83-90.〔邦訳七四一八〇頁〕 Carnap［1959］, pp. 80f. Cf., Stegmüller［1978/79］, Band I, p. 475.〔邦訳第2巻一三四頁〕

にしても、確実性が一貫して追求されていることに変わりはない[☆33]。ふつう科学の法則が述べていることは確実で、たんなる言い伝えや勘などとは比べものにならないほど確実だと直観的に考えられているが、帰納主義の企てはこうした直観に深く根づいていると言える。

4　ポパーの帰納批判

以上が、検証主義から帰納主義へと変貌していった正当化主義の企てである。ポパーはまず、こうした検証や帰納の正当化の試みが依って立つ認識論的な基盤から徹底的に批判する。

帰納主義は、帰納的手続きの第一段階における経験、ないしは観察の概念を古典的経験主義の認識論からほぼそのままのかたちで受け継いだ。その根本的なテーゼは「繰り返しの優位」であるが、これは二つに分けられる。ひとつは「繰り返しの論理的優位」である。これは、現象の繰り返しの生起はなにか普遍法則のようなものを想定させるという考えである。もうひとつは「繰り返しの時間的優位」である。これは、繰り返しは事実上、普遍法則への期待を惹起させると主張する。ポパーは、これら二つのテーゼは維持できないと主張する。

二つのテーゼとも、事実として客観的で一義的な繰り返しが存在すると暗黙のうちに仮定している。だがこの仮定に対して、ポパーは「われわれが経験する繰り返しは、すべて大よその繰り返しであること……、事象Aの繰り返しBはAとは同一ではない、つまりA

☆33　法則を命題でないとするシュリックの試みも、規約主義的な方向での確実性の追求と考えられる。ポパーのシュリック批判については、cf., Popper [1979], chapter VII, X, XI, Popper [1983], pp. 118 – 122.

と区別できないのではなくて、Aとは多かれ少なかれ似ているにすぎないこと……」したがって「二つのものはいつでもある観点からだけ似ている」[34]ことを指摘する。これは、すでに類似性が相対的だということである。なんらかの現象の繰り返しを経験する者は、すでになんらかの観点、立場を取っている。ポパーは続ける。

事象の類似性や繰り返しが観点やある一定の関心、ないし期待を前提にするならば、観点、関心、期待が論理的にも時間的にも（因果的にも心理的にも）繰り返しに先行することは論理的必然である。[35]

このように観察の繰り返しから帰納的推理によって導き出されるはずの期待、関心がすでにその繰り返しに先立ってなければならないとすると、経験主義によって擁護されてきた受動的で中立的な観察は不可能である。これによって、帰納主義の基礎はかなり揺さぶられる。

さらにこれを超えて、ポパーは普遍概念についての考察からも帰納主義を攻撃する。自然科学の発展によって、経験主義者といえども理論的な自然法則はたんなる帰納的一般化ではないと認識するようになったが、それでも帰納主義者は「理論命題」を経験と結びつけようとした。つまりこれを「対応規則」によって「経験命題」に結びつけようとし、理論命題をなんとか経験命題にまで降ろしてこようとしていた。[36]しかしポパーはこれとはま

☆34　Popper［1934］, p. 374, Popper［1959a］, pp. 420-421.〔邦訳五一五頁〕
☆35　Popper［1934］, pp. 375-376, Popper［1959a］, p. 422.〔邦訳五一六頁〕Cf., Popper［1983］, pp. 99f.
☆36　Carnap［1966b］, chapter 24.

ったく逆に、経験命題の方が理論命題にまで引きあげられてしまうことを示す。

ポパーによれば、理論命題と経験命題のあいだには明確な境界線などなく、実在についての命題は多かれ少なかれ理論的なのである。なぜなら「ほとんどの言明も経験を超えている……まさにごく普通の単称言明でさえ、いつでも理論に照らした『事実』の解釈だからである。[☆37]」帰納主義の根底にある認識論をポパーは「バケツ理論」と呼び、これに彼自身の「サーチライト理論」を対置する。[☆38] 前者によれば、人間の心はバケツに似て知覚を介して知識を貯えていく。だがポパーは、科学において重要な役割を演じているのは知覚ではなくて観察であると主張し、その観察は受動的に受け取るのではなくてわれわれが能動的に作り出すという点を強調する。そして、観察にはつねになんらかの問題、理論が先行している。サーチライトのように、人間の心はいつでも外部の対象を探索している。だから、もとの問題がつくり出した観察が能動的に選ばれる。

以上のように、ポパーは帰納主義の認識論的基礎を否定する。しかも彼は、さらに帰納を確率によって正当化しようとするあらゆる試みをも批判する。

すでに見たように、ライヘンバッハもカルナップも、できるだけ高い確率を自然法則の確実性の指標として得ようと目指していた。しかしポパーは、実際の確率計算ではこの目標を達成できないことを示す。ある普遍法則についての仮説hからは、一定の初期条件との連言のもとで単称命題eの積を無限に導き出すことができる。だがそうしたおのおのの単称命題eの確率、つまり事象確率はもちろん1以下であり、絶対的確実性を認めないと

☆37　Popper [1934], pp. 377, 378, Popper [1959a], p. 423.〔邦訳五一八、五一九頁〕Cf., Popper [1983], section 11.

☆38　Popper [1972], pp. 341-347.〔邦訳三七九—三八六頁〕

すれば1ではありえない。すると、これらの事象確率による仮説確率 $p(h)$ の評価は、以下のように表わされる。

$$p(h) = \lim_{n \to \infty} p(e^n).$$

そしてここで、$p(e)<1$ なのだから、右式は結局、

$$p(h) = 0$$

となる。つまり、普遍法則について事象確率の無限の積によって計算された仮説確率は0に収束してしまう。[☆39] そして同じことは、カルナップの帰納論理についてもあてはまる。

もっともカルナップは、ポパーに指摘されるまでもなくこのことに気がついていた。そして、この困難によって帰納論理の研究がただちには破綻するわけではなく、少なくとも次のような選択肢は残されていた。[☆40]

(1) $c(h, e)=0$ を否定し、h の確率に c の代わりに正の値を与える新しい確率関数をつくり出す。

☆39 Cf., Popper [1934], section 80, neuer Anhang *VII.

☆40 Cf., Lakatos [1978b], pp. 138-141.

（2）$\mathrm{c}(h, e)$ と $p(h, e)$ の同一視、つまり、確証度と論理的確率を同一視することを断念する。

（3）$\mathrm{c}(h, e)=0$ を受け入れ、全称命題の確率という考えを捨てる。

（4）関数 c の適用範囲を特称命題に限定し、全称命題を確証度計算の対象からはずす。

カルナップは最初（3）を試みたが、やがて（4）の可能性に傾いていく。そして彼は、全称命題が実際に果たす役割は過大評価されていると主張する。たとえばある技師が橋を建設しようとするとき、彼は設計に必要な物理法則を信頼しているが、しかしその無限の事例について反証がひとつもないことに賭けているわけではなく、今からつくる橋とか、将来につくるだろういくつかの橋がその反証にはならないということだけを考えているはずだとカルナップは論じる[☆41]。こうして、帰納論理の確証度計算から全称命題を一時はずしておいて、次に彼は（1）の道を採用し、たとえば仮説 h の確証例 e の次の確証事例を e' とすると、

$$\mathrm{c}(h, e \cdot e') > \mathrm{c}(h, e)$$

となるとする事例の肯定的関連（positive Relevanz）の原理を導入する[☆42]。これは、肯定的事例の積み重ねが事例の生起の確率を高めるという帰納主義の直観的確信にもとづく原理で

☆41　Carnap［1945］, pp. 90–93.〔邦訳八〇–八三頁〕, Carnap［1959］, p. 228.

☆42　Carnap［1959］, pp. 244–245. Cf., Lakatos［1978b］, pp. 148ff.

ある。このように壊滅的な困難に直面して、カルナップはみずからの確証理論を守るために、確証される仮説は自然法則ではなくて、未来の若干の事例だとして普遍法則を排除しようとした。☆43

けれどもカルナップが導入した肯定的事例の定理に対して、ポパーはそうした肯定的関連が不可能なことはすでにヒュームが次のように指摘しているという。

> いかなる対象にも、それ自体で考えればそれを超えた結論を引き出すなんらの理由も与えることはできない。そして対象が結びついていることを頻繁に、恒常的に観察したあとでさえ、経験していることを超えたなんらかの対象について推論する根拠などない。☆44

ポパーによれば、確率の概念はもともと実在についての言明の厳密さや経験内容の概念とはおり合いをつけられないのである。なぜなら仮説の範囲が大きければ、純粋に論理的な理由からその仮説の確率は高くなるからである。「すべての放物軌道は放物線である」という仮説と、「すべての放物軌道は連続線か不連続線である」という仮説を比較してみると、後者の仮説はいついかなるときでも真であり、したがってその仮説確率、つまり確率$_1$は1に等しい。しかしこの仮説は、まさにこのために経験内容をもたない。現実の世界については完全になにも述べていないのである。これに対して前者の仮説は比較的厳密

☆43 Carnap [1959], p. 228. Cf., Popper [1983], pp. 126–128.
☆44 Hume [1739/40], p. 139. Cf., Popper [1972], p. 7.〔邦訳1〇頁〕, Popper [1983], pp. 327–332.

であり、経験世界についてなにごとかを述べている。だがこのためにその確率[1]は、1より小さい値にとどまっている。ここから「仮説が精密になれば、それにつれてその第一確率は小さくなる。仮説がなにも述べなくなるほどその精密さは減り、その第一確率は大きくなる」[☆45]と結論することができる。

こうしてポパーはいかなる帰納も認めない。科学においても日常生活においても、実在についての言明が真であることを保証する帰納はないと主張する。ヒュームの論理的問題に対する彼の答えとして、「あらゆる法則ないし理論はみな仮説として、つまり推測として見なされなければならない」[☆46]と、すでに正当化主義の枠組みでも不本意ながら認めざるをえなかった可謬論をポパーは明快に積極的に主張する。

5 帰納批判の観点

これまでポパーの帰納主義批判を見てきたが、ここには、その非正当化主義的な特徴が色濃く現われている。つまりポパーの帰納主義批判は批判のための批判ではなく、批判がそのままポパーの非正当化主義の枠組みの重要な論点になっているのである。

まず、観察には規則性を認識させるための観点が先行するという帰納主義の認識論的基礎の批判は、そのまま有名なポパー図式（本書九九頁参照）によって表わされるような「科学は問題とともに始まる」[☆47]というポパーが繰り返し強調したテーゼと直結している。

また、普遍命題の確率が0になるという結論は帰納主義にとっては壊滅的な結論であっ

☆45　Popper [1979], p. 146.
☆46　Popper [1972], p. 9.〔邦訳一二頁〕
☆47　Popper [1972], p. 119.〔邦訳一三八頁〕, Popper [1984a], p. 11.〔邦訳一六頁〕, Popper [1994a], pp. 95–97, 155–162.〔邦訳一七二―一七七、二六七―二八一頁〕

たが、ポパーにとっては、なぜ確実性を追い求めるべきではないのかということに対するきわめて重要な論拠になっている。なぜなら、ポパーにとって「科学者は、高度に確からしい理論を求めるのではなく、説明を、つまり説明力がある確からしくない理論を求める」[☆48]からである。まさにポパーにとって科学とは、低い確率を追い求めていく営みなのである。そして確率の高さの代わりに、経験内容の豊富さを享受する。この点でポパーの主張は晩年にいたるまでまったく変わっていない。[☆49]

このように見てくると、ポパーが帰納主義を批判した観点は、帰納主義者が問題に取り組んでいた観点とはまったく異なることがよくわかるだろう。こうした事態は、たとえばアリストテレス流の自然学を前提にすると塔の議論などは地動説にとっての困難であったことが、慣性の概念を含んだニュートン力学を前提にすれば、きわめて自然に説明できるようになるというコペルニクス革命期の歴史的事実に似ていると言えるかもしれない。つまり、枠組みが異なれば同じ事態でもまったく別様に受け取られるということである。[☆50] 正当化主義の枠組みにとどまり続けるかぎり帰納の問題はいつまでも問題であり続けたのが、非正当化主義の枠組みに移ればなんら問題ではなくなるどころか、新しい理論的成長のためのステップにさえなりうる。だからポパーは、帰納は存在しないという主張を帰納の問題の解決であると捉えたのであり、正当化主義の枠組みから見ればポパーの主張はなんら解決になっていないと見られているのである。

もっとも、このように正当化主義と非正当化主義の枠組みの変換をコペルニクス革命に

☆48 Popper [1934], p. 352, Popper [1959], p. 399.〔邦訳四八九頁〕, Popper [1963], p. 58.〔邦訳一〇〇頁〕, Popper [1983], pp. 222f., section 28, 30.

☆49 ポパーは一九八〇年代に入って、ミラーと共同で帰納的確率の不可能性を証明する論文を公表した(Popper, Miller [1983])。そして仮説hは経験的証拠eについて、$(h \vee e)$と$(h \leftarrow e)(=(h \vee \sim e))$に因子分解できるとしてから、$(h \vee e)$は$h$の$e$からの演繹部分であって$e$によって支持されるが、$(h \leftarrow e)$は$e$を超えた$h$の部分であり、$e$によって確率的に逆支持されると主張する。これに対して、たとえばジェフリーは、証明の第一段階の因子分解の妥当性を批判する。Jeffrey [1984]. だがポパーとミラーは、さらに反論を展開している。Popper, Miller [1987].

たとえたからと言って、これら二つの枠組みが共約不可能であるわけではない。共約可能だからこそポパーは、正当化の試みをあくまで執拗に、徹底的に批判したのである。だが、この革命は、コペルニクス革命とはちがって現在までのところ起こっていないようである。帰納の理論は崩壊したと見なしたポパーの見通し☆51とは反対に、帰納と正当化はいぜんとして存続している。それは、ポパーが示した代案、つまり反証可能性に対する不十分な理解もあったが、もうひとつ、ポパーの示した解決案では、少なくとも実際的に行動する場面では合理性が維持できないと考えられたという理由もあった。次章ではこの問題をとりあげる。

☆50　たとえばポパーは、たった一度の顕著な観察例が期待や信念を生み出すことを帰納法批判のひとつの論点と考えているが（Popper［1963］, p. 44.〔邦訳七四頁〕）、ラッセルはすでに、「蠟燭の火で手を一度でも火傷した子供は帰納を確立する」（Russell［1927］, p. 280）と述べている。また、反証主義に対しては「理論から演繹できるのは、……関連のある手続きが実施されたら、その結果が生じるだろうことを主張する仮説的言明、条件文でしかない」（Keat, Urry［1982］, p. 46）という批判がある一方で、アンダーソンは「反証とは絶対的反駁ではなくて条件付き反駁である」（Andersson［1988］, p. 110）として反証主義を擁護している。

☆51　Popper［1984b］, p. 245.

第3章　帰納の原理と選択の合理性

なぜ彼は損害の大きかった第一回攻撃と同じ方法で第二回攻撃をおこなったのだろうか。このようなみずから招いた大虐殺を生み出した根拠はなんだろうか。その答えの一部は、当然のことであるが、一木大佐の情報不足であろう。しかしもっと重要なことは、彼の傲慢な現実無視、固執、そして信じがたいほどの戦術的柔軟性の欠如ではないか。

ガ島で一木支隊を全滅させた米軍将校の談

かくしてポパーは、正当化主義の枠組みを崩すために帰納を全面的に否定した。帰納的推論が決して正当化できないと主張するだけでなく、端的に帰納法などないと主張する。これは、帰納による正当化に合理性の根拠を求めようとする経験主義者にとっては、聞き捨てならないことだろう。もっとも、ポパーがこれによって非合理主義を唱えていたとすれば、彼の思想は相対主義、懐疑主義などのひとつとして片づけられていたかもしれない。だがポパーは帰納を否定し、帰納による確証を否定しても、それでも合理性は維持できるとし、そのために経験によるテストの重要性を強調する。そして、「もっともよくテストできる理論を選ぶべきであり、また実際にもっともよくテストされた理論、つまりもっともよく験証された理論を選ぶべきである」と主張する。しかしこのポパーの主張に対して、批判者たちはたちまち噛みついた。ひそかに帰納を使っているではないか、と。

帰納をめぐる論争は理論的な性格が強いが、実際的な個々の場面においてどの理論を選ぶべきか、またどの理論にもとづいて行動すべきかという問題は実用的な性格の強い問題である。ポパーに対する批判者たちは、いわゆる帰納の原理がなくては、少なくともこの帰納の実際的問題は合理的に解決できないではないかと、この点を攻撃する。このため少なくとも帰納の問題にかんするかぎり、この理論選択の問題はポパーの弱点と思われているようである。[☆1]

前章では、ポパーの帰納法批判のうち、主として論理的な側面と認識論的な側面を見てきたが、しかし本当に正当化主義の枠組みを崩すためには、帰納の実際的な側面について十分に議論を展開する必要がある。だが、この問題についてのポパーや反証主義者の主張には不明な点がいくつかあり、そこを突かれている面が少なくない。このためそうした不明な点は、正当化主義の立場から正当化主義的に理解されてしまっているようである。

1　帰納の実際的問題

まず帰納の問題に対するポパーの考え方を、ここでもう一度おさらいしておこう。ポパーは、従来の帰納の問題は誤って立てられてきたと考えて、帰納の論理的問題を次のように定式化し

☆1　Miller [1994], p.15. Cf., Musgrave [1991], p. 25.

なおす。

ある説明のための普遍理論が真であるという主張は「経験的理由」によって正当化できるだろうか。つまり、あるテスト言明や観察言明（これは「経験にもとづいている」と言われる）が真であると仮定して正当化できるだろうか。[☆2]

この問題に対しては、帰納主義者も絶対的な意味での正当化はできないと認める。だが、部分的な正当化であれば「イエス」と答えるだろう。ある理論について確証事例が積み重なれば積み重なるほど、絶対的ではないにせよ、その理論の確実性はより増していくと考えるわけである。ただ、こう考えられるためには、「過去の確証事例の積み重ねは未来において確証される確率を高める」といった、いわゆる帰納の原理が必要になってくる。

さてすでに前章で見たように、ポパーはこの問題に対して、ヒュームの議論に依拠しつつはっきりと「ノー」と答える。[☆3] ポパーによれば、ある理論について過去にどれほど確証事例が積み重ねられても、その理論は決して正当化されないし、より確からしくなることもない。こう考えるので、彼はもちろん帰納の原理をきっぱりと否定する。帰納の原理を正当化しようとするいかなる試みも、無限後退に陥るからである（本書四〇頁参照）。

このように帰納主義者にとっては、ある理論の過去におけるテストの成功例はその理論が未来においても成功するだろうことを含意しているが、ポパーにとって理論のテストの結果は、

☆2　Popper［1972］, p. 7.〔邦訳一〇頁〕
☆3　Popper［1972］, p. 7.〔邦訳一〇頁〕Cf., Popper［1983］, pp. 327–332.

それが成功していようと失敗していようと、その理論の未来についてはいっさいなにも含意していない。この点において、帰納主義者とポパーは真っ向から対立する。だが表面上、帰納主義者とポパーの考え方が奇妙にも一致する問題があった。それは理論選択の問題である。

理論がテストされるのは、もちろんその真偽を判定するためであるが、これと関連して実際的な場面では、どの理論を選ぶべきか、あるいはどの理論にもとづいて行動すべきかを判断するためでもある。この意味では、この理論選択のための判断はあくまでも相対的なので、たとえ決定的な真偽の判定ができなくても、実際上は十分に意味がある。ポパーはこの問題を「帰納の実際的問題」と呼び、次のように二つに分けて定式化している。☆4

(pr_1) 合理的観点から考えると、実際に行為するさいにはどの理論を信頼すべきだろうか。

(pr_2) 合理的観点から考えると、実際に行為するさいにはどの理論を選択すべきだろうか。

2　ポパーの答えとその批判

第一の実際的問題については、帰納主義者なら「もっともよく確証された理論を信頼せよ」というだろう。なぜなら彼らによれば、もっともよく確証された理論とは、将来にわたってもっとも成功する見込みが高い理論だからである。言うまでもなく、この答えには帰納の原理が必要である。

☆4　Popper［1972］, p. 21.〔邦訳二七頁〕

だがこの問題に対してポパーは、「合理的観点から考えると、いかなる理論も『信頼』すべきでない。いかなる理論もこれまで真であると示されたことはなかったし、また真であると示すことはできないからである[☆5]」と答える。帰納の原理を否定するのだから、ポパーがこう答えるのはむしろ当然である。ここでも、帰納主義者とポパーの答えは真っ向うから対立する。

では、第二の問題についてはどうだろうか。帰納主義者の答えは、第一の問題に対する答えとほぼ同じだろう。一方、ポパーはこの問題に対して、「行為の基礎としてはもっともよくテストされた理論を選ぶべきだ[☆6]」と答える。帰納主義者にとって、もっともよくテストされた理論とはもっともよく確証された理論にほかならないのだから、ここにおいて帰納主義者とポパーの答えは、少なくとも見かけ上は奇妙にも一致している。

帰納主義者がここにポパーの弱点を見ても不思議ではないだろう。自分たちと同じ答えを出しているのだから、ポパーもどこかで自分たちと同じように考えているにちがいない、帰納の原理を否定したとはいっても、どこかでそれを密輸入しているにちがいない、と。では、ポパーはどうしてこのように答えるのか。その理由はこうである。

「絶対的信頼性」などはない。だが、なにかを選ばなければならないのだから、もっともよくテストされた理論を選ぶのが「合理的」であろう。これは、わたくしが知っていることばのもっとも明確な意味において「合理的」であろう。もっともよくテストされた理論とは、批判的討論に照らしてみると、これまででもっともよいように見える理論である。[☆7]

☆5 Popper [1972], p. 21.〔邦訳二七頁〕Cf., Popper [1983], pp. 59ff.
☆6 Popper [1972], p. 22.〔邦訳二七―二八頁〕
☆7 Popper [1972], p. 22.〔邦訳二八頁〕

ポパーがこのように言うのは直観的には理解できるだろう。帰納主義者でなくても、この答えによってポパーが「もっともよくテストされた理論を基礎にすればうまく行動できる」と言っていると考えても不思議ではない。だが彼は、「過去に成功したことは未来の成功の確率を高める」という直観的に正しいように見える帰納の原理を否定しているのだから、直観的に理解できるというだけではすまされない。[☆8] ポパーは、もっともよくテストされた理論をもっともよく験証された（corroborated）理論と呼んでいるが、この験証とは過去のテスト報告のようなものだから、その理論の未来の振る舞いについてはなにも述べていない。この点で、験証は帰納主義者の確証（confirmation）とはまったく異なる。[☆9] しかし、過去についてしか述べていないといっても、行為の基礎としてはもっともよく験証された理論を選べといっている以上、それはやはりその理論の未来についてなにか述べざるをえないのではないかと批判者たちは問う。いったい「合理的」ということばのもっとも明確な意味とはなんだろうか。そして、「批判的討論の観点から見てこれまでもっともよいように見える」というときの「もっともよい」とはどういうことなのだろうか。

こうした点があきらかにならないかぎり、ポパーの答えに納得できない者も少なくないだろう。たとえばオヘアは、ポパーのこの答えを次のように批判している。

この文章でポパーが二つのタイプの合理的選択について語っていることは、はっきりして

☆8　ポパーは p_{r1} に対する自分の答えへの誤解を解くために、この答えをさらに説明した箇所で、やはり次のように述べている。「行動の基礎としてもっともよくテストされた理論を選ぶことが『合理的である』にもかかわらず、それが実際に成功する選択であるとする期待を支持する十分な根拠にもとづいているという意味で『合理的』なのではない。この意味では十分な根拠などないし、これこそまさしくヒュームの結論なのである。」Popper [1974], p. 1026. このように理論が未来に成功する可能性にかんしては、ポパーは一歩も譲らない。

☆9　ポパーの験証理論は、Popper [1934], chapter X, Popper [1983], Part I, chapter IV などで詳細に論じられている。

いる。第一のタイプは、もっともよく験証された理論を選ぶさいにわれわれが関心をもつ選択であり、第二のタイプは、もっとも成功する見込みがありそうな理論を選ぶさいに関心をもつ選択である。ポパーの反帰納主義の見解では、これら二つの選択が一致すると考える理由などない。なぜなら、これまで経験した事例（過去におけるある理論の成功）は、これまで経験していない事例（未来における、とくに以前に成功した領域での同じ理論の成功）についてなにか伝えるところがあると考えることは決して正当化できないからである。☆10

そしてさらに、ポパーの答えをきっぱりと否定する。

しかしポパーが以前にいったことにもかかわらず、われわれの選択が成功すると期待するなんらかの根拠があると考えなければ、もっともよくテストされた理論の選択を合理的と正当に呼べるだろうか。実際的な選択となると、おそらく合理的なものはなにもないようだ。☆11

結局、ポパーといえども「もっともよくテストされた理論を選ぶことが合理的である」と言えるためには帰納の原理を前提にせざるをえないし、前提にしないのであれば非合理は免れないというわけである。

☆10　O'Hear［1980］, pp. 39–40.

☆11　O'Hear［1980］, p. 40. シュルツによれば、ある理論を選択するもとになったそれの過去における良好なテスト結果が今後も継続して得られるはずだと未来に投影する「帰納の実際的原理」を認めさえすれば、ポパーの理論は一貫したものになるのに、ポパーにはあらゆる形態の帰納を認めまいとする心理的な障壁があるという。Schurz［1998］, pp. 36–40. しかしポパー自身は、こうした帰納的推論を認めると、自分の理論が崩壊してしまうといっている。Popper［1983］, p. 64.

3　ミラーの答えとその批判

だがこのような批判に対しては、ポパーの後継者たるデイヴィッド・ミラーが、ポパーの答えを次のように解説することによって答えている。

> 合理的に行動する者は、生き残った仮説のうちでもっともよくテストされた仮説を真であるかのように見なして行動すべきである。それは、それが真であると考えたり、その予測が真であると考えるべきよい理由があるからではない。また、「それは実際には成功する選択だ」と、つまり自分たちの決定が信頼できると考える十分な理由があるからでもない。なぜこのように行動すべきなのかという正当化主義の問いに対して、ポパーが直接なにも答えなかったのは正しい。これに対する答えとして言えるのは、反駁されていない理論を真でないと考える理由などないということくらいである。これまでの批判的討論のなかでもっともよく生き残ってきた仮説は、この世界についての真なる情報のもっともよい源泉であると推測できる。そしてもし適切に行動したいのなら、この情報を無視することにはほとんど意味がない。まして、これが真でないと見なして行動するなど、なおさら意味がない。[☆12]

この文を見ると、ポパーが帰納の第二の実際的問題に答えて、「批判的討論に照らしてみると、

☆12　Miller [1994], p. 39.

これまででもっともよいように見える理論」というときの「もっともよい」の意味を、ミラーは「これまでの批判的討論のなかでもっともよく生き残ってきた仮説はこの世界についての真なる情報のもっともよい源泉である」と捉えていることがわかる。[☆13]

ミラーによれば、これはポパーの答えを敷衍したものである。だが、ここにはポパーが主張していないことが含まれている。[☆14] そのうちでももっとも問題となるのは、「反駁されていない理論を真でないと考える理由などない」という部分である。これはポパーの考えというよりも、むしろミラーの考えである。実際ミラーはこのあとで、理論は提出された提案を批判的に検討するために利用されるという持論を展開したあとで、次のように述べている。

> ある提案がうまくいくと考える理由がないことは、その提案ではうまくいかないと考える理由にはならない。……ある提案が成功すると信じる理由がないからといって、その提案が成功しないことを意味しない。[☆15]

ミラーのこの文を見ると、ミラーも結局、帰納主義者と同様に、理論（提案）が成功するかどうかを問題にしているようにも見える。ただ、帰納主義者が帰納の原理にもとづいて「これまでのテストに耐えたのだから、これからもきっと成功する」と自然に言えるのに対して、ポパーと同じくミラーも帰納の原理を否定するのだから、このようには言えない。だがそう言えないからといって、成功しない理由にもならないだろうというわけである。

☆13　ミラーがこのように捉えたのは、おそらくポパーが批判者たちに答えたとき、次のように述べたからだろう。「よりよく験証された理論は真理により近い理論でもあると推測してもよい。」Popper［1974］, p. 1011. Cf., Popper［1983］, p. 346. もっとも、ポパーは「験証は真理近似度の尺度である」とは述べていないが。Popper［1974］, p. 1011.

☆14　高島［1997］, p. 92.

☆15　Miller［1994］, p. 42, cf., Miller［1982］, p. 40.

ミラーの答えはいちおう筋は通っているが、これは批判者たちにとって満足のいく答えなのだろうか。高島教授はこの点をつかまえて、次のようにミラーを徹底的に批判する。

> しかし失敗すると期待すべき理由はないにせよ、成功すると期待すべき理由もないのなら、そういう提案は《失敗するか成功するかわからない提案》というもので、そういう提案を実行することは、《表か裏かの賭け》をするに等しい。そして通常、こういう賭けは《合理的》とは言わないように思うが、どうであろう。☆16

そして教授はさらに、ミラーは「成功すると期待すべき理由がないからといって、失敗すると期待すべき理由はないのにあえて失敗すると《仮定する》ことは許されない」とひそかに考えており、「失敗すると期待すべき理由がない」のは、反帰納主義者にとってはもちろん過去以外にはありえないのだから、ここでミラーは帰納の原理を密輸入していると批判する。☆17

ミラーが「失敗すると《仮定する》ことは許されない」と考えているのかどうかはわからないが、彼の答えは間違っていないにしても、まだなにか足りないように思われる。「成功する理由がないことは、成功しない理由にはならない」という点はたしかにそのとおりだが、しかしこれでは成功することを積極的に論じていることにはならない。たとえミラーの言うことが成り立つとしても、これでは「神の存在は証明できないけれども、非存在が証明されたわけではない」というのと同じであり、帰納主義者に対してせいぜい五分にまでしかもち込めないの

☆16 高島［1997］，p. 103.
☆17 高島［1997］，p. 104.

ではないだろうか。

以上のやりとりを見るかぎりでは、やはり未来において理論が成功するかどうかを問題にするかぎり、帰納の原理をもち出さざるをえないと言えるだろう。では、選択の合理性についての反帰納主義は成り立たないのだろうか。合理性を言いたてるためには、どうしてもなんらかのかたちで帰納の原理をもち出さなければならないのだろうか。

帰納主義者はこれ以外の選択肢はないと主張するし、帰納主義の立場をとらない論者でさえそのように考えている。だから、たとえば高島教授の矛先は、ミラーを超えてポパーにまで及ぶ。どんなに厳しいテストに耐えた理論でも、未来においても成功すると考える合理的な根拠がないにもかかわらず、そういう理論を選ぶのは合理的だというのは、「船を操るのには、旅客のなかでもっとも家柄の良い者を選ぶことこそ合理的である」というに等しいと主張する。[☆18] それゆえ、選択の合理性を救うために帰納の原理をもち出すか、あるいは帰納の原理とともに選択の合理性も捨て去るか、どちらかの選択肢しかないことになる。ポパー流の反帰納主義に対して、こうしたディレンマを突きつける論者は、たとえ帰納主義者でなくても決して少なくない。[☆19]

けれども、帰納の原理なしでも、もっともよくテストされた理論を選ぶことはやはり合理的なのである。つまり、選択の合理性は帰納の原理なしでも維持できる。それはやはり、ポパーが言うように、それがもっとも成功すると期待する理由、根拠があるからなどではない。ではここで言う合理性とは、はたしてどういう意味のものなのだろうか。

☆18 高島［1997］, p. 91.

☆19 Cf., 内井［1995］, p. 70, Lakatos［1978a］, pp. 154-167.〔邦訳二二四―二四三頁〕理論選択のためにポパーが帰納理論の代わりに提案した験証理論については、ポパー派のアガシやバートリーでさえ不満を表明している。Cf., Aggasi［1975］, pp. 40-50, Bartley［1982a］, pp. 204-206. たとえば、バートリーは次のように述べている。「ポパーの験証理論の有用性には限界があり、合理的信念のための指針にも、合理的行動のための指針にもならない。」Bartley［1982a］, p. 206.

4　テストの多様性

批判的合理主義の観点からは、帰納の第二の実際的問題に対しては、やはり「もっともよくテストされた理論を選ぶことが合理的である」と答えられる。だがこれは、テスト結果が将来の成功を含意するからではない。ここではこの答えが意味するところをあきらかにするために、ポパーの答えを検討してみよう。ポパーの答えのなかでもっともキーになると思われるのは、「もっともよくテストされた」とはどういうことかという点である。

おそらく帰納主義者にとっては、「もっともよくテストされた」とは、繰り返しテストされたということになるだろう。事実、帰納主義者は、テストや実験における繰り返しの重要性を強調する。たとえば、理論はたった一回の実験結果で理論が反証されるわけではなく、反証実験もある程度繰り返されて反証事例が確証される必要があると主張する。そして、この点はポパーも「理論を反駁する再現可能な効果を発見した場合にだけ、理論は反証されたと見なせる」[20]というように十分に認めており、再現可能な反証仮説が立てられるところまでいかなければ反証とは認められないとしている。ところが、この点を捉えられて、反証といえども帰納を前提にしているではないかとポパーは批判されてしまう。[21]

だが、たとえばまったく同じ条件で[22]一万回テストした理論と、たった三通りだがまったく異なる条件でそれぞれ一回ずつテストした理論では、どちらがテストとしては効果的だろうか。たとえば、ニュートン力学を通常の物体で、地上で一万回テストするのと、高速のロケットの

☆20　Popper［1959a］, p. 86.〔邦訳一〇六頁〕Cf., Popper［1934］, p. 54.

☆21　たとえば、Ayer［1956］, p. 74.〔邦訳一〇一–一〇一頁〕, 竹尾［1994］, pp. 139–140. また、本章第6節参照。

☆22　もちろん、厳密に言えばまったく同じ条件などありえないので、ほぼ同じ条件ということになるが。Cf., Poincaré［1905］, p. 177.〔邦訳一七〇頁〕

なかや太陽にごく近い空間や原子のサイズなどでの条件で三回だけテストする場合を考えてみればよい。あるいは、テスト条件をよりコントロールしやすいソフトウェア・プログラムで考えた方が、違いがよりはっきりするかもしれない。あるプログラムを同じマシン、同じOS、同じデータで一万回テストするのと、別のマシン、別のOS、別のデータでそれぞれテストする場合と、どちらのケースがよりよくテストされたと言えるだろうか。

前者のケースでは条件をまったく同じにしていると仮定しているので、条件としてもっとも異なるのは時間だろう。同じ位置空間で、まったく同じ時間に複数のテストを実施するわけにはいかないからである。もちろん、時間について条件を同じにしたければ、つまり同時にテストしたければ、まったく同じ条件設定のテスト環境を複数用意すればいい。だがこのケースは、時間だけ異なる条件設定に比べて条件のコントロールがむずかしいだろう。この意味では、同じ条件でテストを繰り返すことは、たんに時間的な未知についてのテストにしかすぎないとも言える。一方、さまざまな条件をいろいろと変えておこなうテストは、未知の実在についてのさまざまな側面を知ろうとする点で、たんなる繰り返しのテストとは実質的に異なるテストになっている。

このように考えると、よりよいテストとは、**いろいろと条件を変えて実施されたテストである**ことはあきらかである。前者のテストでは、すでに知っていることを繰り返し確認しているにすぎず、この意味では実質的に一回しかテストしていないのと同じである。ポパー流に言いなおすと、すでにテストに耐えた推測を繰り返し験証しているにすぎない。

もちろん先に触れたように、ポパーもある程度の繰り返しが必要だと認めている。だがそれは、テストされている理論を繰り返し確証するためではない。そうではなくて、実験を繰り返すのは実験の条件をチェックするためである。[☆23] つまり、実験の条件があらかじめ意図したとおりになっているかを確認するためであり、なにをテストしたのかを確認するためである。これをきっちりチェックしておかなければ、意図しなかった条件から意図した結果が偶然でてきたりしかねない。だが、かりに最初から実験の条件を完全に確認できたとしたら、やはりテストは原理的に一回でよい。たとえば、実験条件のコントロールが比較的むずかしい統計的テストは、繰り返しの回数が比較的多くなるのに対して、テスト環境のコントロールが比較的容易なソフトウェアのテストは、自然現象を相手にする場合に比べてあまり繰り返されない。

以上見てきたように、前者の同じ条件での繰り返しテストのように、たんに時間についてだけ未知のことが既知のことに似ているかどうかをテストするのでは、あまりたいしたテストにはならないだろう。これは実質的には、たとえば万有引力定数のような物理定数は一定であるという推測をテストするのと同じである。だが後者のテストのように、時間以外の面で未知のことが既知のことに似ているかどうかは、その未知の内容によって大きく変わってくる。たとえば、ニュートン力学を月面上でテストした結果は、地球上でテストしたのと似た結果になると推測できるかもしれないが、はるか何億光年のかなたの宇宙空間を観察してテストするとなると、かなり結果は変わってくるかもしれないと推測できる。また生物学上の法則で、人間についてテスト済みの法則を猿についてテストするのと、蛙についてテストするのとでは、やは

☆23 Miller [1994], p. 34, Andersson [1984b], p. 63.

り結果はかなり違ってくるかもしれないと推測できる。つまり、テストにパスする見込みは、実在の構造がどのようであると考えるかに大きく依存しているのであり、この点で理論が将来にわたって成功するかどうかの見込みは、理論的な観点に大きく依存している。[☆24]

さて、ポパーといえどももっともよくテストされた理論を選べというときには、ひそかに帰納の原理を使っているはずだと言われる場合のその帰納の原理とは、前者の同じ条件で繰り返されるテストと、後者のさまざまな条件でのテストと、どちらについてあてはまるのだろうか。もし前者についてあてはまるのだったら、すでに見たようにそれにはあまり意味がない。あらゆる細部にわたってテストの条件がまったく同じならば、原理的にテストは一回でよい。そういうテストを何回繰り返しても、確実性が増したりはしない。一回でも百万回でも、パスするものはパスするだけだし、パスしないものはしないだけである。思考実験ならば、原理的にあらゆる条件がまったく同一のテストを繰り返すことができるが、これはほとんど数学的帰納法のようなものだろう。しかし現実のテストでは、厳密に条件を完全に同じにしたという保証は得られない。この意味では時間にかんする既知から未知への推測も確実ではない。[☆25]

だが、もし帰納の原理が後者について述べているのだったら、それがなにも保証しないことはあきらかである。プログラマーはこのことをよく知っている。ソフトウェアにかんしても、理論と同じく、テストされていないプログラムよりも十分にテストされているプログラムを選ぶべきであり、これを選ぶことが合理的である。しかし、それは決してプログラムをテストすればするほどそれが未知の未テストのケースに対しても正しく動く確率が高くなるなどという

☆24　内井［1995］, p. 62. これは背景知識による。Cf., Popper［1963］, p. 238.〔邦訳四〇三―四〇四頁〕

☆25　ポパーは、未来は過去に似ていないとする推論も合理的だという。Popper［1963］, p. 56.〔邦訳九七頁〕, cf., Popper［1983］, p. 63. さらに、突然カタストロフが訪れる可能性にも言及している。Popper［1972］, pp. 22 – 23.〔邦訳二八―二九頁〕

理由からではない。そんなことはまったく保証されない。メーカーは、こうした帰納の原理が成り立たないことをよく知っているから、マニュアルには予想されない使い方をしたときの動作は保証されない旨が必ず記載されている。その予想もしない使い方が、たとえテスト済みの使い方によく似ていたとしても、テストされていない動作はまったく保証されない。☆26 十分にテストされたプログラムも、まったくテストされていないプログラムも、まったく新しい未知のテストケースに対して身分はまったく同じである。どれほどテストを重ねたとしても、テストしていないケースについては、テスト結果はなにも保証してくれない。ポパーが、過去のテストの結果は未来についてはなにも保証しないというときの意味はこれである。

　ニュートン理論が反証されたのは、まったく同じテストの繰り返しの果てではない。日常生活のなかで突然、物体が落下しなくなったなどということはないし、常識的にそんなことは考えられないだろう。そうではなくて、ニュートン理論はそれまでテストされていなかったケースで反証された。つまり、光速に近い運動状態、巨大な重力があるケース、ミクロのケースなどである。だからこの意味では、できるだけ多様なテストをするべきである。もっとも、条件の多様性は理論によって決定される。ニュートン力学を月面でテストするのと原子の領域でテストするのでは、通常の条件下で地球上でテストするケースに比べて前者の方が後者よりも空間的に隔たる距離は莫大であるが、多様性という点では後者のテストの方がはるかに多様である。

　したがって、ポパーの答えのなかでもっともキーとなる「もっともよくテストされた」とは

☆26　見かけ上非常によく似ていても、システムの原理上まったく異なる動作など無数にある。だから、ソフトのマニュアルはいつでも分厚くなってしまう。帰納の原理が成り立てば、マニュアルはもっと薄くてすむはずである。

どういうことかという問いに対する答えはこうなる。もっともよくテストされた理論とは、もっとも多様なテストをされた理論である。[☆27] そして、もっとも多様なテストを経た理論とは、そうでない理論に比べて既知の部分が相対的に多い理論である。批判的合理主義者は、こうした既知の部分が相対的に多い理論を選ぶことが合理的だと言っているのである。

5　誤りから学ぶ合理性

では、なぜ既知の部分が相対的に多い理論を選ぶことが合理的なのだろうか。ここにおいて、帰納の実際的問題に対するポパーの答えのもっとも核心的な部分に到達した。つまり、ポパーが言う「もっともよい理論」の意味である。

帰納主義者は、それはもっとも信頼性が高い、つまり過去において成功したので今後も成功する見込みがもっとも高いからだと答えるが、すでに見たようにこれが成り立たないことはあきらかである。そしてこの意味では、未知の部分にかんしては、ポパーが言うように、どれほどテストされた理論にも絶対的信頼性はない。またそれは、真であると推測すべき理由がもっとも多いからでも、ミラーが言うように偽と推測すべき理由がもっとも少ないからでもない。帰納の原理が成り立たない以上、そういうことはいっさいないからである。

では、なぜもっともよくテストされた理論を選ぶことが合理的なのだろうか。このことをあきらかにするために、ここでもう一度ソフトウェアのケースを考えてみよう。

ソフトウェア・システムのトラブルレポートがあがってきた場合、そのシステムの開発者は

☆27　Cf., Popper [1983], pp. 247–248. 批判的合理主義では、テストにおいては理論が多ければ多いほどよいという多元論を勧めるのは、もちろんこれと関係がある。理論が多ければそれだけ多様なテストが可能だからである。Cf., Anderson [1988], p. 153.

最初になにをするだろうか。開発者はまず過去のテスト履歴を調べる。これは問題判別、エラーの原因探索が効果的になるような問題箇所の切り分け判別の手はじめであり、これがトラブル解決のための手がかりとなる。こうして問題の所在について見当をつけながら、疑わしい範囲を徐々に狭めていく。そして原因が見つかり、システムが修正されたら、そのトラブルレポートはテスト履歴に加えられる。このように見てくると、あまりテストされていないソフトウェアではこの切り分けが効果的にできないことがわかるだろう。この意味では、まさに過去のテストのレポートである験証結果がおおいに役立つのであり、これがもっとも豊富なソフトウェアこそが望ましい。そしてこの点は科学理論でも同じだろう。意図的に新しい実験条件を設定したのでないかぎり、なにか変則事例が生じたら、最初にそれが過去のテスト済みの事例と同じかどうか調べられるだろう。これがうまく調査されて、その変則事例が新奇な事例かどうかはっきりするのである。

第6章でくわしく論じるが、理論には意図されなかった帰結が無数にある。それでも、そのうちでもいくらかでもわかっていた方がいい。[☆28] それは、既知の部分が多い理論がより確実だからではない。そうではなくて、それにもとづいて行動したときにもし誤りに突き当たったら、そういう理論の方がそうでない理論に比べて、どこがどのように誤っているのかを探求しやすいからである。たとえばあるソフトウェアがA、B、Cの三つのモジュールから成り立っていて、トラブルを起こしたデータでは、AとBのモジュールは過去にパスしている記録が残っており、このデータでCはテストしていないという事実があれば、ここからCがトラブルの原因

☆28　時間的な変化が既知を未知にしてしまうこともありうるのだから、もちろん、既知であることが既知であり続けるだろうということも推測にすぎない。それでも少なくとも実用的な観点から見れば、はじめから未知であるよりも既知である方が望ましい。なぜなら、既知のことならそこからまえに進むための手がかりになりうるからである。

いわばデュエムの問題に対処しやすいのである[☆29]（第4章第6節参照）。このように、よくテストされたソフトウェアはエラーの探索の範囲を狭めることができる。ではないかと推測でき、エラーからのフィードバックが可能なので、工学的に言えばエラーからのフィードバックが可能なのであり、より誤りから学びやすいのであり、工学的に言えば

ではないかと推測でき、エラーの探索の範囲を狭めることができる。いわばデュエムの問題に対処しやすいのである[☆29]（第4章第6節参照）。このように、よくテストされたソフトウェアはより誤りから学びやすいのであり、工学的に言えばエラーからのフィードバックが可能なのである。ポパーは、ユートピア工学に反対して、あまりにも大きな失敗からは学ぶことは困難だ[☆30]と述べたが、ここでは、あまりにも知らなさすぎることからはなにも学べないと言える。テストが少ない理論はそれだけ誤りの原因を探求しにくいからである。

だから、船の操縦は家柄のいい者にまかせるべきなのではなくて、難破とか漂流などのさまざまな経験をして生き残った者にまかせるべきである。それは、なにかトラブルが発生したときに速やかに対処できるからである。そしてこの意味では、もっともよくテストされた理論、つまりそれがどういう帰結をもっているかが比較的知られている理論にもとづいて行動した方が合理的なのである。

6　実際的場面での演繹的推論

もっとも、ここで次のように反論されるかもしれない。問題判別に使えるから、テストによって既知の部分が増えた理論の方がいいというのは、帰納を前提にしているではないか。つまりこれまでテストにパスした部分を既知として、これを基礎に未知の問題を探求しようとするなら、その探求の過程においては基礎となっている部分は、今後も、過去にテストに成功したのと同じ動きをするはずだと当然考えられているし、そう考えなければなにも探求できないでは

☆29　もっとも、これに対してはベイズ主義的な発想ではないかと反論されるかもしれない。テストレポートが多い方が少ない方よりもエラーの原因の推測がしやすいのは、テストレポートを証拠としてこれによってエラーについての仮説の主観的確率が高まるからだというわけである。だが誤りの探求において肝要なことは、誤りから客観的に学ぶことであって、その誤りの原因についての推測に対する主観的な確信度を高めることではない。どれほど自分の推測を強く信じていても、それが客観的に誤っていて、結果的になにも学べなければ意味がないのである。もっとも、それでもそうした学ぶための推測は確かな方がいいではないかとも言われるかもしれない。ところが、この事態をベイズ主義的に取り扱おうとした場合、事前確率にどのような値を与えればいい

ないかという反論である。

この批判は、これまでポパーに対して繰り返し投げかけられてきている。たとえばバークは、ポパーが重視する反証の役割を捉えて次のように批判している。

> 実際、観察データで最終的決着が与えられるのはどの程度までであり、またどのような根拠によるのだろうか。第一に、もしデータにそのような権威ある役割が事実認められるならば、それは実際にはそこから帰納的一般化がおこなわれているからではないだろうか。というのも、実施されたテストが繰り返し可能で、過去と同じように未来において同じ結果を生み出し続けると考えるのでなければ、なぜ過去の好ましくない結果が理論の将来についての確信に影響を及ぼすことになるのだろうか。過去においてテストにパスしなかったという根拠で理論を放棄するのなら、未来においてもそうであり続けるのではないだろうか。☆31

この批判は本章での議論の出発点に直結している。つまり、ポパーが「もっともよくテストされた理論を選べ」というのはそうした理論が今後も成功するだろうと帰納的に考えているからではないかという疑いである。実際に、われわれは科学においてだけでなく日常生活においてもこのように考えている以上、帰納は決して否定できないという。要するに「麻酔の効果を期待しないで手術台に上がろうとするものはいない」☆32というわけである。

のだろうか。とくに、エラーが思いもよらないほど、その値は恣意的になってしまうのである。Cf., Popper [1959b], p. 29, Miller [1994], pp. 125-132, Chalmers [1976/99], pp. 187-192.

☆30 Popper [1957], p. 88.〔邦訳一三八頁〕Cf., Popper [1945], vol. I pp. 160f.,163.〔邦訳第一部一六〇、一六一頁〕

☆31 Burke [1983], p. 59. 同じような批判としては、Ayer [1956], p. 74.〔邦訳一〇〇―一〇一頁〕, Trusted [1979], 邦訳八四―八五頁, O'Hear [1980], p. 63, 内井 [1995], p. 71 などがある。

☆32 竹尾 [1994], p. 141. Cf., 内井 [1995], p. 71.

だがこのような批判に対しては、次のように答えよう。たしかにわれわれは、一回パスしたことは今後もパスすると考えるかもしれない。だから、パスしたという知識を利用して新たな問題に対処できる。あるソフトウェアについて新たにあがってきたトラブルを解析した結果、それが過去にテストした条件と一致したとする。するとそこから、たとえば、問題はそのソフトウェアにあるのではなくてマシンやOSなどの実行環境にあるのではないかと推測できる。それは、たしかに、そのソフトがそのケースでは過去にパスしているので、今回のトラブルでもパスしているはずだと考えられるからである。

だがはっきり言うと、これは帰納的推論ではない。演繹的推論である。過去の出来事から未来の出来事を帰納しているのではなく、普遍命題から未来の出来事を演繹しているのである。この点について、たとえばマスグレーヴの議論[☆33]をもとに見ていこう。彼は理論の選択にさいして、批判的合理主義は次のような選択原理を立てていると考える。

(CR*) 競合する仮説群のなかから(時刻tにおいて)もっともよく験証された仮説を(時刻tにおいて)真であると受け容れること、つまり信じることは合理的である。

さて、この原理には帰納の要素は含まれているだろうか。マスグレーヴ自身は、この原理を帰納であると言ってしまうと、未来にかんするあらゆる選択が帰納の原理にもとづいていることになってしまうだろうと言う[☆34]。つまり、未来にかんすることすべてに帰納が関係していると言

☆33 Musgrave [1991], p. 26.
☆34 Musgrave [1991], pp. 26–27.

ってしまえば、帰納ぬきでは未来について語ることができなくなってしまうので、帰納が使われているかどうかはことばの問題になってしまうということである。なるほどこうした考えには一理ある。しかし、もしこの原理を採用する理由が、（時刻 *t* において）もっともよく験証された仮説はそうでない仮説に比べて真であることが確からしいからということだとすれば、あきらかにこの原理は帰納の原理として採用されていることになる。そして実際にマスグレーヴは、「たんに古臭い正当化主義のワインを新しい批判的合理主義のボトルに注ぎ込んだだけだ」[35]と批判されることもある。

すでに繰り返し述べているように、テストにパスすればするほど理論が真である可能性はますます高くなるなどということは決してない。だから、理論が真であるかどうかについては、かなりテストされた理論についても、まったくテストされていない理論についても、その身分はまったく同じである[36]。それゆえこの意味では、マスグレーヴの批判的合理主義の選択原理における「（時刻 *t* において）もっともよく験証された仮説を（時刻 *t* において）真であると受け容れる」という部分を帰納主義的に解釈してはならない。

だが、ここではこの問題にはこれ以上立ち入らないでおこう。肝心な点はこの次である。験証されていようといまいと、一度受け容れられた仮説から導き出された予測を真と考えることには、帰納が含まれているだろうか。マスグレーヴの答えはノーであり、そこには次のような演繹論理の応用原理（Applied Deductive Logic）があるという。

☆35　Miller [1994], p. 107.

☆36　Cf., Miller [1994], pp. 80, 120. しただがって「験証されておらず、当然批判にも耐えていないなんらかの観念をもったり、推測したりすることは、少なくとも非合理ではないであろう。ただし、それらの観念や推測がその後のテストや批判を受けつけないものであっては、それは独断的になってしまうであろう。その意味で『批判に対して開かれて』いなければならないのである。」立花 [1997], p. 23.

(ADL) もしPを真として受け容れることが合理的で、PがCを含意するならば、Cを真として受け容れることは合理的である。

ある普遍理論が十分にテストされていてもいなくても、そこから予測を引き出す以上は、現実問題としてその理論は真であると推測されているはずである。まさか、はじめから偽であると考えられるような理論から予測を引き出す人もいないだろう。そしてこの演繹論理の応用原理について言えば、この原理には帰納の要素はまったく含まれていない。なぜなら、この原理には、過去の事実によって未来の予測の確実性を高めるような要素はまったくないからである。このようにある仮説を受け容れ、その仮説を実際の場面に適用するにあたっては、いかなる帰納的推理も登場してこない。

実際、たんに過去に続けて起こったということだけからは、それが未来にも起こるだろうとは決して考えられない。たとえばスポーツのジンクスなどでは、データの取り方によってなんでも言えてしまう。あるチームが優勝することを保証しようと思ったら、緒戦をとった方が勝つとか、ホームでの勝率が高い方が勝つとか、そのための過去のデータはいくらでも、どのようにでも収集できる。ところが、対戦相手についても同じような過去のデータはいくらでも収集できる。このように、たんに過去にこうだったからというだけでは、たがいに矛盾したことでもなんでも言える。☆37 こうした一般化は、ふつう真面目には受け取られないだろう。なぜなら、そこにはなんの法則もないからである。

☆37 これはグッドマンのパラドックスと関連している。Goodman [1954], pp. 72-81. このパラドックスに対するバートリーの答えはこうである。「すべてのエメラルドはグルーであるという言明が科学でまともに受け取られないのは、手持ちの証拠とは関係なく、むしろこの言明が答えている鉱物学にはなんら問題が存在しないからである。」Bartley [1982a], p. 171. またミラーは「仮説は、これを排除するテストがないうちは、経験科学に認められてはならない」と答える。Miller [1994], p. 35.

けれども、そのような漠然とした規則性でもそこに自然法則があるとなると、それはたちまち受け容れられるようになる。古くからの言い伝えでも科学的に説明されると信じるようになるのは、ひとつには、たんなる相関関係ではなくて、自然法則によって実在の一側面が顔を出してくるからである。なにがどうなっているのかよくわからないけれど、とにかくこうすればこうなるというこの規則はこれまではずれたことがないから、これからも成り立つだろうといったかたちの知識はたしかに存在するが、やはりこれではなにかしら納得できないものが残るだろう。事象の規則的なつながりが期待できるのは、これまでそれが成り立ってきたからではなく、それの背後に実在の姿をあきらかにするような普遍的な理論があるからである。☆38

こうして、帰納主義者がふつうに帰納的推論だと呼んでいるのは、じつは帰納ではなくて演繹なのである。もしこれをあくまでも帰納と見なすとすれば、そこには繰り返しによって確からしさが増すなどの効果が必要だろう。これなら、たしかに演繹とは異なる帰納的推論である。実際、すでにカルナップについて見たように、帰納主義者はパスする回数が増えるほどその確率はますます高まるという。だが、ポパーがヒュームを援用しつつ否定するのはまさにこの点である。ある現象が続けて起こればそれが起こりやすくなると考えることは、ギャンブラーズ・ファラシーに似ている。確率は均等に分布していると考えられがちなので、サイコロを投げて五回続けて六がでなかったので、そろそろ六がでてもよさそうだろうとついつい考えがちだが、これが誤りであることはよく知られている。そのように考えたとしても、サイコロには記憶がないのでどの試行もつねに独立であり、一回目の試行となんら変わりはない。これと同

☆38　それでも、たとえば麻酔についての医学理論も結局は推測にすぎず、つねに反証の危険にさらされている。だから、自分に麻酔が効くかどうかはまえもって保証などされていないのである。

じように、自然現象もベルヌーイ試行のようにおのおのの現象のどれもが独立である。客観的に、まえの現象があとの現象に影響を及ぼしたりはしない。[☆39]

たしかに、ある現象が続けて起こればそれがこれからもつづいて起こるようになるだろうと期待し、主観的な確率、確信度が高まる心理的傾向はあるかもしれない。だがポパーが問題にしているのは、主観的な確信度ではなくて客観的な確率である。この二つの確率が一致する保証などどこにもない。

このようにある現象が未来にも起こるだろうと考えるのは、たんに過去にそれが起こったからではなく、法則があるからであり、われわれはそこから演繹的に推論しているのである。これは、論理的には法則命題の普遍的な性格による。未来の出来事が過去の出来事に似ているだろうと考えるのは、過去の出来事にあてはまった法則が不変で、その未来の出来事にもあてはまるだろうと演繹的に推測しているからである。なんの法則や規則性もなしに、たんに過去と未来の出来事だけ取りあげて、一方の成立から他方の成立を帰納的に推測したりしない。そして、理論に普遍性という属性を付与しているのは自然の不変性を前提とする方法論的な原理で[☆40]あるが、これは帰納の原理などではない。なぜなら、理論の普遍性はいつでも反証される可能性があるが、帰納の原理が反証されることはありえず、反証されるような帰納の原理は原理としてまったく意味がないからである。[☆41]

☆39　Cf., Popper [1983], pp. 288f. 独立でないとしたら、エンジニアリングにおいてはむしろ起こる確率がどんどん低くなっていく場合すらある。たとえば金属疲労とか、メモリーにたまるガーベージなどがそれである。こうした現象における独立でない試行では、まえの現象の影響はあとの現象に対してたいてい阻害要因として作用する。

☆40　Popper [1934], p. 200, Popper [1959a], p. 253.〔邦訳三一三頁〕

☆41　Popper [1934], p. 200, Popper [1959a], p. 254.〔邦訳三一四頁〕

7　帰納を否定することの意味

未知は既知に似ているということも似ていないということも、どちらも推測である。それ以上でもそれ以下でもない。推測にすぎない以上、似ていることはなんら保証されない。

そもそも保証とは、いったいなんだろうか。必ずそうなるということであり、これでは一種の決定論ではないだろうか。未知が既知にどこまでも似ていると保証されてしまったら、この世界は無残なまでに矮小化されてしまうだろう。そのような世界はほとんどなんの刺激もない、つまらない世界だろう。[☆42]

空から天が落ちてこないだろうかと心配する者にとっては、帰納の原理が成り立たないことは絶望的なことかもしれない。だが、科学技術の最先端で活躍する者にとっては、帰納の原理は成り立って欲しくないのである。もちろん、なんの規則性もなかったら研究など続けられないだろうから、知っていることを手がかりに知らないことを探求するためには、未知は既知に似ていると理論を通して演繹的に推測する必要があるだろう。だがそれで十分である。それ以上を保証されてしまっては、研究がまったく陳腐になってしまう。未知が既知に似ていると保証されてしまったら、ある意味ではすべてを知ってしまっていることになる。すべてを知っているなら、なんの研究が必要だというのか。「一方でもし帰納が科学の方法だとしたら、現代の宇宙論は少なくとも大まかには正しい……。だが他方で、現代宇宙論は、われわれがいる信じがたいほど特異な宇宙の一角から大部分得られた観察を一般化することは、ほとんどいつも

☆42　同じことは、すべてが自分の観念にほかならない観念論の世界についても言える。Cf., Popper [1983], pp. 105f. この観念論の矮小さの指摘は、ポパーの観念論に対するひとつの反論である。

まったく妥当でないと教えてくれる。」[☆43]知らないことが出てくるからこそ、科学は刺激的なのである。もし、ニュートン力学がミクロの世界でも光速の世界でも成り立っていたとしたら、二〇世紀の物理学はきっとつまらないものになっていただろう。

ポパーが帰納を否定したのは、もちろん、帰納を正当化することが論理的に不可能であることや、事実として帰納が存在しないことによる。だが非正当化主義の立場からすれば、いかなる場面でも決定的ということはありえないのだから、帰納を正当化することが絶対に不可能であると証明されたわけでもないし、帰納が存在しないことも絶対的に証明されたわけでもない。現に帰納の正当化を目指した研究は続けられているし、またことばの意味を変えて、推測と反駁の方法をあえて帰納法と言い張ることも不可能ではないかもしれない。

だが、これらすべてのことにもかかわらず、ポパーはあえて帰納を否定した。それは「帰納は安っぽい（cheap）」からだとポパーは言う。

> たんに支持するだけの事例は、原則として安っぽくてもつに値しない。それは得ようと思えばいつでも得られる。だからそれには手応えがありえない。手応えがある支持とは、なんであれ、ある仮説が反駁できるとして、それを反駁しようとして企てられた巧妙なテストだけにある。……帰納に反対する主たる議論は、観念論に対する反論と同じである。つまり帰納は安っぽいのである。……実際、反証事例を唯一の例外としていかなる「事例」も、それがなんであっても、どのような普遍理論も確証してしまう。だから、確証事例は

☆43 Popper［1974］, p. 1027.

手に入れる価値がないのである。[☆44]

確証はなんの苦労もなくすぐに得られてしまう。早い話、先に見たようにすでに成功することが知られているテストを繰り返せばよい。そうすれば確証は何度でも得られる。さらにそれ以上の安心できる保証が欲しければ、いっそなにも言わなければいい。[☆45]

だが、こんなことをしても理論が発展しないことはもはやあきらかだろう。もし今世紀初頭の物理学者たちがニュートン理論の正当化、確実化だけを自分たちの仕事だと考えていたら、決して量子力学も相対性理論も生まれなかっただろう。もちろん既存の理論を守ることに腐心した物理学者もいただろうし、革命を起こした物理学者でさえ、既存の理論を打ち砕くことは忍びなかったかもしれない。だが、彼らの既存の理論を守りたい気持ちよりも、未知のことを知りたい気持ちの方が強かった。こちらの気持ちが強かったことは、科学にとっては幸いなことだった。実際、人は守りに入ると新しいことに目を向けなくなり、確証や検証ばかりを追い求めようとする。だからこそ、理論を守りたいという望みをあえて打ち砕いてまで、ポパーは帰納の原理を否定し、理論は信頼できないという。

8　誤りから学ぶ信頼性

だがここで、帰納について理論的に得られた結果をそのまま実際の場面にも適用して、理論は信頼できないというのは、あまりにも言いすぎではないかと反論されるかもしれない。これは、

☆44　Popper [1983], pp. 130, 256. ポパーは、検証や確証が安っぽい理由のひとつとして、確証のパラドックス (the paradox of confirmation) をあげている。Popper [1974], pp. 991ff., Popper [1983], pp. 234-235, 257. このパラドックスによれば、論理的な理由からして反証例以外はすべて確証例になってしまうからである。Cf., Hempel [1965], pp. 14-20. なおこの確証のパラドックスは、験証にもあてはまることが指摘されている。Cf., 立花 [1991b]。

☆45　Cf., Popper [1959a], p. 273.〔邦訳三三八頁〕, Popper [1934], p. 218.

科学理論は実際に信頼できると考えられており、その信頼性を打ち砕いてしまったら悲観的な非合理に陥るしかないだろうという批判である。たとえばパットナムは、次のように述べてポパーを批判している。

> 科学者はある法則を受け容れたら、はかの人に対してその法則を信頼するように勧めているのである。現場でこの法則を信頼せよ、と。科学が実際に登場してきた場面――世界を変え、コントロールしようとする場面――からなにもかも引っこ抜いてこなければ、ポパーのような帰納についての奇妙な見解など提示できようもない。観念はたんに観念にすぎないものではない。それは行動の指針である。[☆46]

たしかにパットナムが言うように、われわれは実際の行動において理論を信頼し、信頼性を問題にする。そして科学理論は、たとえば占いなどよりもはるかに信頼できる知識だと思われている。

だが信頼性とはなんだろうか。信頼性とは誤りを犯す可能性が絶対にないことではない。そうではなくて、誤りを犯した場合に、その原因を速やかに見つけ出して誤りを排除できることである。合理的なのは欠陥がないことではない。欠陥があっても、それに速やかに対応できることこそが肝心なのである。[☆47] とくに、理論を技術的に応用してこれを行動の指針とする場合には、このことははっきりと言える。あるソフトウェア・プロダクトについて、これにはバグは

☆46　Putnam［1974］, p. 222.

☆47　Cf., Popper［1976］, p. 148.〔邦訳下巻九一頁〕

絶対ありませんなどと宣伝してもだれも信用しないだろう。少しでもコンピュータを知っている人間なら、そんなことがありえないことはだれでも知っている。むしろユーザーが問題にしているのは、トラブルが発生した場合にそれがどれだけ速やかに解決されるかである。だから信頼性とは、そのプロダクトだけについて言えるのではなく、それを製造したメーカーの組織制度やエンジニアの態度などすべてにかかわってくる。これと同じように、理論を技術的に応用するさいに信頼するのは単独の理論ではない。それを応用した結果なんらかのトラブルが発生してしまった場合、どこをどうすればそのトラブルが効果的で速やかに解決できるのかということまでを、理論を取り巻く背景まで含めて考慮しているのである。

このように見てくると、もっとも信頼性に欠けることは誤りを犯すことではなくて、犯した誤りをもみ消し、隠蔽しようとすることである。絶対に誤りを犯さないことなどありえないのだから、誤りを無視したり隠し続けたりする者と、誤りを即座に認めてそこから学ぼうとする者と、どちらが信頼できるだろうか。ポパーは絶対に失敗するなとは言わない。そんなことは不可能である。むしろ積極的に失敗せよと言い、その失敗からできるかぎり多くを学べという。だからポパーが戒めているのは、第1章で見たように、失敗することではなくて、失敗を認めようとせず、そこから学ぼうとしない態度である。そしてそのように多くを学ぶためには、もっともよくテストされた理論を選ぶべきなのであり、多くの失敗を経験した者を信頼すべきなのである。このように、この点で信頼性と合理性は一致する。

9　正当化主義の「失敗の本質」

正当化を目指そうとし、絶対的な信頼性を求めようとする態度は、主観の内部で信頼性を求めようとする傾向に陥りやすい。ある意味では、現代社会における旧弊がなかなか改められないのは、ひとつには帰納的思考法によるのではないかとさえ思われる。「これまでこのやり方でうまくいったから、これからもこのやり方でいこう、べつになにも変えることはない」といった前例主義は、どこかしら帰納主義に似ていないだろうか。理論的な世界では帰納的正当化は合理的であると考えられているが、現実の日常や実務の世界ではなんらはっきりした普遍法則があるわけでもなく、また条件や環境が不変であり続けるわけでもないのだから、こうした思考法はときとして成功体験に狂信的に固執する非合理に陥ってしまう可能性がある。そしてこれがどういう結末を招くかは、たとえば戦争中の日本軍を見ればあきらかだろう。

日露戦争において、容易には勝てないと思われていたロシア軍に対して予想外の戦果を収めたために、この戦争での戦略、戦術が強烈な成功体験となり、それ以降の陸海軍の根本教義になってしまった。陸軍では白兵戦思想が、海軍では艦隊決戦思想が根本教義となり、その後の陸海軍はこの根本教義を効率的、合理的に極限にまで推し進める方向に発展していった。だが、第一時世界大戦で登場した戦車や飛行機などの新型兵器や総力戦などの新しい戦争形態によって、第二次大戦が始まるころまでには戦略や戦術のスタイルは根本的に変わっていた。ところが日本軍は、第一次大戦以前の日露戦争の戦略・戦術モデルのままで、新しい戦争に突入してしまった。☆48 日本軍がこのような事態に陥ってしまった原因のひとつは、成功体験にもとづいた既存の知識を強化し、正当化することばかりに腐心していたからである。

日本軍には、こうなるまえに環境の変化を学ぶチャンスはあった。たとえばノモンハン事件がある。ここで戦ったソ連戦車隊には、もはや白兵銃剣突撃が役に立たないことはあきらかであった。つまり、この事件は陸軍の戦術原型に対する反証だったのである。だがこの反証は無視された。歩兵が銃剣を突き付けて突進すれば中国兵は簡単に逃げ出したというように、ノモンハン以前も以後も、白兵銃剣突撃の有効性は中国軍との戦闘で十分に確証されていたからである。つまり日本軍は、戦争に勝つことよりも既存の知識を正当化することに腐心してしまったために、貴重な反証体験の現実を傲慢にも無視し、無用で時代遅れの確証事例ばかりに目を向けていた。そしてこのまま太平洋戦争に突入し、圧倒的な火力の米軍のまえに敗退を繰り返した。組織が行動した結果が予想と食い違っていた場合は、新たな知識を獲得するために既存の知識を捨てるいわゆる棄却学習（unlearning）が必要であるが、☆49 既存の知識に対する狂信的な正当化志向の態度は、この棄却学習を不可能にしてしまう。☆50

このように、自然法則が変化しないと推測される理論科学の世界ならともかく、環境が不変であることが保証されない現実の世界では、既存の知識を帰納的に正当化しようとする傾向は環境の変化を無視する結果になり、きわめて危険ですらある。日本軍は過去の成功体験に固執し、環境に適応し過ぎた。そして、いわゆる「成功の逆襲」にあった。アッカーマンによれば、検証とは現在の環境に対する適応度の尺度である。☆51 もし環境が不変であると想定できるなら、

☆48 戸部、寺本、鎌田、杉之尾、村井、野中[1984], pp. 247-258.

☆49 戸部、寺本、鎌田、杉之尾、村井、野中[1984], p. 261.

☆50 こうした現象は、フェスティンガーの認知的不協和の理論によってうまく説明することができる。つまり、固く信じている戦略原型と敗退という事実は矛盾するので、ここに不協和が発生するが、破れた原因をべつのものに帰したり、この事実を観念的に否定したりすることで不協和を減らすことができる。この理論の詳細については、第6章第2節参照。

☆51 Ackermann [1976], p. 94.

それは将来にわたる有効性の指標であるかもしれない。[☆52] けれども環境は変化する。帰納的思考法の弊害のひとつは、この環境の変化を見させなくしてしまうことである。

ポパーが理論は信頼できないといったのは、こうした盲信的態度、狂信的態度を戒めるためであったとも考えられる。そしてこの意味は、現代ではますます重くなってきているように思われる。現代の社会では科学技術がますます進歩してきているので、人びとはますますそれに頼りがちになってしまっている。だが現実には、技術的成果の複雑さはますます増してきているので、絶対的な信頼性など、昔の簡単な道具などに比べて達成するのがほとんど不可能になっている。このような現状で、絶対的信頼性だけをひたすら追い求めるのはむしろ危険ですらある。予想外の事態はいつどこでも起こりうる。だから近年では、もはやトラブルが発生することを前提にしたフェールセーフやコンティンジェンシー・プランなどの重要性がますます高まってきている。もちろん一次的な技術的成果の信頼性を高めようとする努力はいつでも必要だが、そうした信頼性だけを絶対と考えて、フェールセーフやコンティンジェンシー・プランなどを無視する発想はもはや成り立たないのである。

☆52 論理実証主義は、科学理論を不変の静的な構築物と見なしたが、それは「ただ対象の構造（順序形式）だけが科学的記述にかかわるのであり、その『本質』は関係ない。人間を原語に結びつけるのは構造の様式である」（Carnap, Hahn, Neurath [1929], p. 212）という彼らの形式構造主義にもっともよく現れている。

第4章　前進するための反証可能性

知識を吸収する「学習能力」は驚くほど大きいが、古くなった知識を棄てていく能力（「棄却学習能力」と呼ぼう）はきわめて低い……「学習能力」は年をとっても低下しないが、「棄却学習能力」には、多くの知識を得るにつれて低下する傾向がある。……豊富な「経験」がかえって「棄却学習能力」を低下させるためである。……知的動脈硬化を防止するためには、……もっぱら「経験したこと」だけに頼って学ぶ習慣を棄て、新しい知識の獲得によって学ぶ習慣を確立する必要がある。

ドラッカー

前章で見たように、帰納主義に典型的に見られるような正当化主義的な発想がいかに合理的な判断や行動を妨げているかということを見てくれば、ポパーが最初に取り組んだ境界設定の問題を解決するためには、もはやこの正当化主義の枠組みそのものから脱しなければならなかったことがわかるだろう。こうして、正当化主義の枠組みを徹底的に否定したあとで、非正当化主義を背景とする反証可能性の理論がはじめて十分に理解できるようになるのである。本章では、前章までの議論であきらかにされてきた観点から反証可能性理論に対するこれまでのさまざまな批判を批判的に検討しなおすことによって、この理論のもつ本来の意義をあきらかにしていこう。

ポパーが提唱した反証可能性とは、ごく一般的には、自然法則のような普遍言明はたとえどれほど多くの実証事例を積み重ねても決して実証し尽くされないが、逆にたったひとつの反証事例によって反証し尽くされるという論理関係を利用した理論として理解されているようである。こうした理解には、ポパーが主に帰納の問題に取り組んできたという事実も影響しているだろう。帰納の問題とは、いわば普遍言明が反証される可能性を論理的に排除できないという問題だったからである。このように理解された反証可能性に対しては、これまでさまざまな批判が投げかけられてきたが、それらの批判にはある共通の特徴がある。それは、どれもみな反証の決定性を問題にしている点である。

1　反証の非決定性 vs. 正当化主義の枠組み

「反証といえども決定的に確実ではない」という批判は古くからあり、もっとも長く続いている。反証主義に対する批判はじつにさまざまであるが、結局、それらはみな反証が決定的でない理由を述べていると解釈すれば、この意味ではこの批判はもっとも根本的であると言える。たとえばエアは、論理実証主義を自国に紹介するさいに反証可能性に言及して次のように述べている。

ある文は経験によって決定的に反駁可能であるなにごとかを表現しているとき、そしてそのときにのみ事実上意味をもつとすべきだという提案を受け容れることはできない。この考えを支持する者は、一連の有限な観察では、ある仮説が真であることをどんな疑いもいれないほどに確立するのに十分ではないが、たった一回か一連の観察がその仮説を決定的に反駁するような決定的なケースがあると想定している。しかしあとで見るように、この考えは誤りである。ある仮説は決定的に検証されないのと同じく、決定的に反証もされない。[☆1]

エアのこの叙述は「反証可能性は意味の規準である」という有名なポパー伝説[☆2]が流布するのにかなり寄与したが、エアが戦前にこうした批判を投げかけてから、同じような批判は立場や問題状況がまったく変わっても繰り返されてきた。たとえばチャルマーズは、エアとほぼ同じような論拠から次のように述べている。

事実にかんする主張がどれほど確実に観察や実験にもとづいていても、反証主義の立場では、科学的知識の進歩によってやがてそうした主張が不適切であると判明してしまう可能性は排除できない。結論として、観察による理論のストレートな決定的反証は達成でき

☆1　Ayer［1936］, p. 51.〔邦訳一三一一四頁〕
☆2　ポパー伝説については、ポパー自身が Popper［1974］, pp. 963-965, Popper［1983］, section 20 などで詳細に論じている。

ない。[☆3]

反証の非決定性を指摘するさいにエアやチャルマーズが述べている経験の不確実性は、近代経験主義がたどり着いた結論のひとつである。だが、これは反証が決定的でない理由のひとつにすぎない。

さてここでまっ先に言えるのは、前章までの議論からあきらかなように、このような反証の非決定性にもとづいた批判は、反証主義に対する批判としては的はずれだということである。ポパーはすでに『探求の論理』において、たとえば「科学において究極的な言明はありえない」、「理論の決定的な反対証明は決してできない……経験科学において厳密な証明（あるいは反対証明）に固執するなら、経験科学からは決して利益をえないだろう」、「わたくしは科学にはいかなる究極的確実性も要求しない（したがって、追求しない）」[☆4]と、決定性、確実性は問題ではないと明言している。いかに確実で決定的なように見える知識もすべて仮説で推測にすぎず、誤っているかもしれないということは、反証主義の背景にある非正当化主義の根本思想であり、科学は盤石の基盤のうえに立っているとか、そうした基盤のうえに立てられるとはまったく考えられていない。[☆5]

このように、ポパーの思想をそのまま理解すれば、「反証は決定的でない」ことが反証可能性に対する批判として考えられることなどありえないはずである。だがそれにもかかわらず、反証が決定的でないことを指摘する批判はあとをたたなかった。それはすでに見てきたように、

☆3 Chalmers [1976/99], p. 88. Cf., Feyerabend [1975a], p. 55.〔邦訳五五頁〕

☆4 Popper [1959a], pp. 47, 50, 80.〔邦訳五七、六〇、九七頁〕Cf., Popper [1934], pp. 21, 22-23, 48.

☆5 Popper [1934], pp. 75-76, 223, Popper [1959a], pp. 111, 278.〔邦訳一三九、三四四―三四五頁〕

ポパーの執拗な攻撃にも崩れ去らなかった正当化主義の枠組みのためである。たとえばクーンなどは、ポパーが決定的な反証を主張していないことを認めるにもかかわらず、次のようにポパーを批判する。

> 決定的な反対証明を排除しても、カール卿はその代案を提出していないし、彼が採用している関係は論理的な反証の関係にとどまっている。カール卿はたしかにナイーブな反証主義者ではないが、そのように取り扱われても不当ではないと思う。[☆6]

そしてクーンはこの批判に続けて、「決定的な反対証明でないとしたら、反証とはいったいなんなのか」[☆7]と問いかける。

クーンがこのように言うのは、決定的反証に代わるなにか決定的なものをポパーが提出していないと考えているからだが、それは結局、実証主義者と同じように、理論を拒否するための絶対確実な根拠を問題にしているためである。[☆8] 要するに、クーンにおいても正当化や基礎づけが前提になっているのであり、[☆9] 正当化の枠組みが崩れ去らずに根強く残っていることがわかる。このように、反証に対して決定性や確実性を求める考えはじつに根深い。反証可能性に対する批判がどれほど多彩なように見えたとしても、結局それらはすべて、こうした正当化主義的な考えに根差しているのである。

☆6 Kuhn [1977], p. 282.〔邦訳三六一頁〕
☆7 Kuhn [1977], p. 283.〔邦訳三六三頁〕これに対する答えについては、本書一〇〇頁参照。
☆8 Cf., O'Hear [1980], p. 103.
☆9 Cf., Andersson [1988], p. 38.

2　決定性についての第二のポパー伝説

ポパーが反証の決定性、確実性を主張するはずがないことはあきらかなのにもかかわらず、彼がそれを主張していると誤解されたもうひとつの主たる要因として、検証可能性からの類推で反証可能性が理解されてしまったこともあげられる。[☆10]

反証可能性はじつに根強く、検証可能性の困難を解決するべく提出された代案であると誤解されていた。この誤解は、先にエアを引用したさいに触れたように、反証可能性とは意味の規準であるといういわゆるポパー伝説を生み出した。しかしこの誤解はまた、じつはこれ以外にもうひとつの伝説を生み出していた。それは、検証可能性が決定的検証を目指していたのと同様に、反証可能性も決定的反証を目指しているはずだという伝説である。検証可能性が挫折したのは、第2章で見たように、全称命題やプロトコル命題の決定的な検証が不可能だったからだが、反証可能性が検証可能性の代案なら、当然この決定性にまつわる困難を解決すべく提出されたのだろうというわけである。

このことは、先のエアの引用文からもうかがえるが、たとえば論理経験主義者のライヘンバッハが次のように言っているのを見ればよりはっきりと理解できる。

> 絶対的検証の原理は、絶対的反証の原理によって置き換えることができると考えられるかもしれない。しかし、そのような考えは維持できない。いかなる反証もほかの観察にもと

☆10　Cf., Wellmer [1967], pp. 84-88.

> づいた一定の帰納を前提にしているので、確率的にしか考えられない……したがって、絶対的な検証がないのと同様に、絶対的な反証もない。[☆11]

このように、ライヘンバッハはここで検証を反証に置き換えても絶対的にはならないと述べることで、両者が同じ問題を解決しようとしていると理解していることがわかる。

すでに第2章で見たように、検証可能性の規準は検証の決定性、確実性にともなう困難のために挫折してしまった。このような状況下で、もし反証可能性が検証可能性と同じ目的をもった規準として理解されれば、検証可能性の規準よりもあとに登場してきただけに、決定性の困難を解決する意図をもって提出されたと解釈されてしまうのは避けられないだろう。反証可能性の目的にかんする第一のポパー伝説は、今では誤解であることがはっきりしているので、かなり払拭されてきている。ところが決定性の困難にかんする第二の伝説は、第一の伝説に隠れて今でも根強く生き残っており、反証可能性理論にとってはこちらの伝説の方がはるかに後遺症が大きかった。

シュリックがこだわったように、検証可能性が決定性、絶対確実性を目指していたのは、それが正当化のための原理だったからである。[☆12] 正当化が決定的に確実であれば、推移性についての仮定 (transmissibility assumption) によって、決定的に正当化された命題から演繹できる命題もすべて一様に、安全に正当化できることになる。ところが先に見たように、絶対的確実性を目指すどのような企てもほとんど望みがないことが徐々に判明してきており、彼らもこの事実

☆11 Reichenbach [1938], pp. 87–88. Cf., Urmson [1956], p. 113. ライヘンバッハらは、反証可能性はすでに論理実証主義で議論済みだと考えていた。Cf., Wettersten [1992], p. 164.

☆12 Cf., Bartley [1982a], pp. 153ff.

は認めざるをえなかった。反証可能性はこのような問題状況のなかで理解され、正当化の原理の一種として捉えられたために、確実性、決定性を目指していると誤解されてしまったのである。[☆13]

このように、反証可能性も決定性を目指していたという第二のポパー伝説は、正当化主義の枠組みを補強してしまい、ポパーも正当化主義の枠組みのなかにいると考えられてしまったのである。だが検証可能性と反証可能性は、その枠組みから見ればまったく異なる。

3　前進の手がかりとしての反証

方法論的に見た場合、検証可能性と反証可能性の根本的な違いは、前者が探求を終えるための方法であるのに対して、後者は問題を提起することによって探求を開始し、未知の領域へ向かってさらにまえへ進むための方法だという点にある。

検証は問題を解決するための方法であり、検証が得られれば問題は解決し、そこで真理の探索は停止する。つまり正当化が完了し、盤石の基盤ができあがる。検証可能性がこの盤石の基盤を確立できる可能性を問うのに対して、反証可能性は盤石の基盤と考えられていた理論体系のなかで問題を抉り出し、盤石と見られていた基盤を揺さぶり、突き崩す。ミラーはかつて反証主義を揶揄して、仮説演繹主義（hypothetico-deductivism）というよりもむしろ仮説破壊主義（hypothetico-destructivism）と呼ぶべきだと言ったが、[☆14]これは正鵠を射た表現だろう。このように基盤を揺さぶり、突き崩すことによって、真理の探索をはじめる手がかり、きっかけが

☆13　だが、反証可能性がこのように誤解されたのには、じつはポパーの方にも責任の一端がある。それは、ポパーが反証可能性は検証可能性にまつわる決定性についての困難を免れていることを論じるのに、「わたくしの提案は検証可能性と反証可能性の論理的非対称性、つまり普遍言明の論理形式から帰結する非対称性にもとづいている」と述べているからである。Popper［1934］, pp. 15-16, Popper［1959a］, p. 41.〔邦訳五〇―五一頁〕ただ、検証可能性と反証可能性の論理的非対称性を原理的な（論理的な）ことがらとして述べているかぎりは、ポパーの説明はまったく正しい。つまり原理的なレベルでは、反証可能性は検証可能性にまつわる困難はたしかに免れている。Cf., Gómez Tutor［1988］, p. 130.

☆14　Miller［1994］, p. 111.

つくり出される。反証可能性にとっては、このように新たな問題を提起して探求をまえに進められるかどうかが問題なのである。

　果てしなく続く探求のプロセスの一部を抜き出した、有名なポパー図式

$$P_1 \rightarrow TT \rightarrow EE \rightarrow P_2$$

について言えば、検証可能性ができるだけ問題を確実に解決することによってこのプロセスを停止させようとするのに対して、反証可能性はまさにこのプロセスを停止させないことを意図する。この図式では問題P_2は暫定的理論TTのエラー排除の結果生じてくるが、エラーを発生させ、しかもそれを排除できるのは、まさにTTが反証可能だからである。反証を求めるかぎり真理の探索は続いている。要するに、「科学のゲームには原理的に終わりがない」[☆15]。このように反証可能性は、問題を暴きつつピースミールにまえに進むための方法なのである。

　検証可能性は結局、アルキメデスの点を求めるための方法であるため、その目指していたところが決定性、絶対確実性だったのである。だがそのようなアルキメデスの点はないし、しかもそのようなものを追い求めるべきではないというのが、非正当化主義としての反証主義の基本的な論点である。確実性を追い求めることはできるだけ現状を維持することを意味するが、反証主義はつねに現状を打破しようとする。先にあげたクーンの「決定

☆15　Popper [1934], p. 26, Popper [1959a], p. 53〔邦訳六四頁〕ポパーと規約主義の関係も、結局この前進するかどうかに帰着する。規約主義は理論体系を静的な体系とするために、法則命題を規約であると解釈する。一方、ポパーがテスト言明を規約として受け容れるのは、経験的世界をさらに探求していくための暫定的な手がかりとしてである。

的な反対証明でないとしたら、反証とはいったいなんなのか」との問いかけに対して、アンダーソンは「反証とは絶対的反対証明ではなくて、条件付き反対証明（conditional disproof）である」[☆16]と答えている。この問いでクーンは、反証可能性では問題を安全確実に解決できないではないかと批判しているのに対し、アンダーソンが主張しているのは、反証可能性はどうすれば問題を発生させられるかを論理的に示しているということなのである（本章第10節参照）。

検証主義者や帰納主義者が主張するように、もし真偽が確定してからでないと理論を受け容れられないのだとしたら、おそらくなにも受け容れられなくなってしまい、まったくまえに進めなくなってしまうだろう。まえに進むための手がかりとして、理論は暫定的に受け容れるだけでよい。もし受け容れた理論に反証があがれば、そこでその理論が問題になるだけである。したがって、この探求のプロセスにおいて確定性、決定性は問題ではなく、それらに拘泥してはならない。

このように反証可能性は、問題を提起し、まえに進むための方法として捉えられる。ここにこそ非正当化主義の方法論としての反証可能性理論の真価が見出されるのであり、これは正当化主義的な発想では決して理解できないだろう。

4　存在言明から反証可能言明へ

さて、反証可能性が普遍言明にかんする規準であると理解されてしまうとまっ先に思いつ

☆16　Andersson [1982], p. 56, Andersson [1988], p. 110. Cf., Popper [1983], p. 186. つまり、結論としての否定的なテスト結果を受け容れたという条件のもとでの前提としての理論の反駁である。

かれる批判は、存在言明の反証不可能性だろう。存在言明が言及する領域が無制限ならば、その無制限の領域について存在を否定し尽くすことは論理的に不可能だからである。たとえば、もっとも古いところでは、『探求の論理』出版直後の批評で論理実証主義者のノイラートは次のように述べている。

> ポパーは古典論理の否定式を自分の範型として出発しているので、「普遍的単称命題」（これは「規定されていない存在命題」のこと）を「形而上学的」、つまり非経験的命題としている。それらは反証可能ではないからである。しかし、そうした命題が科学史においていかに有益であるかは明白だし、そうした命題が正当な役割を演じているような方法論を立案することもできる。[☆17]

またハンフリングは、論理的非対称性をはっきりと前面に打ち出して次のように批判する。

> ここでの困難は、普遍言明についての困難の一種の鏡像である。もし「すべてのAはBである」の検証が無限に多くの観察を必要とするのなら、同じことは「いくらかのAはBである」の反証についても成り立つ。[☆18]

この存在言明の論理的反証不可能性からの批判は現在でも続いており、息の長い批判で

☆17　Neurath［1935］, p. 136.
☆18　Hanfling［1981］, p. 52.

ある。☆19

たしかに批判者たちが言うように、検証可能性と論理的に対称的な反証可能性という意味では、なんらの規定もない純粋存在言明は反証不可能であり、実際にポパーもこの種の言明は科学的言明ではないとしている。だが、決定的に反証できない純粋存在言明を非科学的言明だとして科学から排除するのでは、決定的に検証できない普遍命題を擬似命題として真正な命題から作為的に排除したシュリックと同じではないかと言われるかもしれない。

けれども、反証可能性とは前進するための方法であるとする観点から見れば、存在言明を非科学的言明とすることは、シュリックの場合とは根本的に異なっていることがわかる。これを理解するために、ここで科学的探求を犯罪捜査にたとえて考えてみよう。あるところで他殺死体が見つかったとする。ここから犯人逮捕に向けての犯罪捜査が始まるわけだが、その犯罪捜査において一番大切なのは、おそらく「犯人を検挙してやる」という捜査官の強い信念だろう。そしてこの信念には「犯人が存在する」という言明が含まれているだろう。だがこの言明だけでは捜査が始まったことにはならないし、この言明を裁判にかけて罪状認否をおこなうわけにもいかない。犯人を逮捕するためには、この言明を具体的な内容をもった言明に変えていかなければならない。「犯人はX時に犯行をおこなった」とか、「犯人はXという凶器を使用した」とか、「犯人はX歳からY歳くらい」とかである。しかし、このように具体的に規定されてきた言明は、もうすでにいろいろとテストできる

☆19 存在言明の反証不可能性についての批判は、このほかに、Hempel [1965], p. 106, Stegmüller [1978/79], Band. I, p. 403〔邦訳五八一五九頁〕, Ayer [1959a], p. 14, Ayer [1973], pp. 28f.〔邦訳四五一四六頁〕, Urmson [1956], p. 113. Kneale [1974], p. 210などに見られる。

ようになっている。つまり反証可能な言明になっている。この意味では、犯罪捜査とは純粋存在言明を反証可能な言明に変えていく作業である。

「犯人は存在する」という言明は反証不可能であるが、もちろん無意味ではなく、捜査には不可欠である。だがこれは捜査の結果ではなく、動機であり、出発点である。捜査を進めて存在するはずの犯人についてさまざまな情報を得て、これを具体化していかなければならない。このように、探求を導く信念としては純粋存在言明はおおいに意味があるが、こうした信念を言い立てるだけでは、探求そのものはまだなにも始まったことにはならない。純粋存在言明が科学的言明でないというのは、この意味においてである。

探求者はこの探求の動機となる信念を超えて、その先に進まなければならない。この点で科学者の探求を促進する信念に言及して、市井三郎が次のように事態を的確に捉えている。

> 科学の前進において不可欠の過程であるところの、斬新な仮説、生産的で創造的な発想をする、という過程においては、多義的で転意的なコトバを比喩的にしか使えない、といった場合がむろん多い。しかし問題は、そのような斬新な発想をたんなる思いつきに終わらせるか、それともそこから真に科学的な認識の前進を引き出すか、ということの岐れ目が次の点にかかっていることである。つまりそこに用いられた転意的意味の比喩的表現に、どれほど明確な規定性――これによってはじめて当の命題の「経

験的内容」が高まり、「反証可能性」が生じてくる——を与えてゆく労をとるかとらないか、という点なのである。[20]

このように、反証可能性は出発点としての信念と到達点としての経験的結果の区別を強調する。この区別が反証可能性である。このように理論を反証可能にすることは、探求の出発点と到達点を区別することによって、どの方向へ進むべきかを示すことなのである。

5　反証可能な確率言明

論理的な言明は、全称言明であれ存在言明であれ、真か偽のどちらかである。ところが、真か偽かがそう簡単には判定できないような言明も科学には多数登場してくる。その典型は確率、統計言明である。「サイコロを投げて一の目が出る確率は六分の一である」という確率言明に対して、実際に六回サイコロを投げてみたら一度も一の目が出なかったとする。この結果はその確率言明を反証していると言えるだろうか。

このような事情から、たとえば決定論的な仮説についてはたしかに反証は決定的ではあっても、確率、統計的な仮説についてはどうかとの批判が生じてくる。

> 統計的仮説（分布仮説）の場合には事態は異なってくる。この仮説は承認されたデータに相対的に、検証可能でも決定的に反証可能でもない。……この結果は、ポパーの

☆20　市井［1963］, pp. 282-283. このように見てくると、なぜポパーが論理実証主義の意味規準に反対して形而上学を擁護したのかがわかる。反証可能性とは形而上学的言明を前進させて、真の科学的言明へと変えていくための方法なのだから、そのための素材を無意味として排除すると、反証可能性そのものの意義が失われてしまうからである。Cf., Popper［1983］, p. 191, Popper［1994a］, pp. 88f.〔邦訳一六一頁〕ポパーは形而上学に対して、いわば科学の前衛としての役割を認めていたと言えるだろう。Cf., 碧海［1959］, p. 27, 高島［1974］, pp. 109-113.

反証理論にとって悪い帰結をもたらす。なぜなら反証理論が科学の方法であっても、この方法はまさに科学において頻繁に現われてくる統計的仮説のテストという問題に対してはうまく機能しないからである。☆21

たとえば「光は重力によって曲げられる」という決定論的な言明ならば、重力によって曲げられていない光の事例がたったひとつでも見つかれば、それだけで反証は論理的には成り立つだろう。だが「サイコロを投げて一の目が出る確率は六分の一である」という確率言明の場合、極端に言えばたとえ一〇〇回続けて一の目が出なかったとしても、このような結果が生じる可能性は厳密には確率言明では論理的に排除されていないので、いつまでたっても反証にはならないというわけである。☆22 たしかに確率言明を純粋に論理的に考察するかぎり、なにが起こっても確率言明は影響されないと言い張ることは可能だろう。一〇〇万回に一回と見積られていた事故が起こったとしても、偶然そうなることもあるし、これによって見積りは反証されないと言い張ることはいつでも可能である。

しかしそのように言い張り続けていれば、あきらかに確率言明はまったく意味を失ってしまう。そのように言い張れば、なるほど確率言明は論理的に維持できるかもしれないが、しかし確率言明は経験的にまったく使いものにならなくなってしまうだろう。これでは、確率言明の改良に向けて一歩も前に進めなくなるという意味では、純粋存在言明としての探求の信念を言い立てるだけとほとんど同じである。だから、確率言明に経験的な意味を

☆21 Obermeier [1980], p. 67.

☆22 確率言明の反証不可能性にかんする批判は、ほかに、Ayer [1972], p. 47, Ayer [1973], p. 29, Bronowski [1974], p. 616, 内井 [1995], pp. 72–75.などがある。

もたせるためには、これを経験的にテスト可能な言明として扱わなければならない。逆にこう扱えば、確率言明を経験に照らして見積りを再評価し、改善するために前進することができる。

ここで、確率言明の反証可能性の問題を二つに分けて考えてみる。ひとつは単称確率言明の反証可能性の問題であり、「このサイコロを次に振ったときに六の目が出る確率は六分の一である」という言明は反証可能かどうかという問題である。もうひとつは確率を評価するための事象の範囲の問題である。たとえば、細工をしていないサイコロならどの目も等しく六分の一の確率で出てくるはずだが、あるサイコロ投げを繰り返し投げたとき、その統計的結果どうなるかという問題である。

まず最初の問題について言うと、単称確率言明はポパーも明確に認めているように、あきらかに反証可能でもテスト可能でもない。[☆23] たとえある事象の生起が九九・九パーセントの確率で予測されていても、次回の試行でその事象が生起しない可能性は論理的には決して排除されていない。確率的な予測がある一回の試行ではずれても、初期条件の精度を責める必要はないし、まして確率法則を責める必要もない。この意味では、単称確率言明はたしかに反証不可能である。

では、次の事象系列についての確率言明の反証可能性の問題はどうだろうか。たとえ確率がきわめて小さいことが連続して起こっても、その各事象が確率言明によって厳密に排除されていないのだから、その連言で表わされる事象系列も、たとえどれほどその確率が

☆23　Popper［1983］, p. 289, Popper［1982b］, p. 70.

小さくても厳密に排除されない。しかし、確率言明をこのように無節操に解釈してしまうと、結果として確率言明からなんでも言えてしまうことになりかねない。だから、ポパーはここで次のような方法論的決断を導入する。

> 確率仮説は無制限な適用によって完全になにごとも述べなくなってしまう。物理学者は確率仮説をこのような仕方では利用しない。それゆえ結果を、つまり再現可能な規則性を累積された偶然に決して還元しないという方法論的決断によって確率言明の無制限な利用を排除する。[☆24]

ここで述べられている決断は、アド・ホックな反証逃れをしないという方法論的守則と基本的に同じである。実際、確率言明はこういう決断によるルールを設定しないかぎり、決して反証可能ではありえないが、確率言明を反証可能として扱うルールは、実際に統計学の仮説検定の手続きに見いだすことができる。

統計学における仮説検定では、あるなんらかの事象を禁止するような仮説Hを立て、そのもとで調査をおこない、その結果Hが禁じているような確率がきわめて小さい現象が起こったときにHを棄却するという手続きをとる。この場合、仮説を棄却する基準の確率は有意水準とも呼ばれるが、客観的に決まっているわけではなく、検定に先立ってあらかじめ取り決めておく。ふつうは五パーセントや一パーセントが利用される。この統計的検定

☆24 Popper [1934], p. 153, Popper [1959a], p. 199.〔邦訳二四九頁〕

の考え方を、サイコロ投げについての簡単な例で見てみよう。一般にある事象の起こる確率をpとすると、n回の試行のうちその事象がr回起こる確率$P(r)$は、

$$P(r) = {}_n\mathrm{C}_r p^r (1-p)^{n-r}$$

で定義される二項分布に従う。ここであるサイコロについて、「これは細工のほどこされてない完全に対称的なサイコロである」という仮説Hを立てたとしよう。そのうえでこのサイコロをたとえば一〇回振って、この仮説を検定してみる。そのさい、あらかじめ有意水準として五パーセント設定しておく。ここでpは$\frac{1}{6}$である。すると、たとえば一〇回の試行のうちある特定の目が各回数でる確率を右式にもとづいて計算すると（小数点以下第五位四捨五入）、

$${}_{10}\mathrm{C}_0(1/6)^0(5/6)^{10-0} = 0.1615$$
$${}_{10}\mathrm{C}_1(1/6)^1(5/6)^{10-1} = 0.3230$$
$${}_{10}\mathrm{C}_2(1/6)^2(5/6)^{10-2} = 0.2907$$
$${}_{10}\mathrm{C}_3(1/6)^3(5/6)^{10-3} = 0.1550$$
$${}_{10}\mathrm{C}_4(1/6)^4(5/6)^{10-4} = 0.0543$$
$${}_{10}\mathrm{C}_5(1/6)^5(5/6)^{10-5} = 0.0130$$

$$
\begin{aligned}
{}_{10}C_6(1/6)^6(5/6)^{10-6} &= 0.0022\\
{}_{10}C_7(1/6)^7(5/6)^{10-7} &= 0.0002\\
{}_{10}C_8(1/6)^8(5/6)^{10-8} &= 0.0000\\
{}_{10}C_9(1/6)^6(5/6)^{10-8} &= 0.0000\\
{}_{10}C_{10}(1/6)^{10}(5/6)^{10-10} &= 0.0000
\end{aligned}
$$

となる。するとある特定の目が五回以上でた場合、その確率は有意水準を下回っているのでHを棄却することができる。また有意水準として一パーセントを設定した場合は、ある特定の目が六回以上出た場合に仮説Hを棄却できる。[☆25]

統計学における仮説検定の理論は今世紀初等から三〇年代にかけて確立されたので、ポパーが『探求の論理』を執筆した当時はまだこの理論は胎動期で、ポパーの思想とは独立に形成されたわけである。だが、統計的検定は方法論的反証可能性の考えにもとづいていると言ってよい。これまで確率言明が厳密に反証可能でないことは反証可能性理論のひとつの弱点として攻撃されてきたが、このように見ると、統計的検定の事例はどのようにして言明を反証可能にするかの典型例を示していると言える。[☆26]

たしかに文字通りに解釈すれば、確率、統計的言明はいかなる事象も禁止していない。論理的属性からだけでは、確率、統計的言明は決して反証可能ではない。単称確率言明については統計的規則が適用できないので——というより適用しても意味がないため——、

☆25 ネイマンは、仮説検定による仮説の棄却は、これの対立仮説が存在する場合のみおこなわれると主張する。Hacking [1965], pp. 79ff.

☆26 Cf., Gillies [1995], pp. 110f., Gillies [1993], pp. 207ff. 有意水準は、仮説を棄却することが誤っていること（第一種の過誤）の危険性を表わすという意味で危険率とも呼ばれる。この検定で重要なのは、危険率をまえもって計算することである。第一種の過誤が重大な問題を引き起こすような状況で仮説の棄却に納得できなければ、危険率をより厳しく設定しなおし、試行回数を増やして偶然の入り込む余地を減らし、検定をやりなおすことができる。

この言明は反証不可能なままである。だが単称でない確率統計言明については、仮説検定のルールを設定すれば、有意水準以下の棄却域の事象が生起することを禁止している言明として扱うことができる。統計的仮説が反証可能なのは、その仮説の論理的な属性のためではなく、反証を可能にする取り決め、規則のためである。

もっとも、ここで出てきた方法論的規則についてエアは、反証可能性は言明の論理形式にかんすることなのに、べつの規則をもち出すのはおかしいと批判する[☆27]。これは、反証可能性は論理の問題か態度の問題かという点にかかわってくるが、ここで肝心な点は論理か規則かではなく、どうすれば確率言明を経験と関連した言明にできるかという点である。そしてこの点では、仮説検定の論理的構造はたしかに反証可能な構造になっている。つまり効果的な検定をおこなうために、仮説検定は方法論的規則によって論理的に反証可能な構造を構築することで、確率言明を経験と関連させることに成功しているのである[☆28]。

たしかに確率論はそれ自体非経験科学の数学に属するので、この点から見ると確率言明は反証不可能だろう。しかし確率言明を経験的探求において意味のある言明と見なし、実験や観察によって少しでも改善、つまり前進させようとするなら、このように反証可能な構造をつくりあげて試みと誤りの方法を続ける必要がある。

6　反証主義のホーリズム

これまで取りあげてきた批判は、存在言明であれ確率言明であれ、ひとつひとつの言明に

☆27　Ayer [1972], p. 47.

☆28　もちろん、反証主義を救うためにこうしたのではない。統計的確率言明を経験的に意味のある言明とするために仮説検定という形式を導入した結果、その言明が反証可能になったのである。

ついてそれを論理的に考察して引き出された批判であった。しかし現実の科学理論はたったひとつとか二つとかの少数の言明から成り立っているわけではなく、ごく些細な現象を説明したり、予測したりするさいにもじつに多くの理論が体系的に関係してくる。このことを考慮すると、実際に反証があがったからといってその原因が複雑な理論体系のどこにあるのか特定できないという批判が考えられる。それは、たとえば次のような批判となる。

> 科学的知識の本体の候補としてテストにかけられるどんな仮説も、すでに独立にテストされていて、確立されているような複数の付加的な補助仮説に依存せざるをえないという問題がある。……そうした補助仮説は広く受け容れられていても「確実」なわけではない（たんにまだ反証されていないだけ）ので、新しい仮説の論理的な身分を決定しようとすれば、確証されたり反証されたりするのはその仮説なのか、あるいは補助仮説なのか、決して確実に知ることはできない。[☆29]

この批判はいわゆるホーリズム（holism）と呼ばれる立場からの批判で、「物理学上の実験は決して単独の仮説を誤っているとは断定できず、ただ理論の全体が誤っているとするだけである」[☆30]というデュエムの思想に立脚している。しかしホーリズムは、これに「どんな言明でも体系のどこかを十分に徹底的に調整すれば、なにが起こっても真と見なし続けることができる」[☆31]というクワインの思想を追加して、デュエム－クワイン・テーゼ[☆32]を引き

☆29 Richards [1983], p. 56.〔邦訳一〇二―一〇三頁〕

☆30 Duhem [1906], p. 278.〔邦訳二四七頁〕

☆31 Quine [1953], p. 43.〔邦訳六四頁〕

☆32 デュエムとクワインをならべて、このようにデュエム－クワイン・テーゼと呼ばれることが多いが、デュエムの主張とクワインの主張はまったく異なる。Cf., Ariew [1984].

出す。

ラカトシュはこのデュエム－クワイン・テーゼを精緻化して、反証可能性理論に対してさらに詳細な次のような批判を加えている。

> 科学理論はほかに影響を与える要因（おそらく、宇宙の遠く離れたはっきりしない時空領域の一隅に隠されているような）はないという条件のもとでだけ、ある特定の有限な時空領域で事象（手みじかに言うと「単独の事象」）が生起することを禁止している。だがそうすると、そのような理論は単独では決して「基礎」言明と矛盾しない。それはせいぜい、時空で単独の事象を記述している基礎言明と宇宙のどこかで重大な要因が作用していないことを述べる普遍非存在言明の連言と矛盾するだけである。[☆33]

そしてラカトシュは、この主張の具体例となる架空の物語として、惑星軌道の計算された値からのずれを観測した科学者がそれを未知の天体によるとする仮説を立て、それが反証の危機にさらされながらも、補助仮説を補ってその仮説を救い続ける事例を詳述している。[☆34]

ラカトシュによる以上のような批判が論理的に意味するところは、次のようになる。理論Tと初期条件Iから予測Pが導き出されるとすると、その論理形式は、

$$(T \wedge I \wedge C) \rightarrow P$$

☆33 Lakatos [1978a], pp. 17-18.〔邦訳二八頁〕

☆34 Lakatos [1978a], pp. 16-17.〔邦訳二七—二八頁〕Cf., Poincaré [1913], p.172.〔邦訳二六二頁〕

となる。ここでCは、ラカトシュが言及している「どこかで阻害要因が作用していることはない」という条件一定条項（*ceteris paribus* clause）であるが、この条項は、$\sim\exists x(Ax \wedge Bx)$というかたちの否定存在言明であり、これは論理的には$\forall x(Ax \rightarrow \sim Bx)$という全称言明と等値である。すると、これは論理的に検証不可能である。ここでPが否定された場合、

$$\sim P \rightarrow \sim T \vee \sim I \vee \sim C$$

となるが、Cが検証不可能である以上その潔白は証明できないので、反証の原因をCに帰して、TやIはいつでも反証を免れることが可能になる。検証可能性の原理は全称言明が論理的に検証し尽くせないという理由で崩壊した。ところが、反証の論理構造のなかにも条件一定条項のような全称言明が登場してきて、さらにこれを検証し尽くせないかぎり理論Tを一義的に反証できないとなると、反証可能性も検証可能性と同じ論理的困難に陥るというわけである。[☆35]

以上がホーリズムからの批判であるが、この批判に答えるまえに、まず反証についての一般の誤解を正しておこう。アンダーソンによれば[☆36]、ポパーは『探求の論理』において二種類の反証を提案している。ひとつは、単独の全称言明が基礎言明によって反証されると

☆35 ホーリズムからの批判としては、このほかに、Putnam [1974], p. 226, Kuhn [1977], p. 208.〔邦訳三五八頁〕, Düsberg [1979], pp. 11–27, Keat, Urry [1982], p. 47, 野家 [1993], pp. 151–152, 内井 [1995], pp. 75–80.などに見られる。

☆36 Andersson [1988], pp. 23–26, Andersson [1992], p. 215.

いうかたちの反証である。一般には、ポパーの反証可能性に関連してはこちらしか理解されていない。もうひとつは、予測が反証された場合に、その予測の導出に必要とされた前提となる理論体系や初期条件の全体が否定式にもとづいて反証される場合である。つまり、複数の理論と複数の初期条件からテスト言明が導き出されて、そのテスト言明に対して否定的な実験結果が出れば、それらの理論と初期条件すべてが反証されたことになる[☆37]。

アンダーソンは前者の反証は狭すぎ、後者の反証は曖昧であるとして、次のような反証の一般的な論理形式を提案する。

$$\sim P, R_1,\ldots,R_k \vdash \sim (R_{k+1} \wedge \cdots\cdots \wedge R_n \wedge H_1 \wedge \cdots\cdots \wedge H_r)$$

ここでPは予測言明、Rは初期条件を記述する言明、そしてHは理論的仮説であり、$0 \leqq k \leqq n$である。この論理形式は、結論部から前提部への偽の逆推移の原理にもとづいて第二の反証を一般化した形式と考えられるが、ここで、$n=0$、$r=1$とすれば第一の反証が得られるので、単独の全称言明の反証が反証の一般形の特殊ケースであることがわかる。

このようなアンダーソンの分析からもわかるように、ホーリズムからの批判にもかかわらず、反証の論理構造はきわめてホーリスティックである。かつてシュテークミュラーは、言明や理論をひとつずつ切り離して単独でテストできるとする立場を孤立主義（Isolationismus）と呼んだが[☆38]、ポパーの反証主義も論理実証主義の検証理論と並んで典型的な孤立主

☆37 Andersson [1988], p .29, Andersson [1992], pp. 215f.

☆38 Stegmüller [1978/79], Band II, pp. 265-266.〔邦訳第三巻三一九頁〕

義であると見なされてきた。だがこれまでのアンダーソンの分析を見れば、反証主義を孤立主義と解釈するのはまったくの誤りであることがわかる。

実際、ポパーが最初から理論体系全体の反証を考えていたことは、たとえば『認識論の二大根本問題』における次の文章からもはっきりしている。

> 個々の前提は、たしかに最終的には反証されない。……だがいずれにせよ全理論、前提の「連言」が最終的に反証される。……複雑な理論的構築物は、場合によっては全体として（関連しているより大きな部分）だけが最終的に反証可能である。……現代の物理学理論の発展によって、ある一定の予測の反証は全理論体系を倒せることが示された。☆39

また、さまざまな批判に答えるべく執筆された『実在論と科学の目的』でも、「（最初から指摘していたように……）わたくしの規準は、理論体系のコンテキストから抜き出された言明についてではなく、理論体系に適用される」☆40と述べている。このように反証主義の考え方は、きわめてホリスティックでデュエムの思想にきわめて近い。

デュエムが否定しているのは、実験によって理論群のなかから単一の理論だけを決定的に偽であると立証できるということだけであり、この点はポパーもはじめからデュエムに同意していた。ここで反証可能性は決定性を含意しないと見れば、デュエムの議論は逆に

☆39 Popper [1979], p. 262. また実際に『探求の論理』においても、ポパーは頻繁に理論体系について言及している。バートリーも「反証可能性の問題は、全体としての理論に関係しているのであって、その個々の構成要素に関係しているのではない」と述べている。Bartley [1982a], p. 196.

☆40 Popper [1983], p. 178. またさらに次のようにも述べている。「ニュートン理論は体系である。もしそれを反証するならば、その全体系を反証することになる」Popper [1974], p. 982.

推測と反駁の方法の必要性を説いていると理解することもできる。たった一回の実験では欠陥の原因を決定できないからこそ推測と反駁の方法によってその原因を追求しなければならないのである。そして、デュエムの問題に対処するための必要条件としては、実験の前提が反証可能でなければならない。反証可能でなければ原因を探索する範囲を狭められないからである。

実験が示せるのは理論全体のうち少なくともひとつが誤っているということだけだとしても、ポパーはさらに進んで、差異法などによって誤りの可能性の範囲を狭められるとする。☆41 反証されるのは「理論全体」であるといっても、その範囲を狭めることができるし、実験では実際にそれをおこなわなければならない。そしてそれが事実上、決定的実験と見なせる場合もたしかにある。☆42 いずれにせよ、反証は一回で完了しなければならないなどということは決してないのだから、疑わしい範囲を推測して、その推測を反駁しようとする手続きが続けられる。

ラカトシュは、条件一定条項が論理的に全称言明と等値なので決定的に検証可能でないため、反証は決定的にならないと批判した。だが、条件一定条項が論理的に全称言明だということは、これも反証可能であって反証の試みが繰り返し実行できることを意味している。なぜなら、この条項は阻害要因という出来事を禁止しているからである。

なんらかの予測が反証されたとする。ここでもし条件一定条項が怪しいとなったら、またこれを前提にしてべつの初期条件を立て、べつの予測を導き出せばよい。そのさいには、

☆41 Popper [1945], vol. II, p. 364.〔邦訳第二部三八五頁〕, Popper [1957], p. 132.〔邦訳一九九―二〇〇頁〕, Popper [1963], p. 112.〔邦訳七三頁〕

☆42 Cf., Greenwood [1990], pp. 553–574, 立花 [1998]。

もちろん、べつの条件一定条項が含まれているだろう。そして、またその予測も反証されたら、ふたたびそのときの条項をテストすることができる。このように、反証可能性は再帰的にまえに進めることができる。反証の原因を探索するさいにも、仮説を立て、それをテストするわけである。最終的に反証の原因を理論体系のどの部分に帰するかは、たしかにポパーがいうように[☆43]、危険をともなう推測の問題であり、これを一義的に確定することはできない。だがこの問題については、反証主義にかぎらず、どのような立場からも完全な解決策はこれまで出されていないし、そもそも反証主義ははじめからこの問題の解決を目指していなかった。もちろん、反証の試みを繰り返しても反証の原因はなかなか狭まらない可能性もある。しかも、狭めた範囲が間違っている可能性もある。だが間違いとわかったら、元に戻ってべつの範囲をまた探せばよい[☆44]。**肝心なのは、推測と反駁の方法が続けられるかどうかである。**

このように反証可能性は、理論体系のどこかがおかしいと示すことによって問題を提起する。通常科学の内部では、こうした問題は変則事例として扱われるかもしれないが、「変則事例は、批判の出発点として扱われなければならない[☆45]。」このように、予測の否定を通じてそれにかかわる理論群全体にその影響が及ぶことによって、全体が問題になってくるのである。

問題が発生しても、「理論体系のどこかが悪い」と言っているだけでは話ははじまらない。そこから先に進み、原因を探索する合理的な手段を可能にするのも反証可能性である。

☆43 Popper [1974] p. 1010, Popper [1983], pp. 188f.

☆44 どんな反証もそれ自体テストできる。(Popper [1934], pp. 69–70, Popper [1959a], p. 104.〔邦訳一二九頁〕, Popper [1983], p. xxiii.) 先に引用したクワインの発言には、じつは次のような文が続いている。「逆にまったく同じ理由から、どのような言明も改訂に対して免疫があるわけではない」Quine [1953], p. 43.〔邦訳六四頁〕この点にかんしては、クワインの主張は反証主義の主張と完全に一致する。

☆45 Andersson [1988], p. 121. 反証と変則事例の関係については、次節を参照。

規約主義者は、理論体系の一部を修正すれば、いつでも反証は回避できるという。しかし、一部を修正しなければ回避できないとすれば、それは反証に意味があることを雄弁に物語っている。[☆46]

なにか問題が発生したときに、その場に立ち止まって前進しなくていいのなら、理論は反証可能である必要はないだろう。だが、とにかく前進しなければならないなら、そのために反証の原因と目される箇所を推測し、その推測にもとづいてテストの前提を暫定的に決定し、その推測をテストしなければならない。そして、原因についての仮説が厳しいテストに耐え、原因と思しきものが見つかれば、そこで調査を暫定的に打ち切れるだろう。また、先に見込みがなくなり、その方向に有力な仮説を立てられなくなったり、前進の方向が誤っていたら、最初に戻ってべつの方向に向けて進めばよい。

検証や確証はいくら繰り返しても、全称言明の真理値の決定や確実度の確定にまったく到達しない。[☆47] この意味では、検証や確証をいくら繰り返しても無駄で、その目的はいっこうに達成されない。しかし、反証は再帰的に繰り返すことによって、問題の原因を特定できるようになるまで、探索範囲を事実上狭めることができる。この意味では、反証を再帰的に繰り返すことには意味がある。[☆48]

7　形而上学的言明の反証

ホーリズムからの批判に見られるように、反証に理論体系全体がかかわるとなると、先の

☆46　Andersson［1988］, p. 140.

☆47　Popper［1934］, neuer Anhang ＊VII, Popper［1963］, pp. 280－292.〔邦訳五二四－五四二頁〕

☆48　たとえば、プログラム設計における構造化設計やオブジェクト指向の情報隠蔽の考え方などは、エラー探索の範囲を効果的に限定するための思想である。第5章第1節参照。

デュエム－クワイン・テーゼとはまたまったく逆の意味での批判も可能になってくる。それは、全体が反証されるなら、その全体になにをつけ加えてもそれも反証可能になるので、形而上学的言明が反証可能になってしまうという批判である。たとえばヘンペルは、これを次のように言い表わしている。

> 文*S*が完全に反証可能であり、文*N*はそうではないとすると、それらの連言*S•N*（つまり、二つの文を「そして」ということばで結びつけて得られる表現）は完全に反証可能である。というのも、*S*の否定が観察文の集合によって含意されるとすると、*S•N*の否定もなおさら同じ集合によって含意される。[☆49]

ギリーズはこうした事態を「鋲留めのパラドックス（tacking paradox）」と呼んで、次のように説明している。

> なによりも、反証可能性はあきらかに形而上学的な言明の排除に失敗しているだろうか。残念ながら、答えは「鋲留めのパラドックス」として知られている結果のために「イエス」である。Tを、たとえばケプラーの第一法則のような反証可能な理論とし、Mを任意の形而上学的言明としよう——たとえば「絶対者は眠たい」といった言明である。T′をT′＝T&Mと設定する。するとT′はTと同じく反証可能である。Tは反証

☆49　Hempel［1965］, p. 106.

> 可能なのだから、Tから論理的に帰結するような観察言明Oがある。だから、もし観察によってOが偽であるとわかると、Tが偽であることが帰結する。だがOはTから論理的に帰結するのだから、それはT&Mからも論理的に帰結する。するとT′ = T&Mは反証可能である。言い換えると、反証可能な理論が与えられれば、それにいつでも任意の形而上学的言明を「鋲留め」することができ、そしてそれはなおも反証可能である。[☆50]

以上を逆に言えば、ほとんどが形而上学的な言明からなる理論でも、たったひとつの反証可能な言明を「鋲留め」すれば、その形而上学的体系はそれだけで反証可能になってしまう。[☆51]

だが、前節の考察からあきらかなように、反証可能性は言明や理論をひとつずつ切り出してきてそれが科学的かどうかを個別に判定するための試金石ではない。形而上学的言明が連言として理論体系に結合されていれば、もちろん反証によってこの言明にも影響が及ぶ。もし、その形而上学的言明がほんとうに問題をはらんでいるならば、それはさらに反証にさらされるだろう。しかしもしそれがたいした問題でないなら、それはすぐに問題領域から排除されるだろう。

この点は、これまで科学史上で現われては消えていったフロジストン、エンテレキー、エーテル、絶対空間、隠れた変数などの形而上学的実体などについて考えてみればわかる。

☆50　Gillies［1993］, p. 210.

☆51　形而上学的言明の反証可能性からの批判は、このほか、Baker［1957］, pp. 158–159, 岩崎［1976］, pp. 135–136などに見られる。

たとえば、エーテルそのものは見ることも触ることもできない形而上学的実体なので、「エーテルが存在する」という言明は形而上学的言明だと言えるだろう。だが、エーテル測定の実験がエーテル仮説にとって否定的な結果を示したことによって、この形而上学的言明にも影響が及んだのである。もちろん、この結果だけで「エーテルは存在する」という形而上学的言明がただちに否定されることはなかったが、そこにはあきらかに問題が発生した。だからこそローレンツの仮説などが提出されて、この問題に真剣に取り組む試みが現われたのである。

　このように、エーテルの存在そのものは形而上学的な性格を帯びていたが、それはテスト可能な理論体系と内容的に密接に関連していた。このため反証の影響が及んだわけである。[☆52] しかし、テスト可能な理論体系にわざとらしく「絶対者は完全である」などといった形而上学的言明を連言で追加したとしても、それが理論と実質的な関係をもたなければ、たんに盲腸のようなもので、理論体系がテストによって反証されてもなんら問題にされることはなく、ただぶら下がっているだけでおしまいだろう。もちろん、こうした無用な言明にも論理的には反証の影響は及ぶ。しかしそれは、テストの結果を生かして理論体系を改良し、知識を成長させていくうえではなんの意味もない。したがってこうした盲腸のような形而上学的言明によって、探求をまえに進める反証可能性の本来の機能が損なわれることはまったくない。

　だからこの点に関連して、たとえば次のような批判が前進のための方法としての反証可

☆52　マイケルソンの実験では、エーテルとならんで絶対時空という概念も反駁されたが、これはニュートン力学のコンテキストだけからは決してテストできない形而上学的な概念であった。しかし光の波動理論と結びついて、テスト可能になったのである。このように存在言明も含めて、ある言明が形而上学的であるかどうか、つまりテスト不可能かどうかも、理論全体との関連で決まってくる。Cf., Popper [1983], section 20, 21.

能性に対する批判としては、まったく的はずれであることは、もはやあきらかだろう。

この規準のひとつの弱点は、制限がなければあまりにも容易に満たされてしまうということであり、しかも実際にポパーなら非科学として分類するだろうような数多くの知識によって満たされているのである。占星術師は反証可能な（そしてときには反証される）ことがらを主張している一方で、新聞や雑誌に掲載されている星占いは（反証不可能なことがらとならんで）反証可能なことがらも主張している。[☆53]

すでにここで論じているように、どのような言明でもその気になれば簡単に反証可能にできる。これはむしろ当然である。だが本当に目指すべきは、そうした反証可能性を手がかりにして言明をより経験的に改善していき、探求をまえに進めていくことである。そしてそれは、ここで言われているほど容易なことではない。

8　反証か変則事例か

さてこれまでの批判は、すべて反証可能性を論理的に考察して導き出された批判であるが、こうした論理的分析にもとづいた批判のほかに、クーン、ラカトシュ、ファイヤアーベントらによって投げかけられてきたパラダイム論にもとづいた科学史研究からの批判がある。

彼らはさまざまな観点から反証可能性を批判するが、そのうちもっとも影響力があったのが、

☆53　Chalmers［1976/99］, p. 102.

たんなる観察や実験では理論を反証できないという批判である。なぜなら、事実には理論を倒すだけの力がないからである。では事実に理論を倒すだけの力がないとしたら、なにが理論を倒すのか。科学史研究によれば、それはやはり理論である。クーンはこの事態を次のように叙述している。

> 反証はたしかに発生するものの、変則事例や反証事例の発生にともなって起きたり、たんにこれらのために起きたりするのではない。そうではなく、それは結果として起こるべつの過程である。これは古いパラダイムに対する新しいパラダイムの勝利なのだから、検証と呼んでもいいだろう。☆54

つまり競合する新しいパラダイムが勝利して、はじめて古いパラダイムに対する反証が成立するというわけである。クーンの批判は彼独自のパラダイム論にもとづいているが、その背景にはハンソンがはじめて主張したとされている観察の理論負荷性のテーゼがある。☆55

観察された事実といえども理論によって影響されているため、いかなる理論に対しても中立な反証などありえない。とすると、ある観察結果や実験結果は一方から見れば反証ではあっても、他方から見ればいっこうに反証ではないので、反証に直面してもそれが理論を放棄する理由にはまったくならないことになる。もし放棄するとしたら、それはなんらかのべつの理論のうしろ盾があってのことである。こうして、理論を倒すのは理論だというわけである。☆56

☆54 Kuhn [1962], p. 147.〔邦訳一六六頁〕

☆55 Hanson [1958], chapter 1.

☆56 Cf., Lakatos [1978a], p. 150.〔邦訳二二八頁〕、村上 [1980], p. 74, 伊東 [1981], p. 210. このように、観察事実や実験事実だけでは理論の真偽や優劣を決められないという考え方は、経験データによる理論の決定保留 (under-determination) のテーゼと呼ばれるにいたった。Cf., Hesse [1980], preface.

たとえば、水星の近日点が移動する現象はニュートン理論によって完全には説明できない変速事例として古くから知られていたが、これは決してその反証とは見なされていなかった。「水星についての変則事例は（アインシュタインの）競合理論の方が実際に水星についての真理により近いことがあきらかになって、はじめてニュートン理論の反証になった。」[☆57]

このようにあとから見れば反証と思われるような現象でも、決してただちに反証と見なされなかった事例は科学史上いくらでもある。こうした反証に見える事例でも反証として扱わないという歴史的事実を捉えて、ラカトシュは最終的に、反証主義の主張とはまったく逆に「『反駁不可能性』は科学であることのあかしとなるだろう」[☆58]とさえ言い切っている。

さて、以上のような批判に答えるまえにここでまず指摘しておきたいのは、すでに第2章で見たように、どのような観察も普遍概念を利用していることや理論的な観点がなければ規則性に着目できないことなどから、ポパーは観察の理論負荷性を指摘していたことである。[☆59] だからポパーは、最初から理論に中立な観察言語の存在など認めていなかった。[☆60]

このように、ポパーもクーン、ラカトシュ、ファイヤアーベントらも、同じく観察の理論負荷性を認め、テスト言明の可謬性を認める。だが、ここからクーンらが反証の意義を否定したのに対して、ポパーは反証の意味を積極的に評価し、彼らとはまったく異なる結論に達した。ポパーが反証を評価したのは、たとえ困難であったとしても背景が異なる理論のあいだでも合理的な議論は可能だからであり、もうひとつは、そのような合理的議論は反証を通じた批判的議論によってこそ可能であり、この議論によって知識を成長させられるからである。

☆57 O'Hear [1980], p. 104. Cf., Ackermann [1976], pp. 32f.

☆58 Lakatos [1978a], p. 19.〔邦訳三〇頁〕

☆59 Popper [1934], pp. 31, 71f., neuer Anhang *X, Popper [1959a], pp. 59, 106f.〔邦訳七〇、一三二―一三三頁〕, appendix *x, Popper [1963], pp. 44–48, 187.〔邦訳七五―八二、三一二頁〕, chapter 8, section 1.

☆60 この点で、クーンが「競合する理論を擁護している者が観察報告を比較するのに適切な中立言語を共有していることを、カール卿は当然と見なしている」(Kuhn [1970], pp. 265f.〔邦訳三七〇―三七一頁〕）と述べているのは端的に誤りである。

たしかに、いかなる理論に対しても中立な観察事実や実験事実などないのだから、なんの理論にも負荷されていない裸の事実が理論を倒すことはありえない。この点では、たしかに事実は理論を倒せない。しかし、反証主義の立場から異議を唱えたいのは、反証が理論を倒すことだけにかぎられるのかという点である。これまでの議論からあきらかなように、反証主義で言う反証は決定的ではないのだから、ただちに理論の否定には結びつかない。反証とはあくまで探求をまえに進めるための問題の提起なのである。「反証主義者は、反証が解決されるべき問題として見なされるという点にだけ立脚する[☆61]。」

もっともこのように言うと、反証はクーンの通常科学で言われる変則事例となんら変わらなくなってしまうではないかと言われるかもしれない。たしかにわれわれが理解する反証は、クーンの言う変則事例と似ているだろう[☆62]。だが、クーンが言う変則事例とはパズル解きのパズルであり、これは既存の理論的枠組みのなかでだけ解決できると想定されている。だからこそクーンらは、競合するべつの理論的枠組みが勝利して、そのもとでのみはじめて変則事例は反証、つまり理論を打ち倒す事実になると考えているわけである。

しかしこのように考えてしまうと、理論がなんらかの事実を利用して自己変革していく能力はいったいどうなってしまうのだろうか。「理論を倒すのは理論だけである」と言うことは、どのような理論にも、それだけでは事実を利用して自己発展する力はないと言っているようなものである[☆63]。ローダンも言うように、「クーンのパラダイムは構造的に厳格なので、それが生み出す弱点や変則事例に対する対処を通じてそのパラダイムが進化することを妨げている。し

☆61 Andersson [1988], p. 151.

☆62 「反証に帰せられる役割は本書で変則的な経験に帰せられる役割によく似ている」(Kuhn [1962], p. 146.〔邦訳一六五頁〕)と述べているように、反証と変則事例が似ていることはクーンも認めている。

☆63 クーンは「パラダイムの選択が問題になり出すとすぐに、パラダイムの役割は循環的になる」(Kuhn [1962], p. 94.〔邦訳一〇六頁〕)として、観察事実が理論負荷的であるために、その事実は理論を支持する役割しか演じられないことを示唆している。

かも、彼はパラダイムのコアとなる仮定を批判を免れているとするので、パラダイムとデータがたがいに矯正し合う関係を結べなくなってしまっている。」[☆64]

だが変則事例であれなんであれ、ある実験事実や観察事実がある理論にとって問題となったときにそれを問題として認識させるのは、まさにその理論自体なのである。なぜなら、その理論はそうした事実を禁止しているからである。禁止していなければ、問題など生じないだろう。たしかに、こうした問題をたんなるパズルのように見立てて、できるだけ既存の理論的枠組みのなかで解決しようとする傾向があるのは事実であるし、そうした方が経済的で効率的な場合も少なくないだろう。だが一方では、そうした問題を既存の理論的枠組みに対する重大な反証と見ることから、おおいなる知識の成長がもたらされる可能性もある。「(通常の思考方法に完全に一致しているために)われわれがあきらかになにも問題はないと見なしがちな部分に加えた修正が、ときとして決定的な前進をもたらすかもしれない」[☆65]からである。

むしろ、現代科学はクーンの言うような状態に陥りつつあるからこそ反証に目を向けるべきなのである。つまり、観察事実が理論負荷的だからこそ、それを反証として捉える必要がある。観察は理論に負荷されると都合のいい事例しか見えなくなる傾向があるので、実際的な現場においては、都合の悪い事例が見えなくなる傾向を生む。要するに、すでに見ようとしていたもの、見ると予想していたものだけしか見なくなる。とくに「自分がひいきにしている理論にとって危険かもしれないものはなんでも、それから目をそらしたりするし、見ようとはしないのである。」[☆66]この意味では、反証をたんなる変則事例と呼ぼうとすることは、問題を隠蔽してし

☆64 Laudan [1977], p. 75.〔邦訳一〇一頁〕批判を免れたコアを批判する点で、このローダンの批判はラカトシュの研究プログラムの方法論にもあてはまる。

☆65 Popper [1934], p. 46, Popper [1959a], p. 76.〔邦訳九四頁〕この意味では、ラカトシュが言うような研究プログラムにハードコアなど存在しない。それは、研究プログラムのなかで批判されることが少なかった部分を堅固であると見なす傾向の現われにしかすぎない。

☆66 Popper [1957], p. 134.〔邦訳二〇二頁〕Cf., Popper [1994a], p. 87.〔邦訳一五七―一五九頁〕現代ではこの傾向は、科学者集団よりもクーンの通常科学の概念がよくあてはまる技術者集団で顕著に見られる。ワインバーグは、認知的不協和音 (cognitive dissonance) という心理学上の概念を援用して、ソフト

まうことになりかねない。変則事例と呼ぶことはそれだけ問題を軽く扱い、保守的で主観的な枠組みに止まろうとする傾向を助長することになる方向に通じる可能性がある。だから、なんらかの問題を積極的に反証として捉えることこそ大切なのである。

もちろん反証といえども絶対確実でない以上、反証が誤りだったと判明するかもしれない。こういう可能性がある以上、テスト言明も理論と同じく間主観的にテストされなければならない。このため、テスト言明自体が誤りうることをもって批判者たちは、このテスト言明の間主観的なテストの可能性に対して共約不可能性のテーゼから重大な疑義を投げかける。

しかし、アンダーソンが天王星の観察やコペルニクス革命について詳細に分析しているように、共約不可能であると主張されているケースで異なっているのは、ゲシュタルト変換にもたとえられる最終的な知覚経験ではなく、じつは観察言明を導き出すための仮説だけであり、それゆえそうした仮説を検討することによって観察言明は批判的にテストできる。[67] たとえば、ファイヤアーベントがあげているガリレイの例で言えば、ガリレイとその批判者たちのあいだでは望遠鏡の扱いについて背景にある仮説が異なっていたが、異なる仮説から第三のテスト可能な言明を導き出して望遠鏡についての観察言明を批判的にテストできるし、また歴史的な事実としてそのように批判的に議論されてきたのである。[68]

このようにテスト言明はいつでもテストでき、問題にすることができる。テスト言明を決断によって受け容れるからといって、それは恣意的だということにはならない。なぜなら、テスト言明は批判的に受け容れられるからであり、批判的方法論によってコントロールされている

ウェア開発技術者におけるこうした傾向について論じている。Weinberg [1971], pp. 55ff.〔邦訳八一頁以下〕第5章第4節参照。認知的不協和の理論については、第6章第2節参照。

☆67 Andersson [1988], pp. 109–124, 128–133, Andersson [1992], pp. 229–231, Andersson [1982], pp. 56–62.

☆68 もちろんポパーは決定的反証を認めないから、テスト言明は決断により受け容れるとするが、これについては問題を群集心理にしてしまうという批判がある。Newton-Smith [1981], p. 64. だがこの決断は批判的決断であり、間主観的に批判可能なのだから、決して群集心理の問題にはならない。Cf., Andersson [1984a], p. 61.

からである。[☆69] この点をアンダーソンは次のように述べている。

言明は観察によって検証できないが、しかし観察によってテストできる。ほかのあらゆる科学的言明と同じように、テスト言明も経験的テストによって仮説として受け容れられる。もし問題が発生すれば、さらにテスト言明が導き出されテストされる。こうしたさらなるテスト言明は、より以前のと同じ種類の（ホモタイプの）言明でもありうるし、異なった種類の（ヘテロタイプの）言明でもありうる。このようにして、テスト言明が理論に依存するという問題のあった側面が方法論的に解消できる。もしテスト言明が問題になったら、より単純で問題の少ないテスト言明が導き出せるのである。[☆70]

ポパーはフレームワークのあいだでのコミュニケーションはたしかに困難であると認めているが、それでもクーンらは困難にすぎないことを不当にも不可能であると見なしていると批判した。[☆71] 同じように、背景知識などが異なる理論同士のあいだでの共通にテストできる点を見出すことはかなりむずかしく、ほとんど知覚のレベルからまったく異なるようにみえるかもしれないが、それでもその状況をくわしく検討してみれば、どちらの側からも比較的問題がないと見なせるテスト言明を導き出すことが可能であり、それにもとづいて批判的な討論を進めていくことはつねに可能なのである。そして、もしこのテスト言明がその役割を果たせないほど問題をはらんでしまった場合には、またさらにそこから進んで、テスト言明を導き出せる。こう

☆69 Andersson [1982], p. 61. Andersson [1984a], p. 61.
☆70 Andersson [1984a], p. 64.
☆71 Popper [1994a], pp. 52-61.〔邦訳一〇三―一一九頁〕

して、「自然な停止点、岩盤などどこにもなく、『究極の』テスト言明などもどこにもない。」[☆72]

要するにクーンやファイヤアーベントは、高度に抽象的なレベルから具体的な観察のレベルにまで仮説の連鎖が不断に続いているところで、ある特定の観察仮説を不当にも最終的な知覚経験と断定し、これをもって共約不可能と言い立てているだけなのである。テスト言明であれなんであれ、前進するために仮りに決めたことを絶対視する必要はない。むしろ探求者の心理的な傾向として既成事実を絶対視しがちであるがゆえに、つねに批判的な視点を欠かさないようにしなければならない。

9　批判的態度の意義

クーンやラカトシュらは、科学者たちが反証と思われる事例に直面しても理論を放棄しなかった科学史上の事例を指摘する。それは、放棄しない方が科学の発展にとって有益だったからだという。これまでの批判は反証可能性の規準に向けられた批判であるが、この理論の放棄という点をめぐって科学史研究からの批判は、さらに反証可能性の根底にある批判的態度にまで向けられる。

こうした批判は、ポパーが反証逃れをするなという方法論的守則を主張しているとする理解にもとづいている。科学史の研究成果によれば、まさに安易に反証に屈しないで反証逃れを続けた事例は科学史上豊富にある。ファイヤアーベントによれば、

☆72　Andersson［1984a］, p. 59.

たとえばガリレイの時代では、コペルニクスの見解はきわめて平凡で明白な事実にすら一致しなかったので、ガリレイはこれを「たしかに誤っている」と言わざるをえなかったほどである。……ニュートンの重力理論は、最初から理論の反駁に十分なほどの重大な困難に悩まされていた。現在も非相対論的な領域では、「観察と理論の数値上のずれがある。」ボーアの原子モデルは精密で揺るがせないほどの反対の証拠があったにもかかわらず導入され、維持された。特殊相対論は、一九〇六年のカウフマンの明白な実験結果やD・C・ミラーの反駁にもかかわらず維持された。[☆73]

ここでは、反証に屈せずに理論を維持し続ければやがて科学の大いなる発展、飛躍につながる可能性があるし、事実そのような発展をもたらせると主張されている。これを逆に言うと、反証のためにただちに理論を放棄することは科学の発展の妨げになるという主張になる。たとえばチャルマーズは次のように言う。

反証主義者を困惑させるような歴史的事実とはこうである。もし彼らの方法論を科学者が厳格に遵守していたら、一般に科学理論の最良の典型と考えられているような理論は決して発展しなかっただろう。なぜなら、そうした理論は初期のうちに拒否されてしまっただろうからである。どのような古典的な科学理論をとってみても、それが最初に提案されたときも少しあとでも、その時代に一般に受け容れられていてその理論と矛盾するような観

☆73　Feyerabend [1975a], p. 56.〔邦訳五六頁〕

察事実を見出すことができる。それでも理論は拒否されなかった。このことは科学にとって幸運なことであった。[☆74]

もし科学の内部で反駁や批判ばかりしていちいち理論を捨てたりしていたら、科学的活動は停滞するだけで決して理論は発展しない。だからクーンが主張しているように、「科学への移行を特徴づけるのは批判的態度を放棄することだ[☆75]」ということになる。

以上のような批判は、反証主義はもはや打ち倒されたと一般に思い込ませるほどかなり影響力があった。だがこれに対しては、これまで繰り返し論じてきているように、反証主義の観点からは、反証イコール理論の放棄とは考えられていないことを指摘しよう。反証された理論体系をすべて放棄せよとはポパーはまったく言っていない。この点はポパーの次のことばからもわかる。

わたくしはそうした反駁が誤りうることを指摘してきた。反証を受け容れるかどうかは典型的な推測とリスクテイクの問題である。そしてさらに、理論を「放棄する」か、あるいはたとえばそれを修正するだけか、それに固執するか、なにか方法論的に認められる問題回避の代案を探すかもそうである。わたくしは反証が認められることと理論を放棄する必要性を混同していない。このことは、アインシュタインは一般相対論を偽であると見なしたが、ニュートンの重力理論よりは真理により近いと考えていたということをわたくしが

☆74 Chalmers [1976/99], p. 91.〔邦訳一一七—一一八頁〕また、このほかに、同様の批判は、Lakatos [1978a], p. 128.〔邦訳一八六頁〕, Feyerabend [1975a], p. 303.〔邦訳四一九—四二〇頁〕, Feyerabend [1975b], p. 160, O'Hear [1980], pp. 103-114, Ackermann [1976], pp. 32-34, Hübner [1978], pp. 115-119.〔邦訳九三—九四頁〕などに見られる。
☆75 Kuhn [1977], p. 273.〔邦訳三四八頁〕Cf., Lakatos [1978a], p. 92.〔邦訳一三七—一三八頁〕

頻繁に指摘してきたことからもわかるだろう。アインシュタインは、たしかにその理論を「放棄」しなかった。しかし彼はその晩年にいたるまで、さらなる一般化によってその理論を改良しようと努力していた。[☆76]

反証がただちに理論の放棄に通じるという考えは、まるで「すべて根こそぎにしようとする」ユートピア主義のような発想であり、これこそポパーが激しく批判した立場である。[☆77] 反証から理論を即座に放棄することは、テスト言明を盲信することであり、そこで推測と反駁のプロセスが断ち切られてしまう。だから、反証によって理論体系を簡単に放棄してはならない。[☆78]

なるほどポパーはたしかに当初から、「科学におけるいかなる言明も反証に逆らって擁護しない」[☆79]という方法論的守則を立てている。しかしこれによってポパーが言おうとしたのは、反証を無視するな、ごまかすな、問題として捉えよということだけである。反証を無視しないでこれに対応する方法はいくらでもある。「反証の方法論的帰結は、反証された理論は修正されなければならないということだけである。[☆80]」この修正が最終的には理論の放棄に通じる場合もあるだろうが、それはあくまでも問題解決のひとつの可能性にすぎない。[☆81] 推測と反駁のプロセスによって、問題はピースミールに解決されていくだけである。

このように反証によって理論を捨てることは、あくまで問題解決のひとつにすぎず、理論を捨てない方策はいくらでもありうる。たとえば、ボーアの理論はかずかずの矛盾を含んでいたにもかかわらず、反証されずに残ったという歴史的事実は、すでに見たようにしばしば反証主

☆76　Popper［1974］, p. 1009.

☆77　Popper［1945］, vol. I, pp. 157-165.〔邦訳第一部一五七―一六三頁〕, Popper［1957］, p. 67.〔邦訳一〇七頁〕ユートピア主義については、第5章第2節および第6章第1節参照。

☆78　だからポパーは、探求においてはある一定のドグマティズムが必要であるとも説いている。Popper［1963］, pp. 49, 312.〔邦訳八三、七六五―七六六頁〕, Popper［1970］, p. 55.〔邦訳八一頁〕, Popper［1976］, pp. 42, 51.〔邦訳上巻七一、八八頁〕, Popper［1994a］, pp. 16, 94.〔邦訳四四、一七〇―一七一頁〕, Popper, Lorenz［1985］, p. 60.

☆79　Popper［1934］, p. 26, Popper［1959a］, p. 54.〔邦訳六五頁〕

☆80　Andersson［1988］, p. 150.

☆81　ポパーは、反証による理論の放棄がありうる

義に対する反論としてあげられる。しかし、これまでの議論からはまったく逆のことが言える。つまり、反証を真剣に受け取ったからこそ理論は発展したのである。ボーアや彼の理論の支持者たちがボーア理論に対する反証や問題を真剣に受け取らなかったら、ボーアの前期量子論は最終的に量子力学までには発展しなかっただろう。同じことはコペルニクスの地動説についても言える。ガリレイや彼の後継者たちが、ファイヤアーベントが論じた塔の議論[☆82]が端的に示しているようなコペルニクス説に対する反証や批判を真剣に受け取ったからこそ、やがてはニュートン理論へと結実する発展が生じたのである。

クーンやラカトシュが言うように、いかなる理論も反証や変則事例の海のなかに生まれてくる。しかしそうした反証をひとつひとつ解決して、理論を成長させていけるか、あるいはそうした反証をすべて無視し、ごまかして、ひたすら理論の原形を後生大事に奉じるかのわかれ目は、まさに生まれた理論をどれほど批判的に鍛えられるかという点にかかっている。

この意味では、まさしく批判的態度がなければ近代科学はなかったのである。独断的にコミットしたままで批判的態度をなくしてしまった知識の例は無数にある。おそらくポパーも言うように、占星術はそのひとつだろう。宗教上の教義もそうだと言える。そこでは変わらないことがむしろ誇りとされており、変えようとする者を異端として排除する。こうしてその知識は不変のままにとどまるが、まさにこのために発展の道をみずから閉ざしてしまっている。クーンは占星術が科学でないのはパズルをもたないからだと述べているが[☆83]、占星術がもたなかったのはむしろみずからの理論的枠組みでは解けないようなパズル、つまり反証である。それはま

ことは明確に認めていた。(Popper [1963], p. 215.〔邦訳三六二―三六三頁〕, Popper [1976], p. 79.〔邦訳上巻一四三頁〕) しかしポパーは一方で、修正された理論体系は別の体系として扱えと言っている。(Popper [1934], p. 54, Popper [1959a], p. 83.〔邦訳一〇一頁〕) このように、ポパーにとっての理論放棄は既存の理論の修正も意味しているのである。本書一五〇頁以下参照。

☆82 Feyerabend [1975a], chapter 6, 7. また、本書二五七頁以下参照。

☆83 Kuhn [1977], pp. 276-277.〔邦訳三五二頁〕 新聞や雑誌を見れば、占星術がパズルに事欠かないことはあきらかである。

さに、占星術が反証不可能な態度を取り続けてきたからである。

したがって、反証を真摯に受け取ったからこそ現在のような科学になったのである。科学者が反証を真剣に受け止めたのは、科学にとって幸運なことであった。反証を真剣に受け取らずに放置していたら、理論はいつまでも変化せず、科学は科学にならなかっただろう[☆84]。

10　批判の道具としての論理

反証可能性は論理的な規準として理解されているが、科学史の歴史的な事例によって反証の効果に対して疑いがもたれてくると、結局、論理で科学を分析することにどれだけの意味があるのかが問題になってくる。クーンはこの点を次のように言い表わしている。

論理はたしかに科学的探求のための強力な道具であり、究極的にはそのための本質的な道具ではあるが、論理がほとんど適用できないようなかたちでも健全な知識を得ることができると言いたい。同時にまた、論理的な解析はそれ自体に価値があるのではなく、事情がそれを要求するときだけ要求する程度に応じて企てられるべきだと言おう[☆85]。

そしてさらに、たとえば科学の論理分析に反対する立場の論者からは、ポパーが論理にこだわったのは、結局、彼が論理実証主義者たちと同じ前提に立って、論理的であることと合理的であることを同一視していたからだとされる。

☆84　このように見てくると、反証によって理論体系は不可避的に変化するので、理論をドグマにして反証を無視することを「免疫化」(immunization) にたとえるのは正確ではないだろう。免疫化とは、正確には、抗原などの外的からの攻撃を受けて生体が抗体をつくるなどして固体の免疫系が変化することだからである。こうして生体は強化され、ある意味では生体は免疫化によって進化したのである。これに対して理論をドグマ化することは、むしろ無菌室に入ることに相当するだろう。無菌室に逃げ込めば、たしかに外的からの攻撃からは身を守れるかもしれない。しかし、これによって生体はなんら進化することはなく、むしろ抵抗力を減らすなどして、弱体化しているのである。免疫機構は、生体自身の外敵に対処する能力という意味では、まさに反証可能性

> ポパーの合理主義的、批判的アプローチは、弱点を示しているようなある「論理主義的」な側面をともなっている。彼にとっては、実際カルナップにとってのように、合理性の規準はひとえに形式的な論理と数学の規準から発生している。それゆえ、クーンがこれに注目して言うところでは、ポパー哲学の基礎である反証と反駁の概念は「証明」の論理数学的概念の反意語にすぎない。……論理経験主義とポパーの哲学には共通点が多いように見える。どちらも、われわれが「論理主義的一元論」と呼ぶ考えである。☆86

このように、反証可能性はたんなる論理的なことがらと理解されてきており、論理的なことがらであるから決定性が問題になると考えられてきたと見ることもできよう。

さてこうした批判に答えるまえに、反証可能性が本当に論理的なことがらで尽きてしまうのかという点を検討してみたい。これまで見てきたように、反証はただちに理論の放棄には結びつかない。批判者に対してこの点をはっきりさせるために、ポパーは反証の可能性と実際の反証はまったくべつであり、前者の方が重要であって反証可能性理論は後者についてはなにも述べていないと繰り返し強調してきた。そしてさらに、前者の反証可能性は論理的な可能性であると繰り返し主張する。☆87 ポパーはこれを具体的に次のように説明する。

(1)「すべてのスワンは白い。」この理論は反証可能である。なぜなら、これはたとえば

そのものであると言ってもよい。免疫機構によって、個体が徐々に変化していくように、反証可能性によって理論体系はピースミールに変化していく。

☆85 Kuhn [1977], p. 285.〔邦訳三六六頁〕

☆86 Malherbe [1976], pp. 170f. 同様の批判としては、Obermeier [1980], p. 24, Brown [1977], chapter 5, Kneale [1974], p. 217などがある。

☆87 Popper [1934], p. 54, Popper [1959a], p. 86.〔邦訳一〇五頁〕, Popper [1979], p. XXVIII–XXIX, Popper [1983], pp. xx–xxii, Popper, Andersson, Radnitzky [1989], pp. 82–86.

次のような基礎言明と矛盾するからである。「一九三四年五月一六日、一羽の黒いスワンが朝の一〇時から一一時のあいだ、ウィーンのフォルクス公園にあるエリザベート女帝像のまえに立っていた。」（ちなみにこの言明は偽である。）……（2）「すべての人間の行動は利己主義的で、自己の関心から動機づけられている。」……この理論は、そのさまざまな変種も含めて反証不可能である。利他主義的などんな行動の事例も、その背後には利己主義的な動機が隠れているという見解を反駁できないからである。☆88

しかし、どちらの理論もその論理形式は $\forall x(Ax \rightarrow Bx)$ となり、同じである。それゆえ、たとえば（2）は次のような基礎言明と矛盾する。「一九三四年五月一六日朝一〇時〇〇分に、ウィーンのフォルクス公園におけるエリザベート女帝の像のまえでX氏が浮浪者に千シリングを与えたが、X氏は自分の行動の背後には利己主義的な動機はなかったと述べた。そしてあらゆる心理テストを試みても利己主義的な動機は検出されなかった。」もちろんこの言明は、たとえば「じつは利己主義的な動機は本人も知らないし、あらゆる心理テストにかからないのだ」といって回避できる。このため、ポパーは「理論の経験的‐科学的性格を主張する者はだれでも、いかなる条件のもとでそれが反証されたと見なす準備ができているかを特定できなければならない」☆89と要求する。

このように見てくると、反証可能性はたしかに論理的なことがらではあっても、それだけでは完結しないことはあきらかである。そもそも『探求の論理』のもとなっていた『認識論の

☆88 Popper［1983］, p. xx.
☆89 Popper［1983］, p. xxi.

二大根本問題』で、ポパーははやくも一九三〇年代初頭に次のように明確に述べている。

> 境界設定はたんに論理のことがらではなく、方法論のことがらであり、したがって境界設定問題は、たんなる論理の問題ではなく、方法論の問題である。同様に、境界設定規準はたんなる論理的規準ではありえず、方法論的規準でなければならない。それゆえこの規準は、目のまえの理論とその論理構造に関係しているだけでなく、その理論が科学において取り扱われるその扱われ方にも関係している。[☆90]

このように反証不可能なすべてを説明できる理論があったとしても、それはその論理形式のためではなく、理論に現われることばの意味の使い方や曖昧さ、多義性などによる。実際にポパー自身、言明の論理形式を分析しただけでは、それが経験的な反証可能な言明であるかどうかを決定できないと認めている。[☆91] このように、反証可能性は論理で尽きるものではない。では、どうしてポパーはこれほどまで反証可能性の論理形式にこだわるのだろうか。

それは、論理が批判のための強力な武器だからである。[☆92] 反証を有効に機能させようとしたら、論理の問題にしておくのがもっとも効果的だからである。つまり、論理は批判のための強力な道具なのである。ナッターノによれば、論理が批判の道具として役に立つのは、反証が発生した場合、演繹的議論によってその結論が真であることと、その前提が偽であることのどちらかを選ばざるをえなくなるという意味においてである。[☆93] ナッターノが示しているように、理論T

☆90 Popper [1979], p. 354. Cf., Popper [1934], p. 16, Popper [1959a], p. 42.〔邦訳五一頁〕, Albert [1987], pp. 91-93. たとえば「あらゆる出来事は決定されている」といった形而上学的な言明であっても、「決定されていない出来事はない」というように、形而上学的なレベルでなにごとかを禁止しているのだから、論理的な観点からだけでは反証可能であることになる。Cf., Wendel [1998], pp. 50ff.

☆91 Popper [1934], p. 50, Popper [1959a], pp. 81-82.〔邦訳九九頁〕だから、反証可能性の規準は決して厳格な規準ではない。Popper [1976], p. 42.〔邦訳上巻七一頁〕, Popper [1983], pp. 159, 161.

☆92 Popper [1963], p. 64.〔邦訳一〇八頁〕, Popper [1983], p. 221, Popper [1984a], pp. 91f.〔邦訳一三一頁〕

と初期条件Iの連言から予測Pを導き出してこれが反証された場合、その論理図式は先に示したように、

$$\sim P \rightarrow \sim (T \wedge I)$$

という論理関係になるが、これは

$$P \vee \sim T \vee \sim I$$

と等値である。このように、反証の論理構造を選言として表わすことによって、反証がその原因を帰すべきどれかを選択せよと問題を突きつけていることがはっきりする。まさに、反証はわれわれに対して選択を迫っている。[☆94] こうして論理の問題にしておけば、問題点はあきらかになるし、逆に隠しようがなくなる。このように、論理実証主義と反証主義は見かけ上まったく同じように形式論理を重んじているように見えるが、その目的はまったく異なる。論理実証主義が形式論理を重視するのは、ひとえに正当化のためである。これに対して反証主義は、正当化とはまったく逆の批判のために論理を重視する。[☆95]

ポパーが反証可能性は論理の問題だといったのは、以上のような理由からである。論理の問題にしておけば、決定的反対証明でなくても条件的反対証明にまで高めることができ

☆93 Notturno [2000], pp. 10, 87, 110. Cf., Popper [1983], p. 186.

☆94 Notturno [2000], pp. 108-112. ポパーやアンダーソンが反証を条件付きの反駁と考えるのは、この意味においてである。

☆95 批判的合理主義における論理の役割については、cf., Albert [1987], pp. 81-84.

る。つまり、理論の論理的反証可能性は、批判的態度を理論的に言い表わした規準にほかならない。

境界設定の問題は、少なくともその初期の段階では、実践的な性質の問題だった。☆96 そのような問題の解決は、最終的には理論に対する批判的態度にかかっているのである。理論を批判するために論理が役立つのは、批判的態度を受け容れたあとだけである。しかし一度この態度を受け容れれば、論理ほど強力な武器はない。

11 未知の領域へ開かれていること

以上検討してきたように、反証可能性は前進し、問題を提起するための方法である。理論体系全体が反証されたときに、どこが誤っているかはわからないと言っているだけではははじまらない。探求を導く信念について、なにかあるはずだと言っているだけでははじまらない。確率言明について、そういう場合もありうるといっているだけでははじまらない。テスト言明が不確実だと言って立ち止まっていては、なにもはじまらないのである。現場の科学者、技術者、実務家は、足元が不安定でもとにかくまえに向かって進まなければならない。

なぜこのように前進する必要があるのだろうか。それは理論的な観点から言うと、われわれの知識はいつでも不完全で誤りうるので、いつまでたっても完全性には到達できないからである。また実践的な観点から言うと、われわれのまわりの環境が変化するからであ

☆96 Popper [1983], p. 174. だからポパーにとって、認識論とは規範的な理論であった。Bouveresse [1981], p. 50.

る。完全性に到達できるとしたら、なにも迷うことなくそれに向けて邁進すればよい。そしてまた、環境が永久に不変であるとすれば、完全な適応を目指して邁進すればよい。けれども、こうした完全な知識や完全な適応などの目標は到達不可能なのであるから、正当化主義の企てが破綻することは遅かれ早かれあきらかであった。

だがこれまで見てきたように、反証可能性は最初からこの目標とはまったく無関係であった。反証可能性理論は、むしろ正当化主義に固着しているこの完全性、決定性の目標を拒否するところからはじまったと言える。だから反証可能性はアルゴリズムではない。いつどんな場面でも適用できる魔法の杖でも、あらゆる問題を解決してくれる打ち出の小槌でもない。反証可能性の根本的な価値は、探求者の態度や理論が未知に対して開かれているかどうかという点にある。未知の事態や不都合な事態に遭遇して自分の殻に閉じこもったり、また自分にとって好都合な確認例にだけ浸り切って自己満足に陥ったりするのではなく、そういう事態をバネしてさらに先の未知の領域にまで進んでいく用意があるかどうかが問題なのである。

未知の領域に進んでいくのは、理論を改良し、知識を改良するためである。ポパーは完全な真理に到達することは不可能であると考えていたが、それでもそれに接近できると考えていた。だが真理に近づくためには、未知の領域に踏み込まなければならない。それは、期待が裏切られることによって知識は成長するからである。われわれの期待が反証されたときに、実在はその相貌をもっともよくあらわにするのである。☆97

☆97 Boyer［1994］, p. II. Cf., Agassi［1975］, p. 138. フォルマーによれば、理論の成功ではなくて挫折こそが実在論を支持するためのよりよい議論となる。Vollmer［1991］, p. 138.

すでに見たように、観察は理論負荷的であり、決して確実ではない。だがむしろ観察が理論負荷的だからこそ、反証を求めることが肝要なのである。観察や実験が理論負荷的で検証を生み出しやすいとすれば、そればかり求めていては、そこで知識の成長が止まってしまうからである。占星術やヒストリシズムを批判することでポパーが示そうとしたことは、放っておけば人は確認例しか見なくなり、反例、つまり未知の事態によって知識を改良、改善することを忘れてしまうということである。

ポパーは、実際に前進しようとせず、また問題を無視しようとする知的活動に直面し、そのような活動がそれでも科学に与えられている社会的ステータスだけは享受しようとしていた事態に直面した。そのとき彼はこの傾向に歯止めをかけるべく、自分の殻に閉じこもろうとする独断的な知的活動と、未知の世界へ飛び出す準備ができている知的活動を区別しようとして、反証可能性を提案したのである。

以上のように考えてみると、なぜ反証可能性が科学的発見の論理なのか、その理由もわかってくるだろう。反証と発見の関係について、ポパーは次のように述べている。

> 新しく打ち立てられるべき科学体系によって、新しい出来事を発見できることが望まれる。こうして反証実験にもっとも興味が示されることになり、それは成功として採用される。なぜなら、経験の新しい世界への視野を開いてくれるからである。☆98

☆98 Popper［1934］, p. 49, Popper［1959a］, p. 80.〔邦訳九八頁〕Cf., Popper［1994a］, p. 105.〔邦訳一九三頁〕反証可能性が科学的発見と結びつくことは、道具主義が描く科学においては本当の発見などありえないことからもわかる。道具主義にとって科学理論は道具にすぎないのだから、なにかの発見などではありえない。Popper［1983］, pp. 122f.

新しい世界へと視野が開かれているかどうかという点で、反証可能性は発見と結びつく。

こうして、ポパーは発見の文脈と正当化の文脈を切り離して、後者のみを重視して前者をまったく無視しているといった批判にも、どのように答えられるかはあきらかだろう。まずなによりも、ポパーは正当化をまったく問題にしていないことはあきらかだが、未知の領域へと目を向けさせ、新しい発見を促すという意味では、反証可能性はまさしく発見の論理なのである。このように、知識の成長のためにはあえて危険を冒し、積極的に反証を探し求める必要があるとすれば、誤りや失敗をむしろ積極的に評価するような新しい知的態度が必要になってくるだろう。

第5章　エンジニアリングと組織にとっての反証主義

アブラハムはなお主のまえに立っていた。アブラハムは近寄って言った。「まことにあなたは正しい者を悪い者といっしょに滅ぼされるのですか。たとえあの町に五十人の正しい者がいても、あなたはなおその町を滅ぼし、そこにいる五十人のためにこれを許されないのですか……」主は言われた。「もしソドムの町に五十人の正しい者がいたら、その者のためにその町をすべて許そう。」　『創世記』

本章では、前章で論じた批判的態度と独断的態度の役割をもう一度取りあげてみたい。というのも、ポパーが反証された理論はただちに捨てるべきだと主張していないことはすでに前章で見たとおりであるが、この点を十分に理解している論者のあいだでも、では理論に対してどのようなときに批判的態度をとるべきであり、どのようなときに独断的態度をとるべきかあきらかでないと思われているからである。[☆1] さて、この問題をエンジニアリングと組織論の観点から捉えなおしてみよう。エンジニアリングといっても、ここで論じるのは主にソフトウェア・エ

☆1　たとえばウォーラルは、だれもトライアル・アンド・エラーを基本とするポパー図式に反対していないと認めつつも、テスト可能性を高めるなら補助仮説を認めてもよいというポパーの主張は規約主義の戦略をつねに避けるべきだという彼自身の主張と矛盾すると述べている。Worrall [1995], p. 87. また、cf., Chalmers [1976/99], p. 103.

ンジニアリングであるが、本章でこの観点から反証主義を論じるのは、ひとつにはこの観点から問題がもっともよく見えてくるからである。またこの理由のほかに、ポパーの反証主義は技術を無視していると批判されることがあるからでもある。[☆2] だがそうした批判にもかかわらず、エンジニアリングこそは反証主義がもっとも有効に機能する分野のひとつである。この観点から技術者集団にまで議論を進めることによって、第3章で触れた信頼性の意味、組織の環境適応と棄却学習の意味などをここでもう一度取りあげてみたい。

前章では、反証の手続きが続けられることこそが重要なことがあきらかにされた。だがこの反証の再帰的な手続きの繰り返しをどこで止めるかは、論理的な問題ではない。どんなテストも誤りうる以上、ある理論が実際に反証可能と見なせるかどうかは、最終的にそれの支持者の態度、決断の問題である。ポパーは反証がただちに理論の放棄につながるなどと短絡的に考えていなかったが、反証を回避すべきでないと繰り返し唱え、反証による理論の放棄がありうることは明確に認めていた。[☆3] しかし一方では独断も必要であると述べており、たやすく批判に屈してはならず、できるだけ理論を守るべきだとも述べている。[☆4] だがどのようなときに独断が必要で、どのようなときに批判が必要なのか。ポパーは反証可能性の規準をきわめて明確に定式化した一方で、いつ反証をひかえるべきか、いつ独断的に理論に固執すべきかについてはあまり明確には述べていない。ポパーは、反証を回避できる可能性には早くから気がついており、反証を回避してもよいケースについても規則を示した。けれども、反証を回避するための積極的な方法論的規則は示さなかった。結局、ポパーに対する批判の矛先のひとつは、この点に集

☆2　たとえば、竹尾［1999］, pp. 115-116. また、本書八五頁のパットナムの引用も参照。

☆3　Popper［1963］, p. 215.〔邦訳三六二―三六三頁〕, Popper［1976］, p. 79.〔邦訳上巻一四三頁〕

☆4　Popper［1963］, pp. 49, 312.〔邦訳八三、七六五―七六六頁〕, Popper［1970］, p. 55.〔邦訳八一頁〕, Popper［1976］, pp. 42, 51.〔邦訳上巻七一、八八頁〕, Popper［1994a］, pp. 16, 94.〔邦訳四四、一七〇―一七一頁〕, Popper, Lorenz［1985］, p. 60.

中しているように思われる。つまりポパーにあっては、批判的態度と独断的態度の演じる役割が明確でないと解釈されてしまったのである。[☆5]

1　トラブルとエラー

さて以上の独断的態度と批判的態度の問題を、先に断ったようにソフトウェア・エンジニアリングをモデルとして捉えなおしてみよう。科学論において反証の対象となっていた科学理論をソフトウェア・システムと対応させ、理論を悩ます変則事例をソフトウェア・システムのトラブルと対応させ、反証をシステムのエラーないしバグと対応させてみる。さらに真理の探求という科学研究の目的を、エンジニアリングにおける信頼性の追求と対応させてみる。

こうすると、前章で検討したような批判的態度の役割に対する批判の根拠となった事実に対応する事態が、ソフトウェア・エンジニアリングでも的確に見出せることがわかる。たとえば、変則事例に悩まされていない科学理論などないということは、トラブルのないソフトウェアはないという事実に対応するだろう。また「その領域でのすべての事実と完全に一致する理論などないが、いつでも理論が誤っているわけではない」[☆6]と言われるのとまったく同様に、ソフトウェア・プロダクトの場合でも、バグと思われていた現象の原因がハードウェアやOSによるエラーであったり、たんなる操作ミスや思い違いだったということはよくある。たとえトラブルの原因がプロダクトにあったとしても、バグがひとつや二つ発見されたからといって、ただちにそれを捨ててしまうことなどもちろんありえない。また、最初は欠陥だらけで見向きもさ

☆5　Cf., O'Hear［1980］, pp. 108ff., 関［1990］, p. 125. このように解釈されてしまった理由のひとつとして、ポパーと彼の批判者たちのあいだで保持されるべきと考えられていたもののズレがあげられる。ポパーは一貫して真理の探求という目的にコミットしており、問題解決の試みとしての理論は、この目的のために取り替えがきくものだった。これに対してポパーの批判者たちは、むしろ理論こそ維持されるべきだと考え、場合によっては理論を救うために実在論的な目的が捨てられ、実用論的な目的が採用されることさえありえた。

☆6　Feyerabend［1975a］, p. 55.〔邦訳五五頁〕

れなかったプロダクトでも、捨てずに改良を重ねた結果、生き残った例もある。そして新しい競合理論が受け容れられてはじめて古い理論が放棄されるという批判[☆7]について考えてみると、ソフトウェアの場合、高性能の新しいプロダクトが現われたあとでも古いプロダクトが捨てられない場合がある。それは、互換性やデファクト・スタンダードの問題があるからであり、それまでに蓄積された膨大な資産のために、新しいシステムに乗り換えたくてもできず、古いシステムを使い続けざるをえない場合が少なくない。

このようにソフトウェア・エンジニアリングの現実は、一見すると反証主義の限界を示しているように見えるかもしれない。だがそれは、正当化主義的に反証主義を理解した場合だけである。現実にはむしろ、ソフトウェア・エンジニアリングでは反証主義的な考え方の支援が性急に必要とされているのである。たとえばソフトウェアをテストするさいには、「テストとはプログラムが正しく動作することを証明することである」という検証主義的な考え方が今でも根強くはびこっているが、実際にはこうした考え方でテストしてしまうと、きわめて貧困な結果しかもたらされない。それは主として次のような理由による。

（1）プログラムが正しく動作することを目的にしてしまうと、プログラムの動作不良を示す確率が低いテストデータを選んでしまいがちになる。

（2）あらゆるプログラムについてエラーがないことは事実上示せないので、これがテストのモチベーションを阻害する。

☆7　Cf., Kuhn［1962］, pp. 77ff.〔邦訳八八頁〕本書一一三頁参照。

（3）正しく動作することが示されたプログラムでもエラーを含んでいるかもしれない。[☆8]

ここで（1）の「プログラムの動作不良を示す確率が低いテストデータ」とは、逆に言えば「プログラムが正常に動作することを示す確率が高いテストデータ」ということになるが、これはポパーが言う実証される確率が高くて経験内容の乏しい仮説に対応するだろう。

このようなソフトウェア・エンジニアリングの現状を打開するために、たとえばマイヤーズなどは、ソフトウェアのテストにおいて「テストとはエラーを発見する目的でプログラムを実行するプロセスである」[☆9]という反証主義的な考え方を推奨する。完璧さを目指してプログラムを改善するためにはどうすればよいかについて、彼は次のように述べている。

> だれかが「俺のプログラムは完璧だ」（エラーがまったくない）と言いながらやってきたとしよう。この申し立てに対してなにか確信を得るためのもっともよい方法は、それを反駁しようと試みることである。つまり、ある入力データについてプログラムが正しく動作することを確認するよりも、不備を見いだそうと試みることである。[☆10]

だから「テストは欠陥がないことを示せない。示せるのはソフトウェアに欠陥があることだけである」[☆11]という意味では、ソフトウェアにはポパーが反証可能性の論拠のひとつとした検証と反証の非対称性が事実上存在する。

☆8　Myers［1979］, pp. 4-7.〔邦訳六－九頁〕
☆9　Myers［1979］, p. 5.〔邦訳六頁〕Cf., Myers［1976］, p. 169.〔邦訳一九四頁〕
☆10　Myers［1979］, p. 7.〔邦訳九頁〕このように少なくともソフトウェアにかんするかぎり、テストとはポパーが言うような反駁の試みなのである。Cf., Popper［1963］, p. 36.〔邦訳六三頁〕
☆11　Pressman［1982］, p. 597.

たとえば日の目を見ることなく捨てられるようなプロトタイプシステムなどは、あまり厳しくテストされないことなどを考えてみると、ソフトウェア・プロダクトに対してできるだけエラーを探すような厳しい批判的な態度で臨むべきなのは、これを捨てない、あるいは捨てられないからこそである。重要なプロダクトであればあるほど、反証主義的な批判的態度はより重要な意味をもってくる。いわばプロダクトにコミットしている度合いと、このプロダクトに対して反証主義的な態度をとる必要性は相関していると言える。

ここではエンジニアリングの観点から見るかぎり、あるソフトウェア・プロダクトがテスト可能かどうかよりも、むしろトラブルが発生した場合にその原因をいかに素早く、効率よく発見できるかの方が問題である。前章で論じたように、どの理論に反証の原因を帰すべきか一義的に決められないことが反証主義に対する批判としてよく言及されるが、さまざまな圧力のもとに置かれているソフトウェア開発の現場では、実際問題としてトラブルの原因を突き止められないままではすまされない。結果的にプロダクトの責任でないと判明した場合でも、原因が特定されるまではプロダクトは不安定な状態に置かれる。エンジニアリングでは、反証が可能かどうかよりも、エラー探索がどれだけ容易かが問題である。エンジニアは、問題があることを確認しただけでそこに立ち止まるというわけにはいかないからである。

プロダクトが複雑になるほど、エラーはその原因の所在をほとんど示してくれなくなる。もちろん、ソフトウェアのテスト自体が誤っている可能性も否定しきれない。このようにソフトウェア・エンジニアは、デュエムの問題に日々悩まされ続けている。エラーの原因を特定する決定的アルゴリズムなどないのだから、バグ——反証——らしきものが発生したとき、それをプロダクト——理論——の真正なエラーとして受け容れるかどうかは、最終的にはエンジニアの決断によるしかない。しかしそこまでいくまえに、その決断にまで効率よくいたることができるようにしておくべきであろう。つまりデュエムの問題にできるだけ効果的に対処すべく、エラーの原因についての「危険な推測」の危険性をあらかじめできるだけ減らすようにしておくべきなのである。このためにこそテストが繰り返されるわけであるが、設計の段階からこの点を考慮することも重要である。効率のよいエラー探索がおこなえるのは、探索が再帰的に繰り返されていくほど探索範囲が狭まるような構造になっている場合である。つまり、できるだけ探索がすすむほど探索空間のうちの探索範囲が減っていくような効果的な枝刈りを可能にする構造が望ましい。このために、さまざまなソフトウェア設計法が開発されている。

たとえば複合・構造化設計では、ソフトウェアの構成要素であるモジュールの強度と結合という定性的概念に注目する☆12。個々のモジュールの強度が強ければ強いほど、またモジュール間の結合度が弱ければ弱いほど、各モジュールは機能的に自己完結していることになる。だから、これらの概念を指標として設計されたソフトウェアである機能でトラブルが発生した場合、トラブルの原因となるバグの所在をモジュール単位に特定しやすくなる。またオブジェクト指向設計における情報隠蔽やカプセル化の概念も、見える必要のない情報をできるだけ外から隠し見えなくすることで、トラブルが発生した場合にエラーの原因の範囲をできるだけ狭められるようにするためである。このようにこれらのソフトウェア設計法は、どれもエラーの探索を容

☆12 Myers [1976], chapter 6, Myers [1978], chapter 4, 5.

易にするような原理にもとづくテクノロジーであり、すべてデュエムの問題に効果的に対処するための方法である。[☆13]

さて、以前述べてきたソフトウェア・エンジニアリングの観点から見れば、独断的態度と批判的態度の役割の違いはあきらかだろう。プロダクトを改良するためには徹底的に批判的態度をとるべきである。しかし、その当のプロダクトは独断的に保持される。むしろこれを簡単には捨てないという独断的態度をとるからこそ、これを改良するための批判的態度が必要になってくる。もし簡単に捨ててもかまわないなら、批判的態度はそれほど重要ではないだろう。だがプロダクトを捨てることではなくて改良することが目的なら、テストは厳しい方がいいに決まっている。改良できないものはただ捨て去られるしかないのである。

理論を主張する――プロダクトを開発する――場合、独断的態度が最初にある。[☆14] われわれはこういう独断的態度を避けられないどころか、ふつうこの態度が独断的であると思わないし、これに気づくことすらむずかしい。しかし、だからこそ批判的態度が必要なのであり、この態度によって、みずからの独断的態度を自覚するように努めるべきである。ただしそのさい、理論の放棄にまで短絡的に突き進む必要はない。理論を改良する用意があるだけで十分あり、放棄と改良のあいだにはかなりのへだたりがある。可謬論の考え方を徹底させれば、理論を捨ててしまうことすら誤りかもしれないのだから、反証に直面しても理論を容易に捨てないという独断的態度は、可謬論からの帰結でもある。

また理論の棄却にかんしては、前章で触れたようにポパーには独自の観点がある。ポパーは

☆13 またシャピロは、反証主義のアイデアをプログラム・デバッグ用アルゴリズムの設計に応用している。Shapiro [1982]. こうした設計法について信頼性の観点から注目すべきは、どれもすべてバグの存在を前提にしており、トラブルの発生を前提にした設計法だということである。

☆14 Cf., Popper [1976], p. 51.〔邦訳上巻八八頁〕

「修正した理論はべつの理論として扱え」[☆15]と言うが、これは理論そのものを捨てることだけでなく、理論の修正までも修正まえの理論の棄却と解釈していることになる。この見方は、「どのような理論でもその大筋で同一の理論であるようにしたままで、さまざまなアドホックな調整を加えて修正することができる」[☆16]とするクーンらの解釈とはあきらかに対立する考え方であるが、ポパーがこのように言うのは、反証からどれだけ多くを学べるかが問題だからである。つまり、これまでと同じ理論を扱っていると考えて反証も既知であると捉えるような態度に対して、反証により修正した理論が以前とほとんど同じでも、それをまったくべつの新しい理論として扱うことにより、既知と考えられて見すごされていた部分にも新しい光を投げかけられるかもしれないからである。だからポパーが理論の放棄と言っていることも、一般には放棄とは見なせない場合もある。肝心な点は、反証にさいして理論を実際に棄ててしまうことではなくて、むしろそれを新しい観点から見なおすことなのである。

2　ピースミール工学の当事者意識

以上のように見てくると、理論をなんら改良、改善することなく捨ててしまおうとする立場は、現場の問題から一歩身を引いた第三者的で傍観者的な立場であると言うこともできるだろう。この傍観者的な立場にとっては、ある特定の理論が生き残るかどうかは問題ではない。たしかに「われわれの代わりに理論を死なせることができる」[☆17]というポパーのことばは、かつて主義主張とともに人まで排除されていた社会的な苛酷な現実に対する優れた倫理的な命題であるが、

☆15　Popper［1934］, p. 51, Popper［1959a］, p. 83.〔邦訳一〇一頁〕
☆16　Kuhn［1977］, p. 281.〔邦訳三六〇頁〕ナーゲルも反証主義に対して、「理論言明の体系はふつうきわめて柔軟である」として、クーンと同じようなことを述べている。Nagel［1979］, p. 75. また、この点は、反証を変則事例と見なす見方とも関連しているだろう。第4章第8節参照。
☆17　Popper［1972］, p. 122.〔邦訳一四一頁〕, Popper［1984a］, pp. 39 - 40.〔邦訳五八頁〕, Popper［1994a］, pp. 7, 69.〔邦訳二八、一二八頁〕

このように考えると理論は何回でも放棄できることになる。けれども、もし現実には理論と人が簡単に切り放せないのだとすれば、ポパーは決して理論を排除してもよいとは言わなかっただろう。エンジニアリングの場合、プロダクトとその開発者は容易に切り放せるものではない。

このように考えると、独断的態度の背景には当事者意識があることがわかる。傍観者ではない当事者としての問題意識である。すでに見たように、ポパーの科学方法論といえどもこの当事者意識を決して失ってはいなかったのだが、それでもこの当事者意識が欠けていると見なされてしまった場合も決して少なくなかった。しかし彼の社会論に目を向けてみると、そこでは当事者意識が強烈に打ち出されている。それはピースミール社会工学である。

ポパーは、最初に理念としての目的を選択してからこれにもとづいた社会全体の青写真を用いて理想社会を実現しようと、非常に広範囲な変化を推し進めようとする考え方をユートピア社会工学と呼んでいるが、これに対して彼は次のような反論を展開する。われわれは決して社会全体を一挙に見通すことなどできないし、大規模な変革のための知識ももち合わせていない。どんな社会行動も厳密に期待されたとおりの結果を生むことはなく、必ず意図せざる帰結をともなっているのだから、変革が錯綜していて大規模であると、改革が理想に近づいているのか離れているのか判断できなくなる。だからこそ、われわれが誤りから学ぶことができるとすれば、それは小さな漸次的な修正によってこそである。[☆18] このように主張するとき、ポパーは変革される社会に属する個人としての当事者意識をはっきりと意識していると同時に、エンジニアリングとはどういうものかも正しく捉えている。

☆18　Popper [1945], vol. I, pp. 157-164.〔邦訳第一部一五七―一六三頁〕, Popper [1957], pp. 67-70.〔邦訳一〇七―一一二頁〕もちろんこの点は、第3章で見たテストの度合いと関係している。

ソフトウェア開発においては、はじめにシステム全体の要件をすべて厳密に定義し、これにもとづいてシステム全体をトップダウンに設計、開発し、テストするウォーターフォール方式の開発方法論が主流であるが、これは多くの問題を生じてきた。ソフトウェアは本質的に複雑で見通しがきかないので[☆19]、たとえ一から新しく設計しなおして開発したとしても、当初の予定通りのシステムが完成することなどほとんどないためである。要求側ははじめのうちは本当に要求したいことが見通せないので、かたちを整えてくるシステムが確認されてくるにつれて要求内容が変化し膨らんでいき、システムの複雑さが飛躍的に増大することもよくある。こういう場合にそれでも当初の計画どおりにことを運ぼうとすれば、「天国を地上に実現しようとして地獄を生み出してしまう」[☆20]ことになりかねない。このため最近ではラピッド・プロトタイピングやスパイラル開発など、要件を少しずつ決定しながら開発し、その結果をフィードバックして確認し、そこから次の要件の検討に進むというインクリメンタルな漸進的開発方法論が唱えられるようになってきている。

このように社会もソフトウェアも、全体としてべつのものと簡単に置き替えるわけにはいかない。それでもなんらかの改良を試みるとすれば、われわれはただ慎重に一歩一歩進まざるをえない。可能なのはピースミールな改良だけである。[☆21]

ところが、反証された理論は捨ててしまってよいとする考えはあきらかにユートピア的であり、ピースミール工学に見られるような慎重さ、当事者意識が欠けているように思われる。もちろん個々の社会政策などは反証されて捨て去られてもいいだろうが、われわれの社会そのも

☆19 Brooks [1975], pp. 181-186. バグの修正がおよそ二〇から五〇%の割合でほかのバグを招いてしまうという事実（Brooks [1975], p. 122）は、ソフトウェアの複雑さと見通しのきかなさを雄弁に物語っているだろう。

☆20 Popper [1945], vol. II, p. 237.〔邦訳第二部二一八頁〕

☆21 ポパーは、社会論ではピースミールな前進だけを主張し、ユートピア的な大胆さを批判するのに、科学方法論では仮説の大胆さを奨励して、大きく飛躍することを勧めている。この点は、一見矛盾しているように見えるが（Schäfer [1988], p. 104）、ポパーの「自分たちの代わりに理論を死なせることができる」という考えから理解できる。つまり、ポパーは、自分たち自身や自分たちの社会では不可能なシミュレーションが、理論では可能だと考

のはユートピア主義者が考えているように簡単に捨てられるわけではない。たとえ欠陥が多くても、われわれは自分たちの社会をソドムやゴモラのように簡単に滅ぼすわけにはいかない。その社会にはわれわれ自身やわれわれの仲間が属しているからである。

神ならぬ人間が全知全能の立場に立つか、それともごくわずかしか知りえず、つねに誤りうるアブラハムの立場に立つかで大きく違ってくるのは、まさにこの当事者意識である。ピースミール社会工学の目的は社会のカタストロフを回避することであるが、これはある意味ではわれわれの社会に対する独断的態度である。ロトなどの少数の善人のために悪に満ちたソドムとゴモラを救おうとしたアブラハムと同じく、「不正をなすよりも不正を被る方がよい」[☆22]というポパーの倫理観が彼にピースミール工学の立場をとらせたと言える。[☆23]

3　道具主義と真理の探求

このように社会論の場面では、ポパーははっきりと当事者意識を前面に出しているにもかかわらず、科学方法論の場面ではこの点が必ずしもはっきりしていなかった。その理由のひとつとして、ここで道具主義に対するポパーの見方があげられるかもしれない。

「道具については企画しうるかぎりのもっとも厳しいテストにかけて、それにパスしなかったらその道具を捨ててしまうことなどほとんど意味をなさない」[☆24]というポパーのことばは、道具に対する厳しいテストの意味まで否定してしまっているようにさえみえる。たしかに道具がテストに挫折したとき、要求仕様を撤回することが頻繁にありうるという意味では、道具は理論

えているのである。これに対して代わりのないわれわれの社会では、シミュレーションは不可能である。

☆22　Popper［1984a］, p. III.〔邦訳一一頁〕幸福を最大にするのではなく、苦悩を最小にするべきであるというポパーの倫理観（Popper［1945］, vol. I, p. 285.〔邦訳第一部三一九頁〕, cf., Popper［1984a］, p. 250.〔邦訳三五三頁〕）は、この当事者意識という観点からも理解できる。当事者意識は責任意識とも言い換えることができるだろう。Cf., Schäfer［1988］, p. 98.

☆23　広重は、ポパーの『歴史主義の貧困』について、「ポパーはこの著書において『歴史主義』なるものを、法則の適用者とその対象という二元論にたって歴史法則を語るものとして特徴づけたうえで、マルクス主義をそのような歴史主義の典型として論破しようとしている。歴史的認識と

よりも規約的な性格が強いと言えるかもしれない。また「道具はたとえそれが理論であっても、道具であるかぎりは反駁できない」[☆25]というのも正しいが、しかし道具も理論も改良できる。むしろ道具の方が理論よりも実在と具体的に衝突しやすいという点では、理論よりも道具の方がテストのもつ意味は重い。

ソフトウェアのトラブルの原因を追求している最中に、偶然にもトラブルが解消されてしまうことがある。そしてそれがどうして解消できたのかがなかなかわからないと、原因究明を断念してしまう場合もある。またテストでエラーが検出されたときに経済性や時間などの制約のため、その原因を根本的なところまで追求せずに、たんにアドホックにエラーを回避しようとすることも、ときには生じてしまう。こうしたその場しのぎのやり方は、ポパーが批判するような典型的な道具主義的な考え方にもとづいていると言えるだろう。しかしこうしたやり方は、たいていの場合そこから先に進んでいくにつれ、ますます問題をはらむようになり、最終的にいき詰まってしまう。エラーの真の原因が見出されないままにアドホックな回避策を繰り返すと、ソフトウェア・プロダクトはますます複雑になり、エラー探索がしにくくなる。プログラムがいわゆるスパゲッティコードになるだけである。この意味ではソフトウェアを開発したり、メンテナンスしたりするさいにも、決して道具主義的な態度は勧められず、やはりエラーの真の原因をあくまで追求する態度が望ましい。

このようにエンジニアリングにおいても、エラーの真の原因はなにかという意味で真理が問題であり、真理を問題にしなければ長期的な信頼性は得られない。とくにソフトウェアは安易

実践の関係がそのような二元論でとらえきれないものである以上、ポパーの『歴史主義の貧困』における議論が貧困なものに終わらざるをえないことはあきらかである」と述べている。広重［1965］, p. 8. けれども、ポパーがピースミール工学を主張したのは、まさに法則の適用者が当事者としてその対象から切り放せないからである。

☆24 Popper［1963］, p. 113.〔邦訳一七九―一八〇頁〕Cf., Popper［1983］, pp. 114ff.

☆25 Popper［1963］, p. 113.〔邦訳一八〇頁〕Cf., Popper［1983］, pp. 114ff.

なアドホックな対応がとられやすいので、真理探求の側面を強調しておくべきなのである。信頼性を目指しているエンジニアリングにおいても問題の解決が試みられている以上、真理が目標なのである。

ポパーにおける真理探求の理念と道具主義批判があまりにも強烈だったことと、反証可能性をめぐる議論がきわめて理論的、哲学的だったことのために、反証主義の実用的性格はあまり注目されてこなかった。けれども反証主義の実用的価値を評価するのは、それほど無理のあることではない。[☆26] ある目的のために複数の手段が有効であることはよくあるが、「確認ではなく反例を探し求める」という手段は、科学における真理の探求とエンジニアリングにおける信頼性の追求という二つの目的にとって同じく有効なのである。[☆27]

4 信頼性と批判的態度

さて、ここで次のように言われるかもしれない。以前述べてきたようなエラー探索のプロセスは、クーンの言うパズル解きにぴたりとあてはまる。つまり通常科学のモデルは、科学者集団に対してよりも、むしろソフトウェア開発プロジェクトなどの技術者集団に対してよくあてはまる。たとえば、通常科学においてはパラダイムが存在するからといって、明確な規則が必ずしも存在するとはかぎらないが、[☆28] ソフトウェア開発の場合、遵守すべき規則はたいてい開発方法論としてマニュアルのかたちで明示できる。そうしたマニュアル上の開発方法論や技術上の基礎理論であるコンピュータ・サイエンスの理論などは、個々のソフトウェア開発では、ほぼ

☆26 Cf., Parain－Vial [1983], p. 173.

☆27 ポパーは航空機の高い安全性は航空機事故を綿密に調査すること、つまり誤りから学ぶことのうえに築きあげられたのだと論じ、みずからの批判的アプローチが信頼性の追求という目的に対しても効果があることを論じている。Popper [1989], p. 265.

☆28 Kuhn [1962], p. 44.〔邦訳五〇頁〕

完全に議論の対象外に置かれている。まさにクーンがポパーの方法論に反対して、「テストされるのは現行の理論よりも個々の科学者である」[☆29]と言っているように、たとえばあるエンジニアが与えられた開発方法論にのっとってプロダクトを開発してテストしたにもかかわらず、思い通りの成果が得られなかったとすれば、問われるのはそのエンジニアのスキルである。また開発プロジェクトが大規模であればあるほど、根本の設計思想が統一され標準化が進められていなければ、プロジェクトの運営はきわめてむずかしい[☆30]。

このように、ここでもクーンの通常科学的な活動を否定しようとする反証主義の見方は現実と乖離しているように見えるかもしれない[☆31]。けれども、現実のエラー探索のプロセスがあまりにも的確にクーンのパズル解きのモデルで捉えられてしまうことこそ、ソフトウェア・エンジニアリングにとってはむしろ問題なのである。ソフトウェアの場合、科学理論に比べるとエラーや誤りの原因がはっきりしやすいので、その誤りがだれの責任であるかが容易にわかってしまう。このために、誤りによって個人の評価が影響されてしまう傾向がいつまでも根深く残る。他方ソフトウェア・エンジニアには、自分のプログラムをみずからの延長と考えてしまう傾向がある。すると「このプログラムには欠陥がある。このプログラムは俺の一部であり、俺の分身であり、俺の名前すらついている。とすれば俺は欠陥人間だ」[☆32]と考えてしまうことで、プログラムの欠陥が自分自身の欠陥となってしまう。もっともプログラムに欠陥が発見されなければ、エンジニアがこのような苦況に立たされることはない。こうして、最初から誤りを見ないようにしてしまう傾向、誤りを隠そうとする傾向、そして誤りが見えなくなってしまう傾向が

☆29 Kuhn [1977], p. 271.〔邦訳三四六頁〕

☆30 Brooks [1975], pp. 42-50.

☆31 「ほとんどの科学者がポパーの哲学は自分たちの仕事に応用できないと考えている理由のひとつは、科学の目的と科学者の仕事についてのポパーの見方と、専門科学者の日々の定型業務や一般の仕事とのあいだに食い違いがあることである。ポパーの見るところでは、現代においてほとんどの科学上の業績は些末……であり、『通常科学者』は本当の科学者ではない。だがポパーこそ専門科学者ではなくて哲学者であって、実際の科学における仕事の仕方についてはほとんど理解も知識ももち合わせていないではないかと、科学者はやり返す。」Hacohen [1993], p. 9.

☆32 Weinberg [1971], p. 54.〔邦訳七九頁〕

助長されてしまう。この傾向をワインバーグは次のように描き出している。

> 自分のプログラムを真に自分自身の自我の延長と見るプログラマーは、それのエラーすべてを見出そうとはしなくなる。逆に、そのプログラムが正しいことを示そうとする。これによって、たとえ他人の眼には怪物のように映るエラーを見すごすことになるとしても。[☆33]

しかし、人には試行や行動における矛盾を回避しようとする心理的傾向があるとする認知的不協和の理論[☆34]によれば、エラーを見逃しさえすればエラーをあまり見つけないですむのだから、これではテストが貧困になるだけである。先に検証主義的な考え方がテストにおいては貧困な結果しか生み出さないと述べたのは、じつはこういうわけである。だから、「エラーはないと示そうと思えばエラーはあまり見つからない。エラーがあると示そうと思えば、エラーはたくさん見つかる。[☆35]」だがプログムを正当化しようとして見えなくなってしまったエラーは、やがて本番稼働してから重大な問題を引き起こす。先に触れたようなさまざまな設計法によって、せっかくソフトウェアそのものが容易に反証できるように、つまり効果的にエラー探索できるように設計されていても、肝心のそういうツールを使いこなす方の目が閉じられてしまっていてはなんにもならない。エラー探索の最中に他人に責任転化できるような原因が見つかったら、そこで手続きが恣意的に中断されてしまうこともあるかもしれない。さらに納期というべつのファクターが作用してくると、トラブルが発生してしまった場合に、なんとかその場しのぎで

☆33 Weinberg [1971], p. 55.〔邦訳八一頁〕この現象は、フェスティンガーが分析しているように、新車を購入するまではいろいろな車の広告を収集していたのに、ある車を購入したあとではその車よりよい車の情報を知ってしまうのを避けるために、買った車の広告だけ見てほかの車の広告を見なくなる現象と同じである。Festinger [1957], 邦訳四九一五七頁, cf., Weinberg [1971], p. 55.〔邦訳八〇一八一頁〕これは、新聞を開くたびに自説の確認例を見つけていたマルクス主義者の行動と同じである。Popper [1963], p. 35.〔邦訳六〇一六一頁〕, Popper [1983], p. 162.

☆34 Cf., Festinger [1957], chapter 1. 詳細は、第6章第2節参照。

☆35 Myers [1976], p. 170.〔邦訳一九五頁〕

すませようとする傾向はますます強くなる。

このような問題は、今述べた心理的な要因のほかに、ソフトウェア開発のような通常科学的なパズル解きで典型的に描き出されるような活動が官僚的なタイプの活動であることにもよるだろう。官僚的組織活動では機械のように寸分の狂いもなく業務が着実に実行されることが肝要であり、これが満たされてこそ官僚機構の本来の目的である効率の追求が可能になる。このため、誤りはこの目的を阻害する要因としか考えられず、許されない。したがって誤りを起こすような要因は、それがなんであれ、意識的にも無意識的にもはじめから排除する力が働く。このため、なにごとも無難な範囲にとどめておこうとする傾向さえ生じてしまう。

以上のような好ましくない傾向を防ぐために、実際にはプログラマーとテスターを分けるとか、期待すべき出力をあらかじめ用意しておくなどのいろいろな形式的措置が考えられているが、しかし実際にはエンジニアの態度の問題が残ってしまっている。誤りが認められ、それだけが建設的な仕方で排除されるなら問題はないだろう。しかし誤りが許されず、誤りとともに人やプロダクトなどが排除されてしまうようでは、誤りは隠されるだけであり、結果として「損失をとりもどすために損失が重ねられていく」[☆36]だけである。

こうした問題を解決するためには、エンジニアのものの見方を変える必要があるだろう。もっとも望ましいのは、先に見たポパーの「われわれの代わりに理論を死なせることができる」ということばどおりに、製作者とその成果を切り離して評価することだろう。またこれ以外にも、従来の否定的な評価を見なおすという観点も考えられる。ふつうソフトウェアのテスト作

☆36 Popper [1976], p. 34.〔邦訳上巻五六頁〕

業はつまらない仕事と見なされがちだからこそ、「あらゆる反駁は偉大な成功と見なされるべきである」[☆37]というポパーのことばには、エンジニアの発想を変える可能性のある重要な含意がある。信頼性とは批判的態度であり、エラーから意識的、無意識的に目を逸らせようとする傾向に対しては、誤りの発見を積極的に評価するように態度を変えるしかない。

5　組織における内的不均衡状態

もっとも、ここで次のように言われるかもしれない。信頼性にとっては批判的態度が重要であっても、それは一般に通常科学的な活動内部の問題であり、ポパーの言うように根本的な枠組みに対してつねに批判的であり続けることは、効率的に着実に業務を遂行することを阻害するだけだ、と。けれども現実には官僚機構は自然に整っていく一方で、この機構に対して批判的態度を取り続ける者は、リスクをともなうためにごく少数にとどまるだろう。とくにある事業で大成功を収めた場合には、その利益を効率よく極大化するために、官僚機構は急速に整う。これはこの組織に参加することによって、個人が成功に預かれる確率が高くなるからである。たとえ偶然なんらかの成功を収めても、それを継続させるための官僚機構が整っていなければ、成功はすぐ逃げてしまい持続しないだろう。とくに成功に関与したさまざまな規準はデファクト・スタンダードになるため、成功の慣性力はかなり効いてくる。

しかしそれでも、技術活動の枠組みに対する批判的態度は必要である。それは第3章でも触れたように、環境が変化するからである。官僚的組織は基本的に成功した手順を繰り返す傾向

☆37　Popper［1963］, p. 243.〔邦訳四一二頁〕

があるので、そこから逸脱する変則事例を重視しない傾向が強くなる。もちろん、変則事例を重視する者も現れるが、そうしたエンジニアはいわゆるパズル解きにはなじまないので、組織から排除されてしまう。たとえば、大企業で革新的な技術を開発したエンジニアがその業績を認められずに飛び出してしまうというシリコン・バレーにありがちな話である。そうして飛び出した者は、ほかの組織で新しい技術動向の流れをつくり出し、やがてもとの組織はその新しい流れのなかでライバルの後塵を拝することになる。ある技術者集団が生き延びるかどうかが問題でないなら、その集団内での批判的方法は不要だろう。べつの者が取って代わるだけで、技術の発展が阻害されることはない。しかしある特定の集団が生き残ることが目的なら、その集団にとって批判的方法は必要不可欠となる。

技術活動であれなんであれ、組織集団をとりまく環境が不変であったならば、官僚的技術集団は順調に成長し続け、効率を極大化していくだろう。官僚機構は、環境とぴったり一致しているときはもっとも効率的な組織形態である。それは個人の感情や恣意に左右されることなく、合理的な規則により形式的に組み立てられているからである。☆38 けれども、環境が不断に変化し続けるということはどこでも見られる自明の事実である。かくして、技術集団は生き物のように変化する環境に適応しつつ生き抜いていかなければならない。生き残るためには現在の環境にある程度適応しなければならないが、だからといってここであまりにも適応しすぎると、やがてくる新しい環境に適応できず、生き残れないかもしれない。つまり一度この組織と環境のあいだに乖離が生じてくると、まさにその安定性が逆に数々の弊害を生み出してしまう。ポパ

☆38 Cf., Weber [1922], p. 476.

ーがかつて、クーンの通常科学の存在は認めつつも科学の発展にとって危険な存在であると断じたことは[☆39]、この場面にもあてはまる。

したがって、環境の変化に柔軟に対応できる組織を実現するためには、組織の内部に不安定、不均衡かつ緊張した状態をつくり出しておかなければならない。これによってこそ環境の変化に迅速に対応できる自己変革が可能になり、環境の変化の時期が予想できない以上、このような緊張状態は常時実現されていなければならない。そしてこれは、現行の枠組み、パラダイムの不断の批判的検討によって可能になる。「適応力のある組織は、環境を利用してたえず組織内に変異、緊張、危機感を発生させている。あるいは、この原則を、組織は進化するためには、それ自体をたえず不均衡状態にしておかなければならない、と言ってもよいだろう[☆40]。」

ポパーの批判的方法は真理を探求するための方法論であり、その背景に控えているのは、科学的知識はつねに仮説であり、推測の知識であると主張する可謬論である。そして科学的認識の方法は、批判的方法である。それは真理と真理探求のために誤謬を探し、それを排除する方法である。科学論における可謬論は、第1章で見たように真理の絶対的確実性への訣別を含意しているが、組織集団においてこれにあたるのは、みずからがもっとも安住できる安定した環境への訣別であろう。つまり環境が不変ではありえないと認めることである。このことを認めたうえで、やがてくる環境の変化に再適応しなければならないとすれば、既存の安定した組織形態を不断に批判的に検討しなければならない。

以前述べた科学的探求と組織集団における批判的方法は、次のようにまとめられる。

☆39 Popper [1970], p. 53.〔邦訳七九頁〕
☆40 戸部、寺本、鎌田、杉之尾、村井、野中 [1984], p. 265. Cf., 野中 [1985], pp. 134-142.

	科学的探求	組織集団
前提	科学的知識の可謬性	組織環境の可変性
目的	真理の探求	組織の存続（環境変化への適応）
方法	現在の知識の批判的検討による誤りの除去	現在の組織の批判的検討による内的不均衡状態の実現

環境の変化をうまく乗りきった組織集団においては、多かれ少なかれこの批判的検討が実行されている。逆にこうした批判ができなかった組織の典型例としては、第3章で見たように日本軍があげられる。「日本軍の最大の失敗の本質は、特定の戦略原形に徹底的に適応し過ぎて学習棄却ができず自己革新能力を失ってしまった、ということであった。[41]」日本軍は、日露戦争をモデルとする戦略、戦術環境にきわめて徹底的に適応しようとした。このため、軍隊のハードコアに相当する軍事理論について批判的に討論することがタブーとなってしまった。「歩兵操典や陣中要務令——のち作戦要務令——のような典令範なども天皇の統帥権の直接の発動である軍令という形式で制定され、したがってこれにたいする批判的研究は許されず、命令または許可による以外の軍事理論の個人的研究はいっさい不可能となった。戦略はおろか、戦術の次元の自由な研究も成立しなくなった。[42]」そしてこれがどういう結果をもたらしたかは、すでに第3章で述べたとおりである。

☆41　戸部、寺本、鎌田、杉之尾、村井、野中［1984］, p. 279.

☆42　大江［1985］, p. 128. ラカトシュの研究プログラムの方法論の不備も、この点にある。ハードコアがいかなる批判からも免れているとすれば、まさにラカトシュが言う退行的問題シフトしかもたらさないのである。

　こういう事態を打破するためには批判的方法が必要になってくるが、この方法においてもっとも大切な点は、これが環境の変化に受動的に対応していくための方法ではなくて、逆に既存の環境に能動的に働きかけて自己と環境の双方を変革していく方法だという点である。環境の変化を知覚してから再適応の動きを起こすようでは遅い。効果的な動的再適応のためには、きたるべき新しい環境について大胆な仮説を立て、それを実際の現場でテストしていく推測と反駁の方法が必要なのである。

　たしかに先に述べたように、現実の組織的な技術活動はそのほとんどが通常科学的活動で、批判的態度が貫徹されることは稀なのかもしれない。しかし、稀だからといってその重要性が減るわけではない。「稀少なものの方が……いつでもおこなわれているものよりも、はるかに重要なこともある。」[☆43] むしろ技術活動の現場では、反証主義的な批判的態度にはまさに稀少価値があるとさえ言ってもよい。

☆43　Watkins［1970］, p. 32.〔邦訳五一頁〕

第6章　客観主義と世界3

目標追求機械は、必ずしもわれわれの目標を追求してくれはしない。あらかじめその目標にそうように機械を設計しておけばべつだが、そうした設計のためには、機械にさせるプロセスのすべての段階を予見しなければならない。ある点までの道筋を予見すれば、そこから先は新しい困難が生じるごとに機械がうまく処理してくれるというわけにはいかない。予見の誤りによって生じる災難はこんにちでも大きなものだが、自動装置が全面的に利用されるようになれば、今よりもはるかに大きくなるだろう。

ウィーナー

これまでの各章の議論においてポパーの反主観主義、つまり客観主義がおりに触れて顔を見せてきた。ポパーが反対した主観主義とは、一言で言えば知識や知識の確実性の根拠を主観の側に求めようとする立場である。この主観主義は、確率を主観主義的に解釈して帰納による確実性を救おうとした帰納主義においてもっとも典型的に見出せるだろう。ポパーがこうした立場を徹底的に批判したことはこれまで見てきたとおりであるが、この客観主義はやがてはあの三世界論に通じていく。ところでここで翻って、ポパーはなぜ主観主義に反対し続けたのかを改めて問題にしてみたい。それは、ポパーの主観主義に対する態度について、これまでにいくつか齟齬が指摘されてきているからである。

ウィリアムズによれば、ポパーはカントの強い影響を受けてはじめから事実問題と権利問題を鋭く峻別し、権利問題を心理主義的、主観主義的に取り扱うことには最初から反対していた。このため、知識の客観主義を最初から一貫して主張し、これが最終的には三世界論に結実したという。[☆1]しかしウィリアムズは、初期のポパーの知る主体を中心とした知識論と晩年の三世界論のあいだに齟齬があると論じ、三世界論を批判している。認識主体が積極的な役割を演じた初期の認識論と認識主体なき後期の客観的世界3のあいだの齟齬[☆2]、反主観主義と方法論的個体主義のあいだにあると指摘されてきた齟齬[☆3]も、こうしたことに関係している。

たしかに、科学を機械的な手続きで知識が得られると見る帰納主義者や、科学者を巨大な組織におけるひとつの歯車と位置づけるクーンなどの見方に対して、たとえば「科学は、芸術や文学のように人間の精神の冒険であるだけでなく、創造的な芸術のなかでおそらくもっとも人間的なものである。人間の失敗や近視眼に満ちていながら、それはわれわれの眼をこの世界や人間の精神の素晴らしさに対して開かせてくれる洞察のひらめきを示している」[☆4]と言って科学を擁護しようとするとき、ポパーは人間の主体性を強調し、これを重んじている。事実、基礎言明を規約として認める考えのように、経験主義者としてのポパーには主観主義的な要素があ

☆1 Williams [1989], pp. 67f.

☆2 Williams [1989], pp. 175 - 177. Cf., Chalmers [1976/99], 邦訳一一一頁。

☆3 Schäfer [1988], p. 95. また初期のポパーは、合理主義を選択するのは決断によるとしており、これがバートリーの包括的批判的合理主義が生まれるきっかけともなったが、ボードウィンはこのポパーの決断主義を主観主義とも呼んでいる。Baudouin [1989], p. 51.

☆4 Popper [1983], p. 259. また第7章で見るように、ポパーが決定論に反対し、非決定論を擁護したのは、人間の主体性と創造性にとって必要不可欠な自由を理論的に確保しようとしたからである。

る。では、このようなポパーの主観主義と客観主義の関係はどのように理解すればいいのだろうか。

逆説的ではあるが、その答えはこうである。まさしく初期の知る主体を中心とした知識論のためにこそ、ポパーは主観主義に強く反対し、客観主義を主張した。主体の可能性を殺してしまわないために主観主義に反対した。要するに一言で言うと、主体性（subjectivity）のために主観主義（subjectivism）に反対したのである。人間は今知っている以上のことをもっと知ることができる。今もっている以上の能力をもっと引き出すことができる。けれども、もしこの世界のすべてを知っているのだからもうなにも驚くべきことはないと自己満足に陥って、自分の世界に閉じこもってしまったら、もはやそういう可能性は閉ざされてしまう。

このように、主観主義は主体の可能性、発展の可能性を不当に制限してしまう。これについては、経験主義は極端に走ると通常は実証主義を経て主観主義と観念論にいき着いてしまうことを考えてみればよい。経験主義が外部世界から感覚を通して入ってくるデータを重視したのは、経験からこそ学べると考えたからだろう。だがこれを極端にまで推し進めると、結局、この世界はわたくしが知覚するすべて、つまりわたくしの世界になり、矮小化してしまうことになる。この矮小化に気がついていたからこそ、ポパーは積極的に客観主義を主張した。ポパーの三世界論は、彼の客観主義と実在論が発展した理論である。

こうした点をあきらかにするために、主観主義の弱点を見ていこう。そのために、最初に前章でも少し触れたものづくり、開発におけるユートピア主義的な主観主義から取りあげてみる。

1　ユートピア主義的主観主義

前章で論じたように、ユートピア主義的な発想では最初に全体の青写真をつくってしまい、そのあとはこの青写真を忠実に実現すべく突き進んでいく。このユートピア主義的な発想で特徴的なのは、原則的に最初から最後までトップダウンで、計画の各段階での実施結果を受けたフィードバックがないことである。最初に計画された青写真を実際に実現すべくいろいろと作業を進めていったところ、当初の目論見とは食い違うような結果が出てきた場合、その現実の結果を反映しておおもとの青写真を修正するという発想がない。このため、青写真の実現がたとえ多くの者にとってかなりの不便を引き起こしたとしても、ユートピア工学者は多くの不満に耳を貸さない。[☆5]

ユートピア主義的な発想では、トップダウンに抽象的なレベルから具体的なレベルへと計画の実施が進行するため、重要な決定は初めの方で下され、後工程はその決定に縛られることになる。ここには後工程の結果を受けて前工程にさかのぼって影響を及ぼすといういわゆるフィードバックの機構がないのだから、はじめの方の工程で全体にかんする重要な判断をしてしまわなければ、あとの方の工程で詳細を固めることができない。だが、ある程度まで詳細が固まらないと全体にかんする判断ができない場合もある。一律に全体から部分へというトップダウン的な考え方だけでは、柔軟性のある開発はできない。[☆6] 要するに、ユートピア主義的なモデルはフィードバックがきかないために、初期の工程で全体が見えないまま青写真を起草せざるを

☆5　Popper［1945］, vol. I, p. 160.〔邦訳第一部一五九頁〕
☆6　有沢［1988］, pp. 19–20.

えない。このため現場の技術者が予想外の結果から学びつつ、主体的にみずから進む方向を決定することが不可能になっている。さらにまた、重要な決定はじめの方で下され後工程はその決定に縛られるということは、結果として後工程で出てくる不都合、不具合ほど修正するのに多大のコストと労力を必要とするといった弊害を生む。その結果、たとえボトムアップのフィードバック機構があったとしても、計画の実施が進めば進むほど、それが当初の目論見からずれればずれるほど、ますます軌道修正しにくくなってしまう。

このようにユートピア主義的な発想の工学では、初期の要件や仕様と最終的な工学的成果物のズレがかなり後工程の方になってからでないと判明しない。そして、あとからわかる不具合ほど深刻であることは工学の常識である。この点については、すでにウィーナーがサイバネティックスの立場から問題点を明確に指摘している。

人間が自分の真に欲している以外のことを願う可能性はつねに存在するが、この可能性がもっとも重大な危険をはらむのは、自分の願望が達せられる過程が間接的で願望がどの程度まで達成されたかが最後までいかなければはっきりしない場合である。ふつうわれわれが自分の願望をできるだけよく実現させる仕方はフィードバック過程によるのであり、それによりわれわれは、中間の諸目標がどの程度達成されたかをそれまでにした行為からの予想と比較しつつ進む。このようにして進んでいくさい、フィードバックのループがわれわれ自身を通過するので、予想がはずれたときは手おくれにならないうちにあと戻りすることができる。もしフィードバックが機械にそっくり仕組まれていて、最後の目標が達成されるまでに検出できないようになっていたら、破局に到達する可能性は著しく大きくなる。[☆7]

ウィーナーがここで述べていることは、ポパーがユートピア社会工学について、「理念があまりにも遠くにあると、踏み出された一歩がそれに近づいているのか、あるいはそれから離れているのか言うのがむずかしくなる[☆8]」と述べたことに対応している。最後の目標が達成されるまでフィードバックが検出できない仕組みとは、まさにユートピア工学的な仕組みである。そしてさらに、この仕組みはまたきわめて帰納主義的で主観主義的なモデルでもある。

2 帰納主義的発想と認知的不協和

これまで見てきたように、ユートピア工学的な考えでなにかを開発する場合には、とりあえずなにかをつくりはじめたり、実際に行動を起こしてからそれの結果を吟味修正するというのではなく、開発にとりかかるまえに実現すべき要件や仕様をあらかじめすべて定義し、その定義された確実な要件にもとづいてはじめて開発にとりかかるというやり方が前提にされている。だからこのような開発は、最初にすべて観察し、収集し、そのようにして得られた確実なデータから理論を構築するという意味では、帰納法的な発想にもとづいていると言ってもいいだろう。

☆7 Wiener [1964], 邦訳六七―六八頁。

☆8 Popper [1945], vol. I, p. 160.〔邦訳第一部一六〇―一六一頁〕この意味では、ユートピア主義的なグランドデザインはよくテストされていない理論と同じである。第3章第4節参照。

方法論の分野では帰納法の弱点は、一般に論理的な意味での帰納的一般化の確実性が保証されない点にあると考えられている。だが、工学的な開発の現場における帰納法的な発想の最大の弱点はこうしたことではなく、むしろ意識するとしないとにかかわらず、この方法では都合の悪い事例が見えなくなる傾向を生むことである。つまり帰納的な発想では、すでに見ようとしていたもの、見ると予想していたものだけしか見なくなってしまう。たとえばプログラマーにとっては、エラーはいつでも悩みの種であるが、前章で見たように、エラーが見えなくなればもはやエラーに悩まされる必要はなくなる。

このような現象は、フェスティンガーの認知的不協和の理論によって説明できるだろう。ある知識 x から非 y が帰結するとき、x と y は心理学的には不協和（dissonance）の関係にあると言われる。フェスティンガーによれば、人には自分自身の思考や行動の内部に矛盾がないようにと努める傾向があるため、意識的にであれ無意識的にであれ、こうした不協和をできるだけ減らそうと動機づけられる。すると、次のような行動がとられるという。

> このような不協和が存在する場合には、したがって、人は不協和の総量を低減させる新しい情報を積極的に探し求め、それと同時に、既存の不協和を増大させるような新しい情報を回避しようとすることが期待される。[☆9]

だから、喫煙愛好家は「喫煙が健康に有害であるということを証明しようとする研究に対して

☆9 Festinger [1957], 邦訳二二頁。

批判的な資料を探し求め、熱心にそれをむさぼり読むであろう。それと同時に、彼はこの研究を賞賛する資料を読むことを回避するであろう。[10]」この認知的不協和の理論は、次のようなポパーの反証主義の考え方を心理学的な観点から説明する理論と見なすこともできる。

> 観察はいつでも理論に照らして収集され、順序づけられ、解読され、評価される。一部にはこの理由のために、観察には理論を支持する傾向がある。この支持は、もしわれわれが意識的に批判的態度をとり、理論にとっての「検証」よりもむしろ「反証」を探すようにしなければ、ほとんど、あるいはまったく価値がない。[11]

この認知的不協和でさらに好ましくないことは、一度なんらかの決定が下されると、その決定を維持し安定させようとする傾向や行動がこの決定に続いて現われてくることである。[12] このため決定のあとでは、その決定を確証するような証拠ばかりが探し求められ、それを反証するような事例は回避されてしまう。したがって一度決定が下されると、それを覆すことが困難になり、場合によってはほとんど不可能になってしまう。これはその決定が重ければ重いほど困難であると予想されるが、ユートピア主義の青写真が大規模で入念であればあるほど軌道修正や変更がますますむずかしくなることも、この点から理解できるだろう。[13]

このように、不協和を低減させるために見たくないものを見なくなる傾向は、あらゆる場面で見出される。たとえばシステム開発において、要件や仕様は開発が進行するにつれて一般的

☆10　Festinger［1957］，邦訳二三頁。
☆11　Popper［1983］，p. 164.
☆12　Festinger［1957］，邦訳七六頁。
☆13　ラカトシュの研究プログラムのハードコアがまさにハードなコアなのも，こうした理由による。

に膨張する傾向があるが、開発を担当する側にとっては、要件が少なければ少ないほどそれだけ負担が減るので、なんとか要件の膨張を抑えようとする。このときの開発側の心理状態は、自分のプログラムのエラーを回避しようとするプログラマーの心理状態とよく似ている。最終的な成果が大規模で複雑であればあるほど、すべての要件や仕様をもれなくはじめから定義し、設計に取り込むことはますますむずかしくなる。すると明示的に定義されない部分について、要求する側は開発対象に含められているだろうと暗に想定し、開発側は開発対象には入っていないだろうと暗に想定する。それどころか、これに気づきもしないということがしばしば起こる。こうした潜在的要件はあとの方の工程になってはじめて顕在化して、深刻な問題を引き起こす。

ナッターノによれば、帰納的推論は本来妥当でないにもかかわらず、帰納によって結論に妥当性が付与されると誤って思い込ませることによって、かえって問題を隠してしまい、本来妥当でないのに妥当であるかのような保証を与えるように見せてしまうので、かえって有害であるという。☆14 このことは、フェスティンガーのことばを借りれば、帰納には不協和を減らす働きがあると言えるだろう。たしかに、帰納的な確証や検証によって不協和による主観的な不快感はたしかに減少するだろう。だがそれが客観的な事態を反映してのことかどうかは、まったくべつの問題であることは、これまで見てきたとおりである。むしろ、客観的な現実からむりやり離れて一歩も動かないことによって主観的な不快感を減少させようとすることも、しばしば見られるところである。まさに「危険な独断主義は検証主義と手をたずさえてやってくる」☆15 の

☆14 Notturno [2000], p. 88. このように、問題を隠すかあらわにするかという点で、ポパーは帰納的推論を徹底的に批判し、演繹的推論にこだわった。また、普遍言明と存在言明に関連した反証と検証の論理的非対称性を強調し続けたのも、同様の理由からと考えられる。反証可能性が普遍言明にも存在言明にも同じように適用できるにもかかわらず、ポパーがもっぱら普遍言明の反証可能性を強調したのは、普遍言明が存在言明を論理的に含意するため、前者の方が後者よりも説明力があるからである（Popper [1983], p. 184)。だがその説明力のために、普遍言明は存在言明よりもはるかに問題をはらんでいるが、ポパーは問題の多い方をあえて選ぶのである。

☆15 Popper [1983], p. 172.

である。

だがワインバーグが、「人間の目は見たくないものを見ないということにかけてはほとんど無限の能力をもっている」[☆16]と述べているように、こうした心理的メカニズムが無意識のうちに働いてしまい、意図せずにそういう硬直した状態に陥ってしまう可能性は、おそらく排除しきれないだろう。しかしだからこそ、エラーや失敗を積極的に評価することによって、これらから生じる不協和にともなう心理的不快感をあらかじめ軽減しておくことが必要なのだとも言える。どんなに注意しても、認知的不協和による心理的不快感を軽減させようとするメカニズムが自動的に働いてしまうのなら、誤りや失敗を否定したり無視したりするのではなく、むしろそうした誤りや失敗を積極的に評価することによって心理的不快感のインパクトをあらかじめやわらげておいた方が、はるかに現実から乖離せずにすむだろう。

以上のように、帰納主義的で主観主義的な発想は見ることを予期していたものしか見ない傾向を生み出すが、これは実際には世界の極小化という事態を招いてしまう。患者も診ずに下された診断に驚いたポパーに対して、「わたくしはそのような例をこれまで千回も経験してきているからね」[☆17]といったアドラーの態度の背後には、どうせ知っていることしか観察できない、未知の事柄はないに決まっているという自己満足にも似た考えがある。とくに経験を積んだエンジニアはこういう態度をとる場合が決して少なくないが、こうなるともはや未知の領域に向けて主体的に知識を広げることが不可能になり、現実の変化に主体的に反応することが不可能になってしまう。

☆16 Weinberg [1971], p. 55.〔邦訳八一頁〕
☆17 Popper [1963], p. 35.〔邦訳六一頁〕

こうした現象の典型と思われるのは、現実を無視した目標追求において見られるようないわゆる精神主義だろう。この精神主義が極端なかたちで現われたのは、やはり旧日本軍においてである。「訓練精到にして必勝の信念堅く軍紀厳正にして攻撃精神充溢せる軍隊は能く物質的威力を凌駕して戦捷を完うし得るものとす」とか、「蓋し勝敗の数は必ずしも兵力の多寡に依らず精練にして且攻撃精神に富める軍隊は克く寡をもって衆を破ることを得るものなればなり」などと言い表わされた客観的現実を無視することを奨励する狂信的な精神主義は、軍人のあいだできわめて強かった。[☆18] こうした精神主義は主観の世界に閉じこもって現実を見ようとせず、危機的な状況が蔓延するほどますます強まっていった。「事実、日本の軍隊では、必死とか必勝の信念をもつこと自身が、科学的な戦争技術よりもうえに置かれており、戦況が不利になるほど、合理的な方法がしりぞけられて、精神主義による奇蹟が待たれ、そのためにますます不利になる、という悪い循環が起こってくる。[☆19]」こうした精神主義が客観的現実を直視した合理的判断をいかに阻害しているかは、言うまでもない。これでは、敵情についていくら客観的で正確な情報が得られたとしても、なにも反証にはなりえない。認知的不協和が主観的に解消されてしまうからである。「与えられた条件では初期の目的達成の公算がなければ、改めて条件を整備し、捲土重来を期する。捲土重来が不可能ならさらに次善の対策を考えるという、科学技術者の存在理由そのものの否定を、それは意味している。[☆20]」

☆18　Cf., 大江［1985］, p. 145, 南［1953］, p. 157.
☆19　南［1953］, p. 158.
☆20　飯塚［1953］, pp. 313–314.

3　三世界論の性格

ユートピア主義的な発想は、要件や仕様が完全なかたちで要求者の頭のなかにあると想定する点できわめて危険である。実際にはそんなものが最初からあるわけではなく、頭のなかの断片的な要件と徐々にかたちになっていくシステムとのやりとりを通じて要件は変化し進化する。このプロセスを考慮に入れないと、あとの方の工程で開発が抜き差しならなくなってしまう。要件や仕様は、実際には開発の全段階を通じて「形成」ないしは「構築」されていくのである。

自分たちがつくったものは自分たちが一番よく知っているというのは間違いであり、自分たちがなにを要求したいかは自分たちが一番よく知っているというのも誤りである。先のウィーナーのことばにもあったように、「人間が自分の真に欲している以外のことを願う可能性はつねに存在する。」自分たちが本当はなにを望んでいたのかを、それがかたちになったあとでその帰結を知ることによってはじめて知ることも少なくない。

われわれは自分たちの生産物を決して知らない。それはわれわれの生産物にともなう帰結は無限であるが、そのうちあらかじめ意図した帰結は有限なので、残りの意図しなかった帰結は無限だからである。[☆21] これは物理的な生産物だけでなく、人間がつくり出したあらゆるものについてあてはまる。たとえば社会制度について言えば、そのうち「意図的に設計された制度はごくわずかしかなく、大部分は人間の行為の意図せざる結果としてただ『成長』してきただけである。」[☆22] また、ソフトウェアについて言えば、バグはなかなか根絶できないが、それはわれわ

☆21　Bartley［1987］, p. 436. Cf., Popper［1972］, pp. 117f.〔邦訳一三五―一三六頁〕
☆22　Popper［1957］, p. 65.〔邦訳一〇四頁〕

れが不精だったり未熟だったりするからではない。そうではなくて、仮定の集合体であるプログラムについて「有限の時間内にその現在の仮定がもつあらゆる帰結を知ることができない」[☆23]からである。現実問題として、ソフトウェア・エンジニアの作業の大半はシステムの保守、修正という非創造的な作業に割りあてられてしまっているが、これは開発したシステムが意図しなかった帰結を無数にともなっているためである。ポパーはわれわれと相互作用するものを実在的であると言い、またわれわれによって作られるのではなくて発見されるものは自律的であると言ったが[☆24]、この意味ではソフトウェア・システムはあきらかに実在的であり、われわれとは独立な自律的な存在であると見なさざるをえない。

以上のように、主観主義的な発想をいろいろと批判的に検討してきた結果、われわれの議論は帰納批判から批判的反証主義を経て、世界3を中心とするポパーの後期の客観主義にまで及んできた。ポパーの思想には前期と後期で断絶があるかのような印象を与えがちだが、反証主義と三世界論は、自分たちの産物は無数の未知の帰結をともなっており、これに対処するためには未知の帰結に対して態度を開いておかなければならないという点で結びつく。

だがポパーの三世界論とは、いったいどういう理論だろうか。この理論を唱えるまえまでのポパーは、正真正銘の経験主義者であった。カントの影響を強く受けてはいたけれども、また形而上学の意義も認めていたけれども、その議論は基本的に経験主義の枠からはずれてはいなかった[☆25]。第2章の注（☆14）でも触れたように、若かりしころのポパーは論理実証主義者たちと同じエートスをもっていた。つまり、ことばの悪しき意味での形而上学を排除するというエ

☆23　Shapiro［1982］, p. 1.

☆24　Popper［1994b］, p. 20.

☆25　たとえば、帰納の問題など経験主義の立場に立たなければ決して問題にはなりえないだろう。

ートスである。このため『探求の論理』では決定論と非決定論のどちらの議論とも距離をとっている。形而上学は無意味ではないと言ってはいたが、具体的なかたちで形而上学に言及することはなかった。そして、ヘーゲルの形而上学に対する『開かれた社会とその敵』での非難は有名であり、こうした大言壮語に対する嫌悪感は晩年までもち続けていた。[☆26]

しかし、三世界論はこうした経験主義的なポパーの思想の枠組みからはずれてしまっているように見える。これは、いわゆる伝統的形而上学の枠組みに属する議論である。もちろんプラトンやヘーゲルなどの形而上学とはそのスタイルがまったく異なるが、それでも経験主義の枠組みでポパーを理解しようとしている者にとっては、ポパーの三世界論にはたしかに戸惑いを覚えるはずである。[☆27]

そして経験主義の枠組みからはずれたと同時に、ポパーの議論のスタイルも変わった。経験主義の枠組みにいたときは、ポパーは『探求の論理』に見られるような緻密な論証をつねとしていた。彼はかつてホワイトヘッドのプロセス形而上学を、厳密な論証によるのではなくたんに説得力に頼っているだけだとして批判したことがあるが[☆28]、しかし晩年になるとそのみずから批判した説得力に訴えるようになる。それゆえ、三世界論も厳密な論証によって構成された理論ではない。たとえば、ポパーの三世界論の萌芽は経験主義の枠内にいたころから芽生えており、マルクスの唯物論を批判して知識の存在の重要性を論証するために考案した次のような文明破壊の思考実験に発している。

☆26 Popper［1984a］, chapter 6, Popper［1994a］, chapter 3, Popper, Chmielewski［1999］, p. 29.

☆27 たとえば竹尾氏は、三世界論はポパーの思想の最悪の部分であると述べている。Cf.,竹尾［1994］, p. 143. また萩井氏も、多くのポパーリアンは三世界論についていけないのではないかと述べている。萩井［1990］, p. 10. この意味では、三世界論をポパー思想の否定的部分と捉える反応は経験主義者としてはむしろ自然な反応だろう。

☆28 Popper［1945］, vol. II, pp. 247-251.〔邦訳第二部二三七–二三〇頁〕

すべての機械と社会組織も含めてわれわれの経済系がある日破壊されたが、科学技術の知識は保存されていると想像してみよう。そのような場合には（多くの人が餓死したあとで、小さな規模での）その経済系の復興にはそれほど長い時間がかからないだろうと考えられる。けれども、物理的なものは保存されていても、これらについてのあらゆる知識が消えてなくなってしまったとしよう。これは、高度に産業化されていたが荒廃してしまった国を野蛮人の部族がたまたま占領してしまったのと同じことになるだろう。この場合、文明の物理的な遺物もすべてすぐにまったく消えてなくなってしまうだろう。[☆29]

だがこの思考実験に対しては、まさにポパーがホワイトヘッドに向けた批判があてはまらないだろうか。[☆30]

このように見てくると、ポパーを統一的に捉えようとすれば、三世界論より以前とこれ以あとでは大きな断絶があると言わざるをえない。しかし、この断絶を取りあげている解説や研究はあまりないようである。[☆31] 科学方法論者としてポパーを理解してきた者ならだれでも、彼の三世界論に出くわして一度は当惑すると思われるのだが、このためか反証可能性理論や開かれた社会の理論などのポパーのほかの思想に比べると、三世界論はあまり真正面から取りあげられて論じられることはなかったようである。実際、ポパーリアンのあいだでも反ポパーリアンのあいだでも、三世界論はあまり関心を引かなかったようだ。ポパーには論争が多いが、いわゆる三世界論争などはなかった。[☆32] 三世界論を唱えるまでのポパーの思想はオーストリア - イギ

☆29 Popper [1945], vol. II, pp. 107-108.〔邦訳第二部一〇三—一〇四頁〕ポパーはこの思考実験を発展させて、のちに世界3の存在を論証するさいにも似たような思考実験を展開している。Popper [1972], p. 116.〔邦訳一三四頁〕

☆30 たとえば、三世界論とともに後期のポパーの思想において大きな役割を演じている非決定論について、コルヴィは「ポパーもエックルスも、実際人間の自由のための証明をなにも与えていない。彼らの論証は望ましくないと思われる状況を妨げたいという欲求にもとづいている」と論評している。Corvi [1997], p. 119.

☆31 例外として、山脇氏が批判的合理主義のアポリアとして論じている。山脇 [1993], pp. 14-17. ポパーの非決定論については、第7章参照。

☆32 たとえば、シルプ

リス的であったが、三世界論以後のポパーはいわばドイツ的になったと言える。本質主義批判などによって伝統的形而上学的思考方法を努めて避けてきたポパーが、三世界論では伝統的形而上学に浸ってしまっている。若いころは唯名論の立場に立っていたのに、三世界論は本質主義的になったとさえ言えるかもしれない。

このような三世界論は、いったいどのように理解すればいいのだろうか。この「形而上学」をどのように扱えばいいのだろうか。ポパーの三世界論は、いわゆる科学の導きの糸となったような原子論などのように、いずれは反証可能な経験的理論になる可能性のある自然哲学としての形而上学――こうした形而上学なら、これを経験的な理論に発展させるべく努めればいいだろう――ではなく、そのような可能性のまったくない徹底した形而上学なのである。また、帰納の原理や自然の斉一性などのように経験的理論を可能にするための準拠枠としての形而上学というわけでもなく、多世界解釈や傾向性解釈などのような現象世界の解釈としての形而上学でもない。三世界論の形而上学は、経験主義者にとってどのような意味があるのだろうか。

だが、ポパーの三世界論の意義が解明されなければ、ポパーはおそらく経験主義者で終わってしまうだろう。『客観的知識』以降のポパーの著作や論文や講演のほとんどに三世界論が登場してくるので、三世界論はポパーの著作物のうちかなりの比重を占める。だから、三世界論を解明することがポパーの思想の十全な理解の鍵になるだろう。

編の『カール・ポパーの哲学』(Schilpp [1974]) でも、三世界論を正面切って取りあげているのは、エックルスの論文などわずかのようである。

4　メタファーとしての世界3

大袈裟な定義を嫌う哲学者として、ポパーは世界3に対して厳密な定義を与えていないし、世界3の存在の厳密な証明も与えていない。それゆえ、ある任意の対象をもち出してきたとき、それが世界3に属するかどうかを一義的に決定的に確定することはできない。だから、この点で三世界論を批判することはつねに可能である。[☆33] しかしポパー自身も述べているように、世界3とはメタファーである。[☆34] そして、メタファーにはメタファーなりの理解の仕方があるはずである。このように世界3をメタファーとして捉えた場合、反証主義と三世界論の連続性を主張する観点からは、三世界論は記述的な理論であるか、規範的な理論であるかという問題が生じてくる。反証可能性理論は規範的な理論であったが、三世界論の場合この点は微妙である。しかしあえてそれ以前のポパーの理論と同じく、この理論も規範的な理論であると見たい。つまり、世界はポパーの言うような三つの世界から成り立っていると見るべきなのである。このように見ることによって、三世界論が描き出す人間とその生産物とのあいだの関係のポジティヴな側面とネガティヴな側面が見えてくる。

世界3が描き出すポジティヴな側面でもっとも重要なのは、人間とその生産物のあいだの相互作用が無限に発展する可能性を秘めていることだろう。ソフトウェア開発において最近主流になってきているプロトタイピングは、世界2と世界3の相互作用の典型と言える。これらプロトタイピングやウォークスルーの方法は基本的には推測と反駁の方法であり、この方法がも

☆33　たとえば、cf., Schäfer [1988], p. 143.

☆34　Popper [1994b], p. 25. またべつの個所でポパーは、三世界論は形而上学に属するとも言っている。Popper, Lorenz [1985], p. 74. ポパーの前期と後期の思想のあいだに断絶があるかのような印象を与える理由として、反証可能性理論が論理的に厳密に展開されていたのに対して、三世界論が主としてメタファーにより展開されていることもあげられるのではないだろうか。

っとも適切に活用できるのはコンピュータである。なぜなら、コンピュータの能力で顕著なのは、人間の意図しなかった帰結を明確に示してくれる能力だからである。この能力が非常に効果的なフィードバックを可能にし、これほど急速なコンピュータ自体の発展を促した。つまりコンピュータがこれほどまでに発達したのは、まさしくコンピュータのお蔭である。言い換えると、人間の誤りを示すことができるコンピュータの特異な能力のためであり、まさに誤りの指摘によって世界3が世界2に働きかけているのである。[☆35] この点を、ポパーはアインシュタインのことばを引きながら次のように言い表わしている。

アインシュタインはかつて、「わたくしの鉛筆はわたくしよりも賢い」と言った。彼が意味したことは、おそらくこうだろう。鉛筆を使えば、われわれはそれなしでよりも二倍以上も賢くなりうる。コンピュータ（典型的な世界3の対象）を使えば、われわれはこれなしでよりもおそらく一〇〇倍以上も賢くなるだろう。そしてコンピュータを改善すれば、賢くなることには上限など必要ない。[☆36]

世界2の住人に理解されるためには、世界3の対象は印刷物などの世界1のかたちで残される必要がある。また世界2の住人は、世界1の対象を生産することによってだけ世界3の対象を生産できる。この意味では、世界2と世界3は直接相互作用するのではなく、世界1を介してのみ相互作用する。このように考えることで三世界論の神秘的な側面を減らすことができ、

☆35 Popper [1972], p. 74.〔邦訳八七頁〕, Popper [1976], p. 186.〔邦訳下巻一六三頁〕, cf., Popper, Eccles [1977], pp. 47-48.〔邦訳七九—八〇頁〕

☆36 Popper, Eccles [1977], p. 208.〔邦訳三〇八—三〇九頁〕Cf., Popper [1994b], pp. 23, 109.

これを常識的に理解することができるようになるだろう。そしてこう考えれば、少なくとも三つの世界の相互作用のしくみが曖昧で不明であるというような批判[☆37]には答えられる。世界2と世界3がたがいに影響を及ぼし合って変化するということは、世界2の主観的な目的が世界3の客観的な帰結によって影響を受け、変化するということである。

一方、人間とその生産物のあいだのネガティヴな側面としては、人間の生産物がもたらすかもしれない意図せざる帰結があげられる。ポパーの三世界論は、これに対する警鐘と考えることもできる。たとえばポパーは、自然科学者の責任について次のように述べている。

> 自然科学者はもはや抜け出せないほど科学の応用に巻き込まれているのだから、自分の仕事の意図せざる帰結をできるかぎり予見し、避けるべく努力していることについて最初から注意を促すことは、彼の特別な責任のひとつである。[☆38]

ふつう人工物なら自然と異なりわれわれには既知だと思われがちだが、これが必ずしもそうではないことを世界3の自律性は示している。自分がつくったもの、あるいはつくろうとするものならよくわかっているはずだと思い込むのはユートピア工学的発想に通じており、危険ですらあることはすでに見たとおりである。どんなに綿密に計画を立てても、思いもよらなかったことは必ず出てくる。人間はみずからつくり出したもののすべてを知ることはできない。そうだからこそ、世界3に教えられながらピースミール的に前進するしかないのである。

☆37 O'Hear [1980], p. 183.

☆38 Popper [1994a], p. 129.〔邦訳二三八頁〕このように言うとき、ポパーも実際に人間とその生産物のあいだの関係について警鐘を鳴らしていると言える。

世界3の対象である人工物の危険性を、ポパーのほかに的確に見抜いていたのは、ウィーナーである。彼は、W・ジェイコブスの『猿の手』の物語を使って警告を発している。

> 〔魔法〕の恐ろしさの本質は、魔術のはたらきは融通のきかない馬鹿正直なものであり、たとえそれがなにか願いをかなえてくれるにしても、それはかけた願いのとおりのことをしてくれるのであり、願うべきだったことではないばかりか、本当に願っていたことをかなえてくれるのでもないことにある。[☆39]

ここでウィーナーは、魔法に象徴される機械の馬鹿正直さのもつ恐ろしさについて述べている。魔法と呼ばれているものは、ポパーのことばでは世界3の対象に対応し[☆40]、この魔法の馬鹿正直さとは世界3の対象のもつ意図せざる帰結である。

実際ここで言われている事態は、ソフトウェア開発の現場ではいやというほど体験させられる。コンピュータはやって欲しいことをやるのではなく、やれと命令したことだけをやるとはよく言われるが、このやれと命令したことの論理的帰結には、われわれが意図しなかった帰結が無数に含まれている。これも、ポパーの言う意味での世界3から世界2へのフィードバックのひとつと捉えることができるが、この点を見過ごしてはならない。

☆39 Wiener［1964］，邦訳六四頁。

☆40 ポパーによれば、世界3の対象である客観的知識は言語で定式化できるので（Popper［1972］，p. 66.〔邦訳七八頁〕）、ウィーナーの「魔法」によって言われている機械までをこれに含めるのは問題があると言われるかもしれない。しかし、設計書を通じてその機能仕様が伝えられる機械なら、それはあきらかに世界3の対象であり、相互主観的に批判可能である。

5　世界3と巨大科学の管理

以上のように、ポパーは三世界論からもユートピア主義に対して警鐘を鳴らしている。ユートピア主義的発想に見られるような帰納主義的、主観主義的なアプローチは、これまで見てきたように、技術開発の現場がのっとるべき理念としては必ずしも適しているわけではなく、ときとして効果的な開発の妨げとなる場合もある。しかしそれにもかかわらず、このアプローチはソフトウェア・エンジニアリングをはじめとして多くの技術工学分野で、パラダイムとしての地位を占めている。その理由として考えられるのは、ひとつにはこれが管理上きわめて都合のよいモデルだからだろう。開発しながら青写真を練りあげていくというかたちのプロトタイピングでは、ものが完成してからでないと全体を見通せないが、このユートピア主義的な考えでは、開発作業にとりかかるまえにシステムの全体が見通せていることを前提にしているので、悪く言えばいき当たりばったりのプロトタイピングに比べて、全体の青写真によって管理するうえできわめて都合がよい。だが、もし見通せているつもりでじつは見通せていないとしたら、こうしたかたちの管理はきわめて危険だろう。

「機械工学者が〔複雑な機械を全体として〕設計できるのは、すでにあらゆる種類の誤りを犯しているから」[☆41]だとポパーが言うように、開発経験済みのシステムと細部までまったく同じシステムを開発するのならばユートピア主義的な発想は有効だろう。こうした場合、意図せざる帰結が少ないからである。予想外の結果が少なければ、ものごとはあらかじめ計画した予定通

☆41　Popper［1945］, vol. I, p. 163.〔邦訳第一部一六三頁〕

りに進行し、ことが予定通りに運べば、官僚機構的な活動がもっとも効率がいい。

しかし現実には、このような熟知したルーチンワークにならない場合も決して少なくない。また、すでに知っていると一般に思われていることでも、実際に詳細に検討してみると新奇性を含んでいる場合がほとんどである。加えてこの管理志向パラダイムは、扱う対象が既知であると前提としているために、危機管理の面で危険性をはらんでいる。未知の事柄に背を向けているため、既知の危機にしか対応できないのである。既知の危険に対処する技術の典型はフェールセーフであるが、「まだ性質のよくわかっていない危険に対処するためには、フェールセーフ技術はほとんど役に立たない。」[☆42]だが技術活動などが巨大化してくると、現実の開発に比べてその管理がますます困難になってくるため、管理志向のパラダイムが幅をきかせてくることになる。

ユートピア・モデルに準拠したプロジェクトでは、管理上切り捨てられた各工程のフィードバックは、現場が拾わなければならない。このように未知の部分を無造作に切り捨てられるのは、このモデルの背後に、自分たちのすることなのだから原理的にすべてわかっているはずだという主観主義的な思い込みがあるからである。今後社会はますます技術に依存するようになり、それにともなって意図せざる帰結もますます増えていくだろう。だがこうした現場と管理の解離現象が、意図せざる帰結への対応をますます困難にしてしまうかもしれない。

☆42 Wiener [1964], 邦訳七〇頁。

第7章　決定論と反証可能性

いくらか逆説的に次のように言うこともできよう。ガリレイの方程式が真であるとされるのは、それがいつでもどこでも妥当だからではなく、彼がこの「いつでも」「どこでも」を証明したからでもない。そうではなくて、厳密に言えばその方程式が決して妥当ではないからである。それは「理想のケース」についての式なのであり、直接与えられた経験的な現実のケースについてのものではない。そして、ガリレイを手本として古典物理学で樹立されたあらゆる法則もこれと同じである。

カッシーラー

前章で論じたように、ポパーにとっては客観的世界に対して開かれた主体の可能性が問題である。しかしこれを問題にするかぎり、主体の自由の問題を避けて通るわけにはいかない。そしてこれと同時に、決定論の問題が浮上してくる。主体の可能性を信じているのだから、ポパーはもちろん非決定論者である。だが、彼がその可能性を広げるために提唱した反証可能性の方法論は、すでに第4章で見たように、正当化主義の観点から決定性を目指していると解釈されてしまっていた。けれどもこのことは一方で、反証可能性の方にもそういう解釈を促すようななんらかの要因があったのではないかということを示唆している。つまり決定論を否定して非決定論を主張することと、反証可能性を主張することのあいだには不整合が生じる恐れがあるのである。本章では、この決定論と反証可能性の関係を解明し、それによって反証可能性の意義を探っていくことにする。

1　決定論と方法論

主体の可能性から決定論の問題に取り組む以上、ポパーが非決定論を擁護する理由は、人間の自由の問題が背後に控えていると彼自身述べているように[☆1]、多分に倫理的である。彼は決定論的世界観の危険性を見抜き、人間の自由と主体性を守るために決定論と戦った。決定論の危険性とは、たとえば現代のカルト教団の説教内容に見て取れる。その説教ではたいてい不安をあおるような予言が説かれているが、予言は未来が決定されていることを意味するからである。現代社会ではこうしたカルト教団が大きな社会問題となっているが、ポパーが決定論と戦っていたころは、マルクス主義によるヒストリシズムが問題であった。ヒストリシズムにおいても、歴史法則による未来社会の予言が人びとの考え方を大きく左右していたが、その理論的背景には決定論の影が見え隠れしていたのである。このように決定論と非決定論の問題は、たんに物理学や自然科学だけの問題ではなく、ひろく人びとのものの考え方に影響を及ぼす可能性のあ

☆1　Popper［1982a］, p. xix.〔邦訳 xxv 頁〕

る社会や倫理の問題でもある。

ポパーは決定論の思想のうちで、もっぱら一般に影響力のある部分を問題にする。この世界のすべてはあらかじめ決まっている、とだけ唱える古くからの伝統的決定論の影響力は小さい。なにが起こってもただそれはずっと昔から決まっていたと言うだけでは、実際には「明日は雨が降るか降らないかのどちらかに決まっている」というトートロジーにほとんど等しいほど内容に乏しく、それだけ影響力も弱く、脅威ではない。ポパーはこうした決定論を形而上学的決定論と呼ぶが、今述べたような理由から、この形而上学的決定論の論駁にはそれほど力を入れてはいない。

ポパーがかなり影響力があると考えており、それゆえ直接論駁しようとしているのは、近代科学の興隆とともに登場してきた決定論である。ポパーはこの決定論を「科学的」決定論（'scientific' determinism）と名づけているが、これはひとことで言うと、「過去の出来事について十分に正確な記述がすべての自然法則といっしょに与えられれば、どのような出来事も、望みどおりの精度で合理的に予測できる」[☆2]という主張である。この決定論をポパーが科学的と呼ぶのは、これが近代科学の成功によって裏打ちされているように見えるからである。しかしそれでも「科学的」と括弧をつけているのは、これが実際にはいわゆる疑似科学的な決定論だからである。要するにポパーは、この決定論が科学的なのは見かけだけで、実際には形而上学的決定論から一歩もまえに進んでいないという点を論証しようとしている。

この点でポパーの「科学的」決定論批判は、科学的であることを僭称してこの名称のために

☆2 Popper [1982a], pp. 1-2.〔邦訳二頁〕

社会的な特権を享受しようとし、そして影響力を拡大しようと目論んだ疑似科学に対して、反証可能性の理論によってその欺瞞性を暴き出そうとした議論と一脈通じるものがある。ポパーは疑似科学を批判するさいに、科学理論が備えていなければならない反証可能性という規準をもち出してきて、疑似科学的理論がいかにこの規準を満たしていないかを論じたが、実際「科学的」決定論を論駁するさいにも算出可能性（accountability）[☆3]という原理をもち出し、これが満たされていないと論じる。

このように見てくると、ポパーの決定論論駁は彼の方法論と密接に関連しているのではないかと推測されるだろう。実際この点は重要である。というのもこれから見ていくように、反証可能性の規準と算出可能性の原理はきわめてよく似ているが、ポパーは後者を「科学的」決定論の本質的な構成部分と考えているからである。つまりこのままでは、反証可能性の規準を主張しつつ、この規準ときわめてよく似た原理によって特徴づけられる「科学的」決定論を論駁しようとすることは、整合しないのではないかと思われるのである。

けれどもこの不整合は、じつはたんなる見かけだけであって、この見かけの不整合が一度解消されれば、ポパーの方法論に備わっているひとつの特徴が浮かびあがってくる。まず、この算出可能性の原理によって特徴づけられる「科学的」決定論がどういうことを主張しているのかから見てみよう。

☆3　accountableの一般的な意味は「説明できる」「責任がある」などだが、ポパーが「科学的」決定論を解明するさいに使っているaccountabilityには、これらの意味も含まれている。ある予測について、それがおこなわれるまえにどの程度の精度が要求されているのか説明できなければならないこと、あるいはそのように説明することについて責任をもたなければならない、言い逃れは許されないことでもある。本章第3節および、第8章第10節参照。

2　「科学的」決定論

すでに触れたように、「科学的」決定論は近代科学の興隆とともに登場してきた。この「科学的」決定論には、世界の構造について主張している形而上学的決定論に加えて、未来の出来事をあらかじめ知ることができるという認識論的な主張まで含まれている。[☆4] あらかじめ知ることができなければ、未来の出来事があらかじめ決定されていても、われわれには関係ないと言えるだろう。けれども、それが起こるまえに実際に知ることができるとなると、このことはきわめて重要な意味をもってくるだろう。「知られていないけど決まっている」では「科学的」決定論にはならない。あくまで「知ることができる」と言えなければならない。

もちろん「科学的」決定論といえども、内容的にはかなり形而上学的である。しかしこれのなによりの強みは、科学的予測という経験科学の事実により支持されているように見える点である。しかもその経験科学の事実による支持が強力に見えるのは、科学的予測が出来事の定量的側面に言及しているからである。

以上のような「科学的」決定論がポパーの主たるターゲットであるが、彼はこの説の本質的特徴はその定量的側面にあると見る。決定論の論拠としては、古くから因果性がもち出されてきた。どのような出来事についても、なぜそれが起きたのかという問いかけに対して、原理的にそれを引き起こした原因の出来事をあげて答えることができる。それはどの出来事も、あらかじめその原因を構成する出来事によって決定されていることを意味しているように思えるか

☆4　Cf., 小河原［1997］, pp. 248-252.「わたくしが理論の見かけ上の決定論的性格と呼ぶものと『科学的』決定論とはきわめて異なることが理解されるべきである。前者を主張する場合、われわれはいつもある性質をもった理論について主張している。後者を主張する場合は、われわれはある性質をもった世界について主張している。」Popper［1982a］, p. 37.〔邦訳四八頁〕

らである。[☆5] ブンゲは、「因果性」ということばの主な意味として次の三つをあげている。

（a）普遍的ないし特殊な因果連鎖における結びつきを意味するカテゴリーとしての因果性。
（b）同じ原因はつねに同じ結果を生むといったかたちの普遍因果律の言明としての因果原理。
（c）因果原理の普遍妥当性を主張する因果的決定論。

そして彼は、因果性が科学法則の確実性ないしは必然性を保証していた決定論についての古典的見解は、（c）にもとづいて主張されていたという。[☆6] だがポパーによれば、こうした意味の因果性だけではまだ「科学的」決定論にはならない。なぜなら、ここに出てくる原因の概念も結果の概念も、どちらも定性的な概念にすぎないからである。[☆7]

たとえば、初期値（a, b, c）からx時点にy地点での事象zが生起するという予測が立てられたが、観察の結果、事象zの生起はx、yから若干ずれていたとする。非決定論者なら、これを「科学的」決定論に対する反駁ととるかもしれない。しかし決定論者は、予測に使ったデータ（a, b, c）の精度が十分でなかったと言って、非決定論からの批判をかわすことができる。初期データの測定における微妙な差のために、結果としての出来事が異なったと言えるからである。つまり予測を条件命題として見た場合、前件が偽であれば、後件の真偽は予測という条件命題の妥当性に影響を及ぼさないからである。しかしこうした対処法では、非決定論者も決定論者もどちらも満足できないだろう。非決定論者にとっては、データの精度のせいにされた

☆5 Popper［1982a］, p. 9.〔邦訳九―一〇頁〕
☆6 Bunge［1959］, pp. 3-4.
☆7 Popper［1982a］, p. 10.〔邦訳一一―一二頁〕

のでは、いつまでも決定論は反駁できなくなるからである。一方決定論者にとっては、これでたとえ予測がはずれても決定論は擁護できるが、そうなると決定論の主張が経験から離れていってしまい、形而上学的決定論に戻ってしまうからである。つまりこのような言い逃れを繰り返していては、決定論がもっていた強力さが失われてしまう。言い逃れを許すと結果でしかものが言えなくなるから、決定論の強さは大幅に減少する。こうした事態を防ぐためには、主張内容が定量的でなければならない。

3　算出可能性の原理

決定論者にとって一番望ましい成功は、できるだけ厳密な予測を立てて、それが的中することである。つまり、なにかが起こったあとでそれはわかっていたと言うのでも、どうとでもとれる曖昧な予測を立てるのでもなく、なにかが起こるまえにその細部にいたるまで正確に予測し、しかもそれがみな寸分の狂いもなく的中することである。この場合、予測が言い逃れを許さないほどに正確であれば、それが的中したときのインパクトはかなり大きくなる。そしてこの予測の言い逃れを許さないように予測の精度を規定するのが、算出可能性の原理である。ポパーはこれを次のように説明する。

> いつでも初期条件が「十分に正確」でなかったと訴えることによって、すべての失敗を説明し去ることができるだろう。この状況を改善するためには、予測の結果をテストするま

えに、初期条件が十分に正確かどうか、わかっていなければならないと要求する必要がある。言いかえると、この特定の予測を実行できるためには、初期条件ないし「データ」はどれほど正確でなければならないかを、理論とともにその予測の課題から（それはとくに、予測に要求される精度を述べなければならない）まえもって決定できなければならない。これをよりくわしく述べると次のようになる。要求された精度をもって事象を予測することに失敗したとき、初期条件が十分に正確でないと指摘したり、ある特定の予測のためには初期条件はどれほど正確でなければならなかったのかを述べたりして、どんな失敗もあらかじめ説明〔算出〕(account for) できなければならない。このように、「科学的」決定論のどのような満足のいく定義も、予測の課題から（もちろん理論との連言のもとで）初期条件に要求されるべき精度を算出できなければならないという原理（つまり、算出可能性の原理）にもとづいていなければならないだろう。☆8

要するに、どういう場合に予測が成功してどういう場合に失敗するのか、実際の予測に先立って明確にしておけということである。これによって決定論は「科学的」決定論になる。

このように形而上学的決定論が定性的な主張であるのに対し、「科学的」決定論は定量的な主張だという点は、この算出可能性の原理によって表わされている。古典的な決定論は主として定性的な議論にとどまっていたが、定性的な説にとどまるかぎり、その脅威と限界は見えてこない。「ボートをまえに漕ごうとすると、漕ぎ手の足の圧力によってボートはうしろに進む」☆9

☆8　Popper［1982a], p. 12.〔邦訳一四頁〕ポパーは算出可能性の原理をよりくわしく「初期条件の正確さよりも、むしろ初期条件の計算のもとになっている可能な測定の結果の正確さに言及することによって得られる」より強い原理と、「予測の問題を説くために初期条件が備えなければならないであろう程度の正確さの計算を許容するという、より弱い意味において、同じ予測作業が算出可能でありうるだろうという」より弱い原理に分けている。Popper［1982a], p. 13.〔邦訳一五頁〕「科学的」決定論はより強い意味での算出可能性を要求するが、議論を展開するにあたってポパーは、より弱い意味での算出可能性を考えている。

☆9　Popper［1957], p. 142.〔邦訳二一五頁〕

という文に典型的に見られるように、たんなる定性的な議論はむしろ欺瞞的でさえある。

だが定性的な説は、定量的になればきわめて強力な主張になる。それは算出可能な（定量的）予測の方が算出可能でない（定性的）予測よりも、経験内容が豊富だからである。「科学的」決定論を経験内容を備えた決定論と解釈すれば、その経験内容を付与するのがこの算出可能性の原理である。だから「科学的」決定論とは、「予知の可能性という曖昧な観念を予測についての合理的で、科学的な手続きに応じた予測可能性というより精密な観念で置き換えようとする試みの結果である。[☆10]」

算出可能性の原理が言及しているのは、理論の帰結としての予測の算出可能性ではなく、予測の前提条件としての初期条件の算出可能性である。予測の算出可能性ならば、これまでも決定論の特徴としてあげられたことがある。たとえば、シュリックは次のように述べている。

> 「AはBを決定する」は、まったくBはAから計算されるということを述べているにほかならない。……「決定される」ということばは、かくして絶対的に「予測可能」、ないしは「あらかじめ計算可能」（vorausberechenbar）と厳密に同じことを意味している。[☆11]

だが初期条件の方に着目することによって、「科学的」決定論を認識論の問題としてではなく、方法論の問題として論じることが可能になる。[☆12]

この方法論的原理としての算出可能性の原理は、予測の精度を改良可能にする。もちろん技

☆10 Popper [1982a], p. 33.〔邦訳四二頁〕

☆11 Schlick [1931], p. 158. また、cf., Carnap [1966b], p. 192.〔邦訳一九五頁〕

☆12 このように、算出可能性の原理が初期条件の精度を問題にすることは、カオス理論からみてもきわめて重要な点だろう。「科学的」決定論では、初期条件の精度を多少変えても予測の精度が量的に少し変わる程度で、予測の内容は質的にたいして変わらないと想定されていた。それゆえ初期条件の精度を連続的にあげていけば、予測の精度も連続的にあがり、理想として完全な予測にかぎりなく接近できるので、絶対的精度への接近の可能性に訴えることができた。ところがカオス理論によれば、多くの自然現象において、初期条件の精度を変えると予測の精度ではなくて予測の内容そのものが質的に大き

術的問題などのために、いかなる誤差も含まない絶対的な精度でおこなわれた科学的予測など、現在までのところどこにもない。だがこのことは、「科学的」決定論に対する反論の論拠にはなりえない。なぜなら現在のどの予測も改良可能であれば、絶対的精度にかぎりなく接近できると言えるからである。ある一定の精度をもって初期条件を確定し、それにもとづいて事象の予測をおこなっても、結果が予測とずれることは当然予想される。だが「科学的」決定論者にとって肝要なのは、このずれをある範囲にとどめるためには初期条件の精度をどれだけあげればよいかが、その予測値と実測値のずれから合理的に判断できることである。そうすれば予測の精度は望みどおりにいくらでも改良でき、「測定の不正確さの範囲を好きなだけ小さくできる」[☆13]。つまりどのような有限の範囲を指定してもそれよりも小さくできるという解析学でのε-δ論法のような議論が組み立てられればよいが、これは算出可能性の原理が成り立つことによって可能になる。

以上をべつの観点から見ると、この原理は失敗から学ぶことを可能にする原理でもある。算出可能性の原理が成り立たない、たんなる定性的な予測では、予測がはずれたときにどこをどのように修正すればよいのか、あるいは予測が的中したのかはずれたのかさえわからなくなってしまう。この意味では算出可能性原理とは、「科学的」決定論を構成する方法論的原理であると言える。

以上のような算出可能性の原理によって、「科学的」決定論は原理的に現実の科学の枠内で成り立つ主張になっている。ここには霊感や直観などの非合理的な形而上学的手段はまったく

く変わってしまい、まったくべつのものになってしまう。こうなると、算出可能性の原理によって初期条件の精度が算出できなければ、科学的予測そのものが使いものにならなくなってしまうかもしれない。

☆13 Popper［1982a］, pp. 34f.〔邦訳四四頁〕

出てこないで、すべて合理的な現実の科学のことばで語られている。「科学的」決定論は経験科学の成功の結果として現われ、これによって支持され、これにもとづいている。それは絵空事でない理論であり、実現することが不可能ではないと思われた理論である。ミラーによれば、ポパーは次の三つの点で「科学的」決定論が科学的であると考えていた。[☆14]

（1）「科学的」決定論は科学理論や科学法則に言及している。
（2）「科学的」決定論は現実の科学の能力に制限されている。
（3）「科学的」決定論はテスト可能である。

この三点を総合すると、「科学的」決定論はほとんど経験科学的理論と言えるほどの内容になる。この意味で「科学的」決定論は、形而上学理論のなかではもっとも科学的な理論のひとつであり、理論的、経験的に可能な範囲で成り立つという点でも、「科学的」決定論は通常の形而上学的決定論とは一線を画す。このため、近代の多くの理論家たちを魅了する力をもっていた。

さて以上のような算出可能性の原理を、ポパーは「科学的」決定論を論駁するためにもち出してきた。次にこの原理を利用したポパーの「科学的」決定論論駁を見ていこう。

☆14 Miller [1995], pp. 130f.

4　決定論擁護論の論駁

ポパーによれば「科学的」決定論はきわめて強い主張であり、あらゆる現象についての予測が算出可能だと主張するのだから、これを論駁するためには算出可能でない反例をひとつあげるだけでよい。[☆15] もっとも、技術的問題のために算出可能でない予測などいくらでもある。「科学的」決定論は、現実の現在の科学を越えて将来における科学の発展の可能性にまで言及しているので、「科学的」決定論を論駁するためには、算出不可能な予測についての現実の具体例をあげるだけでは不十分だろう。その事例での限界が技術的な限界とされるかもしれないからである。このため、算出可能性に対して原理的な限界を示す事例が必要だろう。

算出可能性の限界についてのポパーの議論は、決定論を支持し擁護する議論をひとつずつ論駁するというかたちで進行していく。ポパーはまず、人間の行動を研究すればするほど行動の予測を改良することができ、この改良には限界がないという行動科学や心理学などのいわゆる人間科学からの議論を取りあげる。これらの議論を検討するさいに、算出可能性の原理はこれらの議論を物理学的決定論へと追い込んでいくために利用される。

まず、行動科学からの議論に対するポパーの反論の要点は、これらの科学がどれほど厳密に理論を展開しようと、結局「科学的」決定論を構成するにはほど遠い定性的な理論にしかなりえないということである。彼があげている「昇進――または解雇――を通知する書類が二階にあると思ったとき、人はどれくらいの速さで階段を昇っていくかを望みどおりの精度で予測

☆15　Popper［1982a］, pp. 13f., 28.〔邦訳一五―一六、三五頁〕ここで、ポパーは算出可能性の原理を全面否定しようとしているのではないことに注意すべきである。この原理の全面否定は予測がまったく成り立たないことを意味するが、これは科学の崩壊を意味する。「科学的」決定論を論駁することによってポパーが擁護しようとしている非決定論は、「物理的世界ではかならずしもすべての出来事が、そのすべての極微の細部にいたるまで絶対的な精度であらかじめ決定されているわけではないという説にすぎない。……それはどんな程度の規則性とも両立する。」Popper［1972］, p. 220.〔邦訳二四九頁〕

する」[16]という例は、人間科学や心理学における定量的な予測の異様さを端的に描き出している。そして、これら人間科学と「科学的」決定論の違いを解明するさいに、算出可能性の原理が巧みに利用される。

けれども、たとえ人間科学からの決定論支持論が崩壊しても決定論的な世界像が崩壊しないとすれば、それは物理的世界が決定論的だと考えられているからである。「もし物理的世界が決定論的で、物理学の領域で算出可能性の原理が満たされるならば、行動や心理学の領域での算出可能性を心配する必要はない。」[17]こうして「科学的」決定論の最終的なよりどころは、物理学的決定論となる。だからポパーは、物理学において算出可能性の原理が成り立たないことを示そうとする。

算出可能性の限界を示すような物理学からの事例としては、現在ではハイゼンベルクの不確定性関係があげられるだろう。だがこれには、当初から観測者という主観主義的な要素がまとわりついていた。ポパーは、「宇宙の非決定論は観測者の存在には依存しないこと、そしてそれが根本的に客観的であること」[18]を主張しているので、物理学における実証主義的、主観主義的傾向に反対し続け、量子力学から観測者を追い出すために不確定性関係を論駁しようとまでした。だから、みずからの非決定論の基礎をこの不確定性関係に求めるわけにはいかないので、ポパーは量子力学からではなく、古典力学から算出可能性の限界を論じようとする。

議論の題材として、ポパーは多体問題などいくつかの事例をもち出してくるが、そのひとつとして運動物体の加速度の測定にともなう不確定さを論じている。ある物体を能動的に観測、

☆16 Popper [1982a], p. 23.〔邦訳二八頁〕
☆17 Popper [1982a], p. 26.〔邦訳三二頁〕
☆18 Bouveresse [1981], p. 124. Cf., Popper [1982b] pp. 53ff.

測定する場合、測定対象の状態を乱すことが避けられないので、ポパーは可視光線では感知できるほど乱されないくらいに十分に重いマクロ的な対象を、その物体が放射するか反射する可視光線によって受動的に測定するケースを想定する。こうして物理系をかき乱すことなく測定するために、たとえば運動物体の加速度を測定するのに可視光線を利用する場合、ドップラー効果を利用して速度の変化を測定する。ポパーによれば、加速度の測定のためには「有限であまり短くはない時間で区切られた二つの時点での速度を測定しなければならない。さもなければ、どのような認められる差異も観察できないだろうし、その結果、加速度の測定に失敗するだろう。しかしあまり短くない間隔をとると、加速度を精密な瞬間に帰することができなくなる。そしてたんなる平均の加速度になる。[☆19]」つまりポパーによれば、波束について成り立つ式とドップラー効果の公式を組み合わせて得られる式

$$\Delta v \Delta t = \lambda$$

が波長λのサイズで算出可能性の限界を示しているという。測定可能な光線の波長には下限――可視光線の場合、およそ10^{-6}m――があるので、速度の差分Δvと時間間隔Δtの両方を独立に好きなだけ小さくはできないという。ここから、測定する加速度に応じて測定時間の間隔に適正値があり、速度の差分にはそれ以上減らせない最小値があると論じ、最終的に次のように結論する。「可視光線では、われわれのニュートン的系のなかで（好きな

☆19　Popper［1982a］, p. 53.〔邦訳六八―六九頁〕

だけ正確に決めていいような）ある瞬間でのさまざまな加速度すべてを望みどおりに精密に測定することはできない。したがって、物体の質量比を望みどおりに正確に決定することはできない。……このことは……古典物理学が算出可能ではないことを意味する。☆20」

ポパーは量子力学における主観主義を嫌うあまり、観測者による状態の攪乱を排除するかたちで議論を構築しようとしてマクロの系をもち出してきた。だが量子力学の関係式 $E=h\nu$ から、先の式を導き出すもとになった波束についての式 $\Delta\nu\Delta t=1$ の両辺にプランク定数 h をかけると、

$$\Delta E\Delta t = h$$

が導かれるが、これはエネルギーと時間にかんする不確定性関係にほかならない。このようにポパー自身も認めているように☆21、彼の議論は結果的にはハイゼンベルクの議論と似た議論になった。だが不確定性関係は量子力学から演繹できるので、ポパーの議論の妥当性はハイゼンベルクの議論の妥当性とはまったくべつに検討されなければならない。

以上がポパーの「科学的」決定論論駁であるが、ここではこの議論の検討にこれ以上立ち入らずに、ただちに本章の冒頭で触れたポパーの思想における見かけ上の不整合の問題に移ろう。

☆20 Popper［1982a］, pp. 54f.〔邦訳七〇―七一頁〕

☆21 Popper［1982a］, p. 55.〔邦訳七一頁〕ハイゼンベルクの不確定性関係と似た結果になったのは、ポパーのこの議論も操作主義的な分析にもとづいているからである。

5　方法論的決定論と反証可能性

以上見てきた決定論論駁において、ポパーは「科学的」決定論と算出可能性の原理が密接不可分であることを論じている。だがこう論じれば論じるほど、彼の決定論論駁と算出可能性の原理と似た反証可能性を中心とする彼の方法論の関係が、ますます問題になってくる。

世界的にその名が知られるようになってからのポパーは、一貫して非決定論の立場をとっているが、思想界に登場したてのころの一九三〇年代のポパーは、決定論か非決定論かについてきわめて微妙な立場をとっていた。むしろ、このころのポパーは決定論者だったと断じられる場合さえある。☆22 たしかに『探求の論理』には、たとえば次のような発言も見られる。

> われわれは「因果律」とかなり類似した簡単な方法論的規則を立てる……すなわち法則の探求、統一的な理論の探求を記述できるいかなる事象に対してもあきらめないという規則である。この規則によって研究者はみずからの課題を確立する。物理学の最近の発展は法則をさらに探求することには（ある一定の領域で）意味がないことを示したので、これによってこの規則が無効にされたという見解は正しいとは思わない。☆23

☆22　O'Hear［1980］, p. 137. ミラーも、『科学的発見の論理』は非決定論的というより決定論的な著作であると述べている。Miller［1995］, p. 136. ところで、ポパーは一七歳になるまでニュートン物理学の妥当性を疑わなかったというが（Geier［1994］, p. 31.）、ニュートン物理学を確信していたのならば、当時ポパーは決定論的な考えをもっていただろう。

☆23　Popper［1934］, p. 33. ちなみに『科学的発見の論理』の方でこの同じ規則の内容を説明している個所を見ると、「普遍法則の探求、一貫した理論体系の探求を断念すべきではないという規則、われわれが記述できるいかなる種類の出来事も因果的に説明しようとする試みを放棄すべきではないという規則」（Popper［1959a］, pp. 61f.〔邦訳七三頁〕）となっており、こちらの方がより決定論的な表現になっている。

ここで言っている「物理学の最近の発展」とはもちろん量子力学のことだが、ここで主張されていることは、確率的な法則に決して満足せずにコペンハーゲン解釈を攻撃し続けたアインシュタインの考えと同じである。もっともこう言ったからといって、ポパーは明確に決定論の立場を表明していたわけでもなく、決定論が崩壊したことを一方では認めている。☆24 正確に言うと、反形而上学的観点から決定論にも非決定論にも異を唱えていた。しかしどちらかというと、コペンハーゲン解釈に対する批判的見方のために、非決定論に対する批判的な意見の方がより目立っていた。☆25

ところが『探求の論理』のおよそ一一年後に刊行された『開かれた社会とその敵』では、次の引用からもわかるように、ポパーは完全に非決定論者になっている。

> 自然の斉一性として表わされていようが、普遍因果律として表わされていようが、いかなる種類の決定論も、もはや科学的方法の必要な前提であると考えることはできない。というのも、すべての科学のなかでもっとも進んだ物理学は、この前提なしでもやっていけることを示しただけでなく、ある程度まではこの前提と矛盾することも示したからである。決定論は予測をおこなえる科学にとって必要な前提要件ではない。したがって、科学的方法は厳密な決定論を支持しているとは言えない。科学は、この前提なしでも厳密に科学的でありうる。☆26

☆24 Popper [1934], p. 197, Popper [1959a], p. 250.〔邦訳三一〇頁〕
☆25 Popper [1934], p. 168, Popper [1959a], p. 216.〔邦訳二七〇頁〕
☆26 Popper [1945], vol. II, p. 85.〔邦訳第二部八四頁〕

そして、この非決定論はその後一貫して変わらなかった。前章で論じたように、ポパーは若いころから人間の主体性を重んじていたのだから、ここではポパーがなぜ決定論から非決定論へ変わったのかよりも、なぜ初期のポパーは決定論的な立場を取っていたのかが問題である。

ポパーが初期に決定論者と見られかねない発言をしたのは、すでに見たように一部には反実証主義、反道具主義の現われであっただろう。しかしその主たる要因としては、ポパーが当時、反証可能性の方法論を強力に主張していたことがあげられるのではないだろうか。つまり、反証可能性理論そのものに決定論と通じる部分があったのではないかと推測されるのである。

算出可能性の原理は言い逃れを禁じる原理であり、これによって「科学的」決定論の経験内容が豊富になる。一方、反証可能性の基本的な発想は、「だれかが科学理論を提起したら、彼はアインシュタインのように次の問いに答えるべきである。『どのような条件のもとでその理論が維持できないと認めるか。』言い換えると、どのような考えられる事実を自分の理論の反駁や反証として受け容れるのか」[☆27]というように、実験のまえに条件を特定することにある。このように言い逃れを許さないという点で、算出可能性の原理と反証可能性の規準は基本的に同じである。つまり、算出可能性の原理は反証可能性のアド・ホックな回避を禁じる方法論的守則に対応して、予測にともなう定量的側面での言い逃れを禁じている。

☆27 Popper [1976], p. 41.〔邦訳上巻七〇頁〕

このように、算出可能性の原理と反証可能性の規準が内容的に重なるとすると、反証可能性は決定論の規準にもなりかねない。事実、反証可能性はかなり決定論的な意味合いを含んでいると言ってよい。たとえば反証可能性を補強する議論として、ポパーは自然法則は禁止であると主張しているが[☆28]、禁止を極限まで推し進めればすべてが決定されることになる。このことは、「『自然法則』とは経験の導きのもとでわれわれの期待に課される制限である」[☆29]とするマッハの思想に照らしてみるとより明確になる。現象が禁止されれば、当然それだけ期待は制限され、この禁止をどんどん推し進めていけば、期待に反する現象がそれだけ少なくなっていき、偶然の入り込む余地が制限され、それだけ現象は決定されていく。このように法則を禁止とする見方には、たしかに決定論的な思考に通じる部分がある。

だが反証可能性と決定論のこうした親密さは、じつは決定論がもつ二つの意味のうちの方法論的決定論による。決定論がもつ二つの意味のうちのひとつは、現象のメカニズムを解明するための方法論的要請としての決定論であり、現象を連続的に記述して微分方程式によって表わそうとするのはこの要請による。もうひとつは、要請としての決定論を無謀にも宇宙全体に外挿した形而上学的仮説としての決定論である[☆30]。だが、ユルモが「普遍的な決定論の全面的な肯定は……科学外のことであり、科学にとって有用ではなく、まさしく形而上学的な仮説であるが、これに対する信頼は、方法としての決定論と独断主義としての決定論を混同することにだけもとづいていた」[☆31]と述べているように、これら二つの種

☆28 「自然法則はなにかが存在することを主張するのではなく、なにかが存在しないことを主張する。まさにこの形式のために、それは反証可能なのである」Popper [1934], p. 39, Popper [1959a], p. 69.〔邦訳八三―八四頁〕

☆29 Mach [1926], p. 449.

☆30 Ullmo [1969], pp. 179–184. ラッセルも、決定論には科学研究者の指針となる実際的な格言としての性格と、宇宙の本質についての一般的理論という性格の二つがあり、前者は後者が偽であっても維持できるとしている。Russell [1935], pp. 145–146. またミラーは、この方法論的決定論の意義をポパーに示唆したという。Popper [1982a], p. 149.〔邦訳一九五頁〕

☆31 Ullmo [1969], p. 181.「およそ一八二〇年ころからしか使われていなか

類の決定論は、近代における物理科学の発展の過程で混同されるようになってしまった。

このようにドグマ的な世界像としての決定論は、たんに方法論的決定論の副産物にすぎない。近代以降の科学において決定論的な観点が要請されるのは、形而上学的な世界観としてではなく、自然現象を理解するための手がかりとしてであり、この観点から完全な因果的説明が得られると信じられていた。『探求の論理』に見られる反証可能性と決定論の親密さは、この方法論的要請が原因である。

ポパーは「科学的」決定論を論じるさいに、「ある物理学理論によって記述される閉じた物理系の初期状態についての数学的に厳密な記述から、未来のある与えられた時点での系の状態についての記述を任意に指定された精度で演繹することができる」[☆32]といった、理論のもつ見かけ上決定論的な性格（*prima facie* deterministic character）について論じ、これについて次のように述べている。

> 理論のもつ見かけ上決定論的な性格は、その理論の単純性と深くかかわっている。見かけ上決定論的な理論は比較的容易にテストできるし、そのテストはますます精密に厳しくすることができる。理論の内容、テスト可能性、単純性についてこれまでわたくしが考えてきたことからすれば、この種の理論こそ他の理論よりも選択されるべきである。それだからこそ、われわれはそのような理論を他の理論よりも好んで構築しようとし、目前の問題が許すかぎり（テストに耐えていれば）そういう理論に固執し

った決定論という言葉は、もともと機械の動きの完全な説明を意味していた。そして宇宙の決定論が登場したのは、ラプラスやボワソンのような科学者の業績によって宇宙そのものがひとつの機械と見なされるようになったからにすぎない。」Ullmo［1969］, p. 180.

☆32 Popper［1982a］, p. 31.〔邦訳四〇頁〕

ようとする。[☆33]

このように、方法論的決定論はもっぱら理論のテスト可能性と関係しているが、この方法論的決定論を主張することは、世界についての決定論を否定することと矛盾しない。この点を理解するために、ポパーの議論の論理構造を解明してみよう。「『科学的』決定論が普遍的に成り立つ」という命題をSとし、「算出可能性原理がすべての科学理論によって満たされている」という命題をAとすると、ポパーの「科学的」決定論批判の基本的な論理形式は次のようになっている。

$$S \rightarrow A \qquad (1)$$
$$\sim A \qquad (2)$$
$$\overline{\qquad\qquad}$$
$$\sim S \qquad (3)$$

ポパーは以上のような否定式を主張しているのだが、これのどこからも以下の二つの命題が導出できないことはあきらかである。

$$\sim S \rightarrow \sim A \qquad (4)$$

☆33 Popper [1982a], p. 44.〔邦訳五六―五七頁〕

$A \rightarrow S$　　（5）

（4）は先の論理図式における（1）の裏であり、（5）は（1）の逆である。以上は論理的にはまったく自明のことであるが、ここであえてポパーの議論とは無関係の（4）と（5）をもち出したのは、これらのAを、これと内容的にかなり重なり合う「反証可能性の規準がすべての科学理論によって満たされている」という命題F[☆34]で置き換えた、

$\sim S \rightarrow \sim F$　　（6）

$F \rightarrow S$　　（7）

ということをポパーが主張していると、しばしば誤解されてきたからである。しかし（4）と（5）がポパーの議論とは関係ない以上、この（6）と（7）もそれとは無関係である。したがって、反証可能性を主張しつつ非決定論を主張することには論理的な不整合はない。

もっともAとFの置き換えが成り立てば、ポパーの議論から次の命題は導きだせる。

$S \rightarrow F$　　（8）

$\sim F \rightarrow \sim S$　　（9）

☆34　内容的にかなり重なり合うといっても、厳密に言うと$A \rightarrow F$は成り立つが$F \rightarrow A$は成り立たない。なぜなら、算出可能性の原理は決定論的な理論についてしかあてはまらないが、反証可能性の規準は決定論的な理論と非決定論的な理論（統計的理論）のどちらにもあてはまるからである。これは、まさにここでの論点である。

ここで（8）と（9）の命題Sを「完全な因果的説明が普遍的に成り立つ」という命題で置き換えてみると、おそらくこれが反証可能性規準を提起したさいに、ポパーが同時に主張した「因果的な説明の探求をあきらめない」という方法論的決定論の意味するところだろう。可能なかぎり不確定要因を排除して完全な因果的説明を追い求めていけば、その結果として反証可能な説明が得られるからである。

ここで（5）も（7）も成り立たないこと、つまり算出可能性の原理も反証可能性の基準もともに「科学的」決定論にとっての十分条件ではないことが重要である。もしこれらが成り立ってしまったとすると、反証可能性を主張することによってただちに「科学的」決定論が含意されてしまうから、そこで非決定論を主張すれば、ただちに不整合を生じてしまうだろう。しかし実際には算出可能性も反証可能性も、ともに「科学的」決定論の必要条件として据えられているのだから、これら二つが「科学的」決定論の成立について含意することはなにもない。そして、算出可能性の原理も反証可能性の規準も決定論の十分条件ではない。

6　非決定論的反証可能性

こうして反証可能性を主張することと決定論を否定することのあいだには、なんら不整合はないことが示された。これは逆に見ると、反証可能性を決定論的に解釈することは妥当でないことを示唆している。反証可能性の考え方にはたしかに外見上決定論と親密なところがあるが、世界が非決定論的ならば[35]反証可能性も基本的に非決定的な法則にこそ適用されると考えるべきであり、この点からも反証可能性は根本的に決定的ではないと言える。

もし反証可能性が形式論理的なことがらに尽きるのなら、それが決定的かどうかを問題にするのはたしかに的はずれなことではないだろう[36]。けれども、論理分析だけである理論が反証可能かどうかを一義的に決定できないので、周知のようにポパーは、規約主義に対して反証を回避しない規則の決断を提起している[37]。だがこうしたやり方は、反証可能性の規準は本来論理的なことがらだが、現実の状況が複雑なので、この規準を補うために反証を回避しない規約主義的規則を導入したという見方を生じさせたようである[38]。しかし反証可能性に対するこのような見方は、まさに世界は本来決定論的であるが、現象が複雑でその実態を完全に知ることができないから、知識の不完全さを補うために確率を導入するといった確率の主観的解釈[39]と酷似している。どちらも、その背後に決定論的な見方が隠れている。

見かけ上決定論的な理論が記述する世界が決定論的であると推論する根拠はなにもない[40]のとまったく同様に、反証可能性の理論が決定論的に定式化されたからといって、その内容が決定論的であるとする根拠はなにもない。古典力学は現実の世界を単純化し、理想化したために見かけ上決定論的な理論になった。同様に、反証可能性理論に決定論的性格が付随したのは、過度の単純化のためである。統計的仮説を棄却することにも受け容れるこ

☆35 ポパーにとって「すべては傾向性であり」(Popper [1982b], p. 205)、「傾向性とは原因に対する見方の非決定論的な一般化である。」(Popper [1974], p. 1130.) それゆえ「因果的仮説は1に等しい傾向性を主張する仮説と解釈できる。」(Popper [1983], p. 288.)

☆36 論理と決定論の結びつきを示す例として、決定論が成り立たなければ、たとえば「事象Eは明日生起する」という命題は今日真でも偽でもありえないので、未来の事態についての命題に対して矛盾律や排中律は成り立たないという論理的決定論のパラドックスがあげられる。もちろん、このパラドックスは見かけだけのものにすぎない。Cf., Schlick [1931], p. 158.

☆37 Popper [1934], p. 50, Popper [1959a], pp. 81-82.〔邦訳九九―一〇〇頁〕ポパーは、自分が決定

とにも、つねにある危険性がともなっているのと同様に、反証を受け容れるにせよ拒否するにせよ、つねになんらかの危険性がともなう。これは、いかなる反証も決定的ではありえないのだから当然である。

7 方法論の優位

これまで見てきたように、ポパーは世界像のレベルでは、「科学的」決定論であれ形而上学的決定論であれあらゆる種類の決定論に反対するにもかかわらず、方法論的には決定論を勧めている。たしかにこれまで論じてきたように、世界像と方法論ではレベルが違うので、一方で決定論に反対し、他方で決定論を勧めることにはなんら不整合はないと認められる。しかし、そうは言っても釈然としない感じが残るかもしれない。

だがこういう事態は、ポパーの場合じつは決定論にかぎった話ではない。たとえば還元主義について、ポパーはこれに対する批判的議論を展開し、このプログラムが最終的には成功しないと主張し、明確に反還元主義の立場を打ち出している。しかしその一方で、方法論的にははっきりと還元主義的なアプローチをとるべきことを勧めて、次のように述べている。

還元を試みる方法は、きわめてみのり豊かである。それは、それが部分的にでも成功したときにきわめて多くを学べるからだけでなく、それが部分的にでも失敗したとき

的反証可能性を主張しているとつねに誤解されてきたと述べている。Popper [1934], p. 23, Popper [1959a], pp. 50.〔邦訳六〇頁〕第4章第1節参照。

☆38 実際、ポパーの立場をこのように解釈させるようになった一因として、科学史上の事例からの批判に対してポパーが次のように答えるようになったこともあげられるだろう。「わたくしの境界設定規準の意味での反証可能性は、純粋に論理的なことがらである。それは言明や言明の集合の論理的構造と関係がある。そして、ある可能な実験結果が反証として受け容れられるかどうかとは関係がない。」Popper [1983], p. xx. また、cf., Popper [1979], p. XXVIII.

☆39 Popper [1982b], pp. 105f.

☆40 Popper [1982a], pp. 37ff.〔邦訳四八―四九頁〕

にその失敗があらわにする新しい問題から学べるからである。☆41

このようにポパーは、最終的に成功しないと思っていても、多くを学べるそのプロセスを重視して、方法論のレベルで還元主義を勧める。

反還元主義者ではあっても方法論的には還元主義を勧めるポパーのこの態度は、非決定論者ではあっても方法論的には決定論を勧めるという態度とまったく同じである。第4章で展開した議論によれば、理論を反証可能なかたちにしておくことによって、新しい問題を引き起こし、そこから学ぶことができる。こうしてやはりそのプロセスで多くを学べるということから、ポパーは方法論的決定論を勧めるのである。

こうした考え方はさらに言うと、ポパーの方法論全体を貫いている。というのも、反証主義は真理の探求を目指しているが、その真理への到達の可能性をポパーは明確に否定しているからである。たとえ真理に到達したとしても決してそれを知ることはできないと、少なくともその到達条件は提示できないと主張している。☆42 だが、認識論的には真理には到達できないと主張するけれども、方法論的にはその到達できない真理を目指して反証主義を主張する。

方法論に対するポパーのこうした態度は、方法論は目的の実現のためにあるという一般的な考え方からすると、きわめて理解しにくいかもしれない。実現すべき目的が否定されているか、あるいは少なくとも基礎づけられていないにもかかわらず、その目的を目指し

☆41 Popper [1982a], p. 162.〔邦訳二一四頁〕

☆42 ポパーはこの点をよくクセノファネスを引き合いに出して論じている。Popper [1963], pp. 152-153.〔邦訳二五一―二五三頁〕, Popper [1984a], pp. 50, 58-59, 220-221.〔邦訳七四―七五、八七―八八、三〇六―三〇九頁〕

た方法論が主張されているからである。

だがこの方法やプロセスを重視する態度は、非正当化主義のひとつの特徴である。[☆43] 正当化主義では、あらかじめ目的を明確にし、正当化し、基礎づけてからそのための方法論を主張する。目的は静的に固定されていて、決して変化しないのである。しかし非正当化主義では、その方法を活用するダイナミックなプロセスを重視し、目的はどうであれまえに進み出そうとする。これは非正当化主義では、前章で見たように方法を適用するプロセスにおいて目的が変化する可能性を見越しているからでもある。そして、その目的を変化させるのは批判という方法である。では、批判によって目的はどのように変化していくのだろうか。

☆43　たとえばミラーによれば、ポパーは帰納の問題を方法論の問題として解決したし、バートリーは合理性の問題を認識論の問題から方法論の問題へシフトさせたが、彼が提起した包括的批判的合理主義は方法論の体系にほかならないという。Miller［1994］, pp. 79-81.

第8章　目的と価値の批判

いったいわたくしは老ミルの哲学をあまり高く買うつもりはないのだが、彼はかつて正しくもこう言ったことがある。もし純粋な経験から出発すれば、多神論にいたるであろう、と。これはあまりにもうそくさくて逆説的に聞こえるだろうが、それでもここには真理がある。

ウェーバー

前章の最後で批判によって目的が変化することが指摘されたが、目的の変化を受け容れるかどうか、あるいはどの目的を選ぶかは、もちろん価値判断の問題である。こうした目的や価値の選択は、批判的合理主義において決断と呼ばれているものとほぼ同じであるが、本章ではこの問題を取りあげる。

この問題を取りあげるのも、たとえば正当化主義的な枠組みのなかでは価値判断は経験によって正当化できないがゆえに、合理的な議論ができないと考えられてきたからである。たとえばクーンは、理論が目指すべき正確さ、説明範囲の広さ、多産さなどの価値が時代とともに変化してきていることを論じて、次のように述べている。

そうした価値がそれと関係する理論と同じほど迅速に変化し、同じほど完全に変化したとすると、あきらかに理論選択は価値選択になってしまうだろう。そして理論選択と価値選択は、どちらもたがいに他を正当化できないだろう。☆1

どのような理論を目的として目指すべきかという価値判断は、真偽を問える事実についての言明ではなく、どうすべきかの当為である。そしてこのことは、クーンのことばからもあきらかなように、パラダイム相対主義のひとつの論拠となっている。

だが批判的合理主義者は、そうしたパラダイム相対主義を枠組み（framework）の神話として峻拒し、この神話は批判的討論によって克服できると主張する。☆2 価値についてポパーは『果てしなき探求』の最終章で「価値は問題とともに発生する」と述べ、こう主張している。

ある価値は他の価値および他の問題との関連において生み出されたり、発見されたり、また議論されたりする。このまったく異なった場合において、価値もまた世界3の住人になりうる。☆3

このように価値も世界3に属するとすれば、それはこの世界のほかの住人と同じように批判的

☆1　Kuhn［1977］, p. 336.〔邦訳四四〇頁〕
☆2　Cf., Popper［1994a］, chapter 2.
☆3　Popper［1976］, p. 194.〔邦訳下巻一七八頁〕べつの個所でポパーは、「道徳は世界3の一部である」とも述べている。Popper, Eccles［1977］, p. 168.〔邦訳二五八頁〕また、cf., 立花［1996］, pp. 18-20.

に議論することが可能であり、しかも合理的に議論することが可能なはずである。

それゆえここでは、はじめのうちは問題領域を科学に限定しつつ、正当化主義的な目的と価値の扱い方を検討することから議論を展開し、そしてその正当化主義的な観点がどのような困難に陥るのか、次いでその困難を批判的合理主義の観点からどのように扱うことができるかを検討し、さらにそれが一般の問題領域のなかでどのような意味をもつのかを見ていこう。

1　合理主義の二つの原則

まずここで、正当化主義の枠組みのなかで価値や目的の問題が扱われるさいに暗黙の前提とされている原則をあきらかにしておこう。それはこれから見ていくように、その原則と彼らの目論見が不整合を引き起こし、このことが正当化主義の限界を端的に示すことになるからである。

さてその原則は二つあるが、それらは正当化主義者の科学観とも密接に関連している。正当化主義者はもちろん合理主義者の範疇に含まれるが、その合理主義者にとって科学とは合理性の模範としてあくまでも守りぬかなければならない理想である。なるほど、第2章で見たようにもはや科学的知識は絶対確実だとは考えられていない。さらに科学は価値的、文化的に中立だとも考えてられていない。通俗的なイメージでは科学は価値中立とされているが、これが事実として成り立たないことは今ではあきらかである。[☆4] しかしそれにもかかわらず、合理主義者が科学の価値中立性を主張するとすれば、それはある種の規律を述べているのだと捉えることができる。それは、他者へむりやり押しつけられるような価値判断や規範を科学的事実から導

☆4　Cf., Hempel [1966], pp. 11-16.〔邦訳一六―二五頁〕、碧海 [1973], pp. 7f., Monod [1970], pp. 217-220.〔邦訳二〇四―二〇八頁〕, Whitehead [1926], pp. 4-17.〔邦訳五―一九頁〕

き出してはならないという禁止条項なのである。価値や規範は事実に還元できないとするこの立場を、ポパーは批判的二元論、あるいは事実と決断の二元論と呼ぶ[☆5]。ここではこれを、合理主義の二元論の原則と呼んでおこう。

さて、科学がもはや無謬でも中立でもない事実を認めるにもかかわらず、なぜ合理主義者たちは科学を擁護するのだろうか。その答えは、おそらく彼らの自由思想に求められるだろう。合理主義者によれば、複数の意見の不一致や争いに決着をつける手段は、権威などに訴えて不当な圧力を加えるか、あるいは自由で公正な討論によるかのどちらかである[☆6]。そしてポパーは、前者よりも後者による決着を選択する者を合理主義者と呼んだ[☆7]。合理主義者たちは討論による決着の方法を選択し、この方法が科学において理想的に実現されうると信じるからこそ、辛抱強く科学を擁護する。このように権威主義や暴力を避け、自由で公正な判断を求めるという彼らの原則を、合理主義の自由の原則と呼ぼう。

科学のもつさまざまな限界にもかかわらず、合理主義者たちが科学を擁護するのは、政治や宗教などにおいて実現が困難な二元論の原則と自由の原則がもしどこかで実現されるとすれば、それは科学をおいて他にはないと考えているからである。つまり科学が合理的だというのは、そこでは自由で公正な議論が可能だということなのである[☆8]。

2　正当化の階層モデル

すると、科学における自由で公正な討論はどのようにして可能なのだろうかという点が問題に

☆5　Popper［1945］, vol. I, p. 63.〔邦訳第一部七六頁〕, Andersson［1984a］, pp. 1-14. この二元論に似たような立場は、たとえば Poincaré［1913］, p. 33.〔邦訳二〇九頁〕, Radbruch［1973］, p. 95.〔邦訳一一五頁〕, Moore［1903］, chapter 3 などに見られるように、人文社会科学のさまざまな分野で見られる。この二元論自体は事実や論理のレベルを超えているのだから、これは合理主義者が決断によって選び取った立場である。Cf., 碧海［1973］, pp. 248f., 278.

☆6　Russell［1961］, p. 102.〔邦訳九頁〕, Popper［1963］, p. 356.〔邦訳六五四―六五六頁〕, Bartley［1962］, p. 78.

☆7　Popper［1963］, p. 356.〔邦訳六五五頁〕

☆8　合理主義を批判したと目されているクーンやファイヤアーベントも、これら二つの合理主義の原則に

なってくる。ラッセルによれば、「自由な討論の結果、判断を下せる人たちの意見が一致するようになるが、その権威は強制的ではなく理性にもとづいている。」[☆9]では、そうした一致は科学においてどのようにして得られるのだろうか。

たとえば複数の理論が同じ現象をめぐって競い合っているとすると、理論のレベルで不一致が生じていることになる。正当化主義的な合理主義によれば、研究者のあいだに共有されている方法論的規準に照らしてどの理論がもっとも優れているかが一義的に判定され、この不一致は解消される。要するに、引き合いに出された方法論的規準にかなうような有利な証拠をもち出した方が、公正なる科学という法廷において正当化[☆10]という勝利を得るというしくみである。天動説と地動説、光の粒子説と波動説、生体の前成説と後成説、岩石の水成説と火成説、進化論と創造説など、これまでに数多くの理論が対立してきたが、こうした対立は、科学を営む者なら等しく従わなければならない法である方法論的規準によって公正な判決が下されることで解決される。

すると、現在までに決着がついていると見なされている理論対立については、その決着を正当と見なすならば、正当化主義的合理主義者は、当然、勝利を収めた理論がどのような規準によって正当化されるのかを説明できなければならない。たとえば天動説と地動説の対立については、現在ではほとんど疑う余地がないほど確実な決着がついていると考えられているので、正当化主義者たちはこれまでコペルニクスの地動説の勝利を正当化すべく、いろいろと努力してきた。しかしこの事例はなかなかのくせもので、多くの合理主義者の手を焼かせてきた。フ

は反対していない。むしろファイヤアーベントなどは、第二の原則のもとに科学批判を展開しているとも言える。Cf., Feyerabend [1975b], pp. 156–167.

☆9 Russell [1961], p. 105.〔邦訳一一頁〕

☆10 justify のラテン語、justifico（証明する）の語源は justus（正当な、法規上の）だが、これは jus（法規）から派生した形容詞で、ここからも正当化の場面では法廷モデルが前提にされていることがわかる。

ファイヤアーベントは、そうした正当化の試みの一端を次のように叙述している。[☆11]

（1）素朴な経験主義。太陽が神の意思に従って地球の周りを回っているとする聖書中心の宇宙観に対し、コペルニクスは観測結果だけから出発して新しい天文学をつくりあげた。

（2）規約主義。古い天動説の体系が現象を救うためにますます複雑になってしまい、それを解消するためにより簡潔な地動説の体系が導入された。

（3）反証主義。新しく得られた観測結果が天動説の体系のなにか決定的な部分を反証し、そのためにこれにかわる新しい天文体系が見出されなければならなかった。

（4）研究プログラムの方法論。プトレマイオスの研究プログラムはますます退行的になっていく一方で、コペルニクスの研究プログラムはますます前進的になっていき、天動説から地動説への移行が起こった。

ここで（1）の素朴な経験主義がもはや神話であることは常識である。（2）の規約主義はオシアンダーの解釈でもあった。[☆12]（3）の反証主義については、ポパー自身コペルニクス革命が反証主義の反例かもしれないことは認めている。[☆13] そして（4）は、もちろんラカトシュの方法論である。[☆14]

さてこうした諸説を見てわかるのは、合理主義者のあいだでも方法論的規準のレベルで意見が一致しないことである。もっとも、以上の叙述はきわめて単純化されており、方法論的規準

☆11　Feyerabend [1978], pp. 45f. また、cf., 広重 [1979], pp. 10-14. ここでファイヤアーベントは（3）にあげた反証主義を、正当化主義的に扱っている。

☆12　Copernicus [1543],〔邦訳九一一〇頁〕

☆13　Popper [1983], p. xxvi. しかしポパーは、この革命のイデオロギー的な側面と科学的な側面を分け、あくまでも後者を擁護している。Popper [1994a], pp. 17-18.〔邦訳四七一四八頁〕

☆14　ラカトシュ自身によるコペルニクス革命の合理的説明については、cf., Lakatos [1978a], chapter 4.

は複数が組み合わさって動くことが多い。だがそれでも、それらの規準のうちどれを優先させるべきかという点になると、合理主義者の意見はたちまち食い違ってくる。

では、この方法のレベルにおける不一致はどうすればいいのだろうか。理論のレベルの不一致はふつう科学の範囲内での問題だが、方法のレベルの不一致は科学方法論の問題になる。正当化主義の発想では、このレベルでもあくまで合理的な決着を求めるなら、これよりさらにうえのレベルで共有されている法に訴える必要がある。それは、方法論的規準が実現しようとしている目的ということになるだろう。共有された目的があれば、これに照らして競合する方法のうちでどれがその目的の実現にもっとも適しているかを経験的、論理的に示せるので、ふたたび公正な判決が下せる。

たとえば第2章でも取りあげた帰納法の正当化について、ここでもう一度振り返ってみよう。ライヘンバッハにとって帰納法とは、生起の頻度がある極限値に収束するような事象の系列を見出すための方法であった。そしてそのための具体的な規則として、彼は「帰納の規則」を厳密に定式化し、そのうえでこれを、頻度の極限値が存在するなら帰納の規則はこれを見出すための十分な道具であるとして正当化しようとする（本書四三頁以下参照）。ここでライヘンバッハは、あきらかに将来の出来事を予測するという目的を前提にして、これを論じやすいように反復可能な事象の相対頻度の極限値を見出すことと定式化して議論を進めている。

このように正当化主義的な合理主義者によれば、理論レベルにおける不一致から生じるような理論選択の問題は、共有されている方法論的規準のレベルで特定の理論が正当化されることにより解決される。次に方法のレベルで不一致が生じれば、それはまたさらに上位の目的のレベルに照らして特定の方法が正当化されることにより、方法の不一致は解決される。このような理論—方法—目的の正当化の流れは、正当化の階層モデル (hierarchical model of justification) と呼ばれ、多少の違いはあれ大筋において多くの正当化主義的合理主義者によって共有されているモデルである。[☆15]

さてここまでくれば、当然のことながら次のような疑問が生じてくるだろう。このモデルでは目的のレベルで不一致が生じた場合、どうやって決着がつけられるのだろうか。この問いにたいして合理主義者は、本章の冒頭で引用したクーンと同じく、決着をつけるのは不可能だという。正当化の階層モデルでは目的よりうえのレベルはないのであり、このため訴えるべき共通の法がないのだから、もはや特定の目的を正当な目的として選び出せるような不一致の解決法は望めないのである。たとえば、ライヘンバッハは次のように述べている。

> 科学的研究の目的はなんだろうか。これは論理的に言えば、真偽にかんする問題ではなく、意思決定の問題であり、この問題に対する答えによって決められる決断は、分岐するようなタイプの決断である。もしだれかが自分は娯楽のために科学を研究し、暇つぶしをしていると言ったとしても、その考え方は「間違っている」と非難することはできない——これは決断であり、だれでも自分の望むことをやる権利がある。[☆16]

☆15 このモデルはローダンによって詳細に検討されている。Laudan [1984], chapter 2.

☆16 Reichenbach [1938], p. 10. Cf., Kuhn [1977], p. 336.〔邦訳四四〇—四四一頁〕, Laudan [1984], pp. 47–50.

またヘンペルも、科学における価値判断について次のように述べている。

〔理論の〕受容と拒否についての適切な規則を定式化するという問題は、受容や拒否に応じてさまざまであろう「結果」に割り当てられた一定の価値や反価値などによって、適切さの規準が与えられていなければ明確な意味をもたない。……受容と拒否の規則を正当化することによって価値判断へ言及せざるをえなくなるが、科学は定言的な価値判断の妥当性を与えることはできない。[☆17]

目的や価値についての以上のような合理主義者たちの考え方が、先に述べた二元論の原則や自由の原則と深くかかわっていることは、容易に見て取れるだろう。彼らにとって科学の目的は究極の公理であり、その選択は論理や経験による正当化の範囲を超えた決断の問題である。そして、先の二つの原則によれば、だれにでも受け容れられるような根拠を与えられないかぎり、そのような決断にむりやり優劣をつけることは避けなければならない。

こうして、正当化主義的合理主義者が採用する正当化の階層モデルでは、目的のレベルでの合理的議論はもはや不可能だということになる。けれどもここで正当化を打ち切ってしまうなら、これまでいったいなんのために理論や方法を正当化してきたのだろうか。これまで合理的な決着を求めて理論や方法を正当化してきたのに、不一致の源泉が目的レベルにあると判明してしまったら、正当化の議論は結局、糸の切れた凧のようになってしまうだろう。

☆17　Hempel [1965], pp. 92, 93.

3　目的の定式化

以上の結論をそのまま認めてしまっては、もちろん科学の相対性を認めてしまうことになり、合理主義者にとっては正当化の階層モデルを使ってこれまで展開してきた議論がすべて無駄になってしまう恐れがある。しかしこれまで正当化の問題が生じてきたのは、理論や方法が複数存在し、しかもそれらが対立し、競合していたからであった。そこでもし科学の目的がひとつ、あるいはひと組であったとすれば、もはや目的のレベルでの論争は発生することはないのだから、このレベルでの正当化の問題も生じないことになる。

これまで無造作に目的について語ってきたが、目的と言ってもこれはかなり曖昧な概念である。一般に自然科学と呼ばれている研究活動を見ても、そこにはその対象もスタイルも異なるじつにさまざまな活動が含まれており、それらはそれぞれある一定のレベルで固有の目標を目指しているだろう。だがここでの目的をはっきりさせるためには、ポパーの次のことばが手がかりになる。

> 科学的営為の「目的」について語るのは、おそらく少し素朴だと思われるかもしれない。というのも、あきらかに各人が異なった目的をもっているし、科学自体（これがなにを意味しようとも）には目的はない。こうしたことはすべて認めるが、だが科学について語るとき、多かれ少なかれ科学的営為には特徴的ななにかがあると感じられているようである。

また、科学的営為はかなり高度に合理的な営為であるように思われるが、合理的活動にはなんらかの目的がなければならないのだから、科学の目的を記述しようとする試みはまったくの無駄ではないだろう。☆18

ここでまず「合理的な活動にはなんらかの目的がなければならない」ということで、いわゆる科学の目的が、個々の具体的な研究活動から一般化されてくるのではなくて、逆にその個別研究活動の推進力となる理念としての性格をもつことが言い表わされている。もともと合理主義者たちが現実の科学の限界にもかかわらず、科学を擁護してきたのは、それが理念として合理的だからであった。

とはいえ理念としての目的といっても、実際にどの研究者も目指してこなかったような目的をいくら述べ立ててもまったく話にならない。だから、少なくとも「合理的に見える」科学的営為の実際の目的だけでも記述する必要がある。こうしてここで必要とされている目的とは、現実にある程度対応しつつも、現実をリードするような理念でなければならない。

そこである特定の分野にかたよってしまうのをできるだけ避けるために、まず「科学の目的は現象についての正しい説明を与えることである」といった常識的なかたちで科学の目的を言い表わしてみる。この定式化は科学についての直観的なイメージによく合っていると思われるし、議論の出発点として実際に合理主義者たちによってしばしば利用される。☆19

だが、このようなきわめて一般的で漠然とした定式化では、少なくとも正当化にとってはま

☆18 Popper [1972], p. 191.〔邦訳二一七頁〕, Popper [1983], p. 132. もちろんポパーはこうした科学の目的を正当化の最終根拠として考えているわけではないが、たとえばワトキンズなどは、目的が複数あれば「科学というひとつの共和国があるのではなくて、『べつの神々を偶像崇拝する』異なった種族があることになる」として、「合理性懐疑論を打破すべきならば恣意的でない科学の目的、科学という共和国の成員がみな同意できる目的を必要とする」(Watkins [1984], p. 123.〔邦訳三一一頁〕)との目論見のもとで「科学の最適目的」を厳密に定式化しようとしている。Cf., Watkins [1984], chapter 4.〔邦訳第2章〕

☆19 たとえば、Popper [1983], p. 132, Hempel [1965], p. 333.

つたく不十分である。たとえばここに出てくる「現象」とか、「正しい説明」などの概念は、なんらかの方法論的規準を正当化するためには曖昧すぎる。さらにこの定式化では、「科学」の目的としてはあまりにも広すぎることも問題である。論理実証主義者でさえ伝統的形而上学が経験的世界についてなんらかの説明を与えようとしていることは認めているが[☆20]、これでは科学と同じような目的をもっていて、しかも非科学として合理主義者が非難するほかの知的活動との違いを明確に示せないからである。「正しい説明」の意味をあきらかにしないかぎり、このままでは科学の独自性、優越性を示すことはできない。

そこで合理主義者は、「正しい説明」を厳密に定式化しようとする。彼らの予想では、科学の目的が唯一無二でなければならないからには、この定式化の作業はちょうど実在を解明していく科学的研究のように、一個所へ収斂していくような成果を生み出すはずであった。こうして科学をほかの営みから区別させ、しかも科学的正当化の最終根拠となるような「正しい科学的説明」の定式化の作業が展開される[☆21]。

さて、科学的説明についての代表的な理論としては、ヘンペルの演繹法則モデル、いわゆるD-N（Deductive-Nomological）モデルがある[☆22]。これによれば、科学的説明とは一般法則と初期条件の連言からなる説明項から、説明されるべき被説明項を論理的に導出する一連の演繹的推論である。ヘンペルは、この説明が適切であるための条件、つまり方法論的規準を以下の四つにまとめている[☆23]。

☆20　Ayer［1936］, pp. 60f.〔邦訳一二五頁以下〕

☆21　科学的説明の理論は科学の目的を追求しているとする見方には、奇異の念が抱かれるかもしれない。だが、この科学的説明を合理主義者たちがどう考えているかを見れば、やはりそこでは科学の目的とほぼ同じことがらが扱われていることがわかる。たとえばヘンペルによれば、科学的説明の理論は、漠然とした科学的説明という概念を解明し、より啓発的な概念によって置き換えようとしているが（Hempel［1965］, p. 489）、これは説明の rationale を示そうとしている（Hempel［1965］, p. 412）規範的な理論なのである。またトゥールミンも、説明理念という概念によってこれと同じ見方をしている。Toulmin［1961］.

☆22　Hempel［1965］, chapter 10. このモデルはすでにポパーによって論じ

（R1）被説明項は説明項の論理的帰結でなければならない。

（R2）説明項は一般法則を含んでいなければならない。しかも、これは被説明項を演繹するために実際に必要でなければならない。

（R3）説明項は経験内容をもたなければならない。つまり、これは少なくとも原則的に実験や観察によってテスト可能でなければならない。

（R4）説明項を構成する文は真でなければならない。

そして、これらの条件を満たす理論が科学の目的を実現している科学理論として正当化の対象となる。またヘンペルはこれに加えて、科学的説明と科学的予測は潜在的に構造上同一である[☆24]として、D-Nモデルに予測という目的も組み入れようとしている。このD-Nモデルによって表わされている科学の目的は、大筋において多くの合理主義者によって支持されてきたし、実際の自然科学の理論活動で目指されているところにもかなり対応しているように見えた。

このようにD-Nモデルは、ひとつの規範的理論として、科学の唯一の目的を定式化することにほとんど成功しかけたかのようであった。しかし実際には、その成功はすぐにほころんできた。D-Nモデルに匹敵するほかの規範的説明理論がすでに古くから多く存在しており、それらとD-Nモデルとの競合関係はますます強まっていったからである。

たとえば古くから根強く支持され続けてきた説のひとつに、説明とは知られていないものをなじみのあるものに還元することだとする熟知還元理論がある。ブリッジマンによれば、「説

られていたが、その厳密な定式化は一九四八年にヘンペルとオッペンハイムにより与えられた。

☆23 Hempel [1965], pp. 247–249.

☆24 Hempel [1965], p. 367.〔邦訳四一頁〕

明とは本質的にある状況をわれわれが当然のこととして受け取る熟知の要素に還元することによって、われわれの好奇心を収めることにある。[☆25]」もっとも、この熟知還元論によって目指されている説明は、D-Nモデルが指定する説明とは必ずしも対立するわけではないが、やはり根本的な部分では両者は相容れない。というのも、熟知還元論では説明項が法則を含んでいる必要はないが[☆26]、これはあきらかにD-Nモデルの規準に反するからである。

またキャンベルの流れをひくモデル主義者も、たとえ現象を記述する命題が説明項から演繹できたとしても、モデルを使ってそれを解釈しなければその現象は理解されないとして、D-Nモデルを批判する。[☆27] そのほか、多くの現象を少数の原理のもとに統一することこそ説明だとする説明の統一理論[☆28]や、説明されるべき現象にとって統計的に相関関係のある因子をあげることこそ量子力学以降の新しい科学理論に適った説明方式であるとする統計関連(Statistical-Relevance)モデル[☆29]などは、D-Nモデルと同じく説明の論理形式を重視する立場であるが、これとはまったく異なるところに説明の本質的側面を見出そうとする。

ところで、これまではもっぱら説明を科学の目的として論じてきたが、言うまでもなく説明だけが科学の目的の候補というわけではないし、そもそも説明など科学の目的ではないとする立場もある。これは、科学は「なぜ」という問いに答えるのではなく、現象が「いかに」あるかを記述するだけだと主張する立場で、一九世紀後半の物理学ではかなり勢いがあった。[☆30] さらに、科学の目的は説明ではなく予測であるとする道具主義的な立場もある。

このように科学の目的については、さまざまなレベルで、さまざまな角度から、さまざまな

☆25 Bridgeman [1927], p. 37.
☆26 Scriven [1962], p. 198.
☆27 Hesse [1970], pp. 157-177.〔邦訳一五九―一七八頁〕
☆28 Friedman [1974], Kitcher [1981], Aronson [1984], chapter 7.
☆29 Salmon [1984], pp. 22f., 45. S-Rモデルは説明の確実性に対する見方でD-Nモデルと対立する。
☆30 一九世紀後半の物理学で優勢であったオストワルトらのエネルゲティークなどは、こうした実証主義の有力な一派だった。Cf., van Fraassen [1980], pp. 8, 12.〔邦訳三四、三九頁〕

定式化が提出されてきている。これでは、それぞれの定式化の観点からいろいろな方法論的規準が正当化され、それらによっていろいろな理論が正当化されてしまう。たしかに、他の知的活動と区別するために科学の目的は厳密に定式化される必要はあるが、それは正当化のための最終根拠としてひとつに収束しなければならなかったはずである。それなのにこれほど多くの目的が出てきてしまっては、目的を一意に定式化することにより目的レベルの正当化の問題を解消するという正当化主義的合理主義者のもとの目論見にまったく反してしまっている。

そこで、もとの目論見をあくまで実現しようとするなら、これら目的の多様さは見かけだけであって実際にはひとつにまとめられるとするか、あるいはどれかひとつの定式化だけを真正な目的として正当化し、これ以外の目的はすべて誤っているとするか、どちらかしかない。

しかし、前者の方法が不可能なのはあきらかだろう。いくつかの定式化を部分的に統合することは可能かもしれないが、すべてを矛盾なく統合するのは望むべくもない。どうしても統合するというなら、もはや厳密な定式化は断念せざるをえず、最初の曖昧な定式化に逆戻りしてしまうだけだろう。そこで正当化主義者は、ふつう後者の方法をとろうとする。

たとえばヘンペルなどは、まず自分のD-Nモデルは「科学的説明の実例であると一般に認められているような叙述に適合し、経験科学で用いられている説明方式の体系的に効果的な論理的方法論的分析に基礎を与える」[☆31]とする。つまり、D-Nモデルが科学の具体例によく合うことにこれの正当化の根拠を求めているわけだが、もしそうだとするとD-Nモデルと対立する説は現実の科学に適合していないことになる。実際ヘンペルは、たとえば熟知還元論を攻撃

☆31 Hempel [1965], p. 489.〔邦訳一八二頁〕

するのに、これが科学理論の実例に合わないことを指摘する。[☆32] たとえば夜空の暗さはわれわれにとってきわめてなじみのある現象で、熟知還元論からすればもはやどこにも還元されそうにない。ところがオルバースのパラドックスからすれば、これはおおいに説明を要する現象となり、事実、現代の天文学はなぜ夜空は暗いのかという問いに膨張宇宙論などから説明を与えている。またこの例のほかに、現代物理学では相対性理論や量子力学などのようなきわめてなじみのない前提から、よく知られた天体現象や化学現象などを説明していることは、周知のとおりである。

このようにヘンペルはD-Nモデルのライバルを次々と攻撃するが、反対陣営も負けておらず、D-Nモデルに適合しない事例を反例としてあげてくる。D-Nモデルのうちとくに攻撃の的になったのは説明と予測の構造的同一性のテーゼで、これに対しては多くの論者が予測は可能でも説明が不可能なケースなどを論じている。[☆33] このほかに法則を必要としない説明例[☆34]とか、厳密に論理的な演繹にはなっていない説明例[☆35]などが、D-Nモデルに対する反例としてあげられてきた。

以上のような攻撃に対してヘンペルは綿密な反論を展開しているが、その反論の根底には、D-Nモデルに対する反例としてあげられた説明は完全ではなく、説明以前のスケッチのようなものか、あるいは少なくとも科学的説明ではないという考えがあった。[☆36] つまりヘンペルは、ある説明が科学的に完全であるかどうかをD-Nモデルを規準にして判定しているのである。だが、反対陣営もヘンペルと同じ戦術をとってきたらどうだろう。たとえば熟知還元論者は、

☆32 Hempel [1965], pp. 430-431.〔邦訳一一二―一一三頁〕

☆33 たとえば、Rescher [1958], Fain [1963].

☆34 Scriven [1962], p. 198.

☆35 Forge [1980].

☆36 Hempel [1965], pp. 361-364, 415-424.〔邦訳三四―三八、九四―一〇五頁〕

自説によく合う統計力学の説明を完全な説明と解釈し、自説に合わない量子力学の説明などを不完全だと断定する。実際ブリッジマンは、相対性理論や量子力学では説明の危機に直面していると述べている。☆37

科学的説明についてのさまざまな理論は、科学の目的の定式化として見るかぎり、みな権利上は同等である。なぜなら、それらはみな正当化の最終根拠の位置にあるからであり、それらはもはや他のなにかによって正当化されないからである。このように権利上のことであるからには、おのおのの定式化に適合する事例の多寡は原則として問題にならない。科学の具体的事例に適合するからという正当化は、二元論の原則に抵触していると言えるし、ある言明は「かなり『もっともらしく』みなが信じていたとしても疑似科学でありうるし、信じられそうになく、だれも信じていないとしても科学的な価値がありうる」☆38からである。

このように権利上同等なのだから、反対の立場の者が科学の目的についての自分の定式化に適合する理論こそ完全だと言いだせば、おのおのの定式化が理論や方法の正当化にとっての最終根拠であり、それ以上のレベルがないので、どれがもっとも優れていると言えないことになる。かつてデュエムは、アリストテレス派、原子論派、デカルト派など観察から直接導かれないような隠れた性質によって自然現象を説明しようとする形而上学派同士の論争を評して、次のように述べた。

おのおのの形而上学派は、その論争相手が説明のさいにそれ自体もはや説明されることの

☆37 Bridgeman［1927］, pp. 41f.
☆38 Lakatos［1978a］, p. 1.〔邦訳二頁〕

ない真に隠れた性質であるような観念に頼っているとして相手を非難する。けれどもこの非難は、はたして非難している方のその学派自体にもあてはまらないだろうか。[39]

このデュエムの論評は、まさしくここで問題にしている科学的説明の定式化にもあてはまる。正当化の階層モデルにおいて最上位に位置する目的を正当化しようとするいかなる試みも、バートリーの言うようなおたがい様の議論（*tu quoque*）[40]にならざるをえない。

以上のように正当化主義的合理主義者は、自由な議論により決着をつけられる理想としての科学を擁護し、これを正当化するために幾多の努力を重ねてきたわけだが、しかし皮肉なことに、議論による決着が可能なはずの理念としての科学をめぐる自分たちの争いに決着をつけられなくなってしまっている。

4　目的の多元的状態

このようにここではもはや、公正な決着を保証するはずの科学的正当化の最終根拠としての目的が多元的状態にあることを排除できなくなる。たとえある時点で比較的確固とした規範が確立されたとしても、それがいつまでも安定して存続するとはかぎらない。本章の冒頭でも触れたように、クーンによれば物理化学でも精密さ、有用性、説明範囲などのさまざまな規準の価値の重さ、それらの優先順位も歴史的に変化してきている。[41] 数量的厳密さは近代以前ではもっぱら天文学だけにとっての価値であった。また有用性は科学の発展にともなって現われてきた

☆39　Duhem［1906］, p. 17.〔邦訳一五頁〕

☆40　Bartley［1962］, pp. 72–79.

☆41　Kuhn［1977］, p. 335.〔邦訳四三九―四四〇頁〕

価値であるが、数学や物理学よりも、化学にとって重要であった。そして、説明範囲の広さという価値も、アリストテレスの自然学よりも新しい近代的な自然哲学が選ばれたときのように、しばしば犠牲にされてきた。

以上のように、正当化のアルキメデスの点となるはずであった科学の目的が、その役割をまったく果たせていない。それゆえ、なんらかの共通の規準による正当化によって目的レベルの争いに決着をつけるという正当化主義的な目論見は、ここにきてもはや遂行不可能、実現不可能になっているのである。正当化の最終根拠としての多元的状態においてこれらのあいだの対立が生じた場合、この対立をあくまで正当化によって解決しようとするなら、無限のかなたにあるアルキメデスの点を求めてむなしく後退を続けていくか、合理主義の自由の原則に抵触するような循環した自己正当化を犯すか、あるいは、ある特定の目的をアルキメデスの点としておたがい様の議論に帰着してしまう批判を他になげかけるか、以上のいずれかになってしまう。☆42

となると、科学上のいかなる対立もすべて議論によって決着がつけられるという保証は、もはやどこにもない。正当化主義的合理主義者は科学においてこそ自由な議論による争いの決着が可能だと信じていたわけだが、たとえば理論レベルでの論争がもつれにもつれ、方法レベルでも決着がつかず、最高裁としての目的レベルまで達して、はじめて論争の当事者同士がそれぞれ異なる目的にコミットしていることが判明したなどという場合も十分に考えられる。

そのような事態は、たとえば量子力学の基礎をめぐる論争において典型的に見出される。アインシュタインが目指していた理論と、コペンハーゲン派で目標とされていた理論がきわめて

☆42 ここで述べた事態は第1章で述べたアルバートのトリレンマに対応している。Cf., Albert [1968], p. 13.〔邦訳一九頁以下〕本書二二頁参照。

果なっていたことは、すでにかなり知られるようになってきている。双方の目的がきわめて異なる以上、もはや通常の正当化的な議論によってはどちらを選ぶべきか決着がつかない。つまり、ここでは量子現象を扱う理論選択の問題がクーンが言う価値選択の問題に直結している。コペンハーゲン流の量子力学の支持者が増えたことは多くの理論物理学者の価値判断が変わったことを示しているが、この価値選択については、もはや具体的な内容のある共通の規準によって正当化を遂行することは不可能なのであるから、ここには文字通りの共約不可能性が生じていることになる。

理論T_1とT_2が競合していたとすると、その決着をつけるためになんらかの方法論的規準Mがもち出されることになる。もしこのMによって公正な判定が下されればここでことは収まるが、くわしく検討してみた結果、T_1とT_2はそれぞれM_1とM_2というまったく異なる規準に従っていることが判明したとする。そこでM_1とM_2の優劣の決着をつけるために、さらにそのうえの目的Aがもち出される。もしAによってM_1とM_2の優劣の決着がつけば、T_1とT_2の争いにも決着がつけられるだろう。しかしさらに検討した結果、M_1はA_1、M_2はA_2と、やはりそれぞれまったく異なる目的を目指していることがわかったとする。こうなると、T_1-M_1-A_1とT_2-M_2-A_2の二つの正当化の階層はいつまでたっても平行線をたどるだけで、もはや共通の規準では判定できない(in-com-mensurable)[☆43]。

だとすれば、以上のような目的の多元的状態は、もはやそのまま認めざるをえないのではないだろうか。少なくとも、合理主義者が科学を理想的な議論が可能な活動として擁護するさい

☆43 incommensurable ということばのなかの commensurable という部分は、後期ラテン語の commensurabilis からきているが、これの com は common の意で、mensurabilis は measure + able の意であり、measure には評価、判定するという意味があるので、imcommensurable は、文字通りには共通の規準で評価できないという意味をもつ。

に信条としていた二つの原則に従うかぎり、この多元的状態を認めないことは、彼らの望む自由で公正な議論の可能性を不当に制限してしまう可能性がある。

合理主義の二元論の原則によれば、目的や価値は事実によって正当化することはできない。それにもかかわらずある目的だけを選び出し、ほかの目的を否定するとすれば、それは自由で公正な議論によるとは言えず、自由の原則により許されるものではない。ある目的とその実現を目指す方法、そしてそれによって構築される理論のセットを、ここではローダンのことばを借りて研究伝統（Research Tradition）[☆44]と呼ぶとすると、自由で公正な議論のための合理主義の二つの原則を認める以上は、さまざまな研究伝統の多元的状態はむしろ進んで認めるべきだということになる。

それなのに科学においては、他の知的活動などと比べてこういう多元的状態を排除しようとする傾向が強いようである。「本物」「偽物」の名のもとに、多元的状態が排除されがちなのは、正当化に付随する一元的なイメージのせいであると思われる。たとえ真理が最終目的として目指されていたとしても、真理に到達できたかどうか決して認識できないのだから、多元的状態を排除する理由はなにもない。それゆえある優勢な伝統にコミットしている者が、勢いに乗じて劣勢の研究伝統を攻撃し、排除しようとするなら、それはあきらかに合理主義の自由の原則に反することになる。「もしひとりを除いたすべての人類が同意見で、ただひとりだけがそれに反対の意見をもっていたとしても、人類がそのひとりを沈黙させることは、そのひとりが力をもっていて人類を沈黙させるのと同じく、まったく不当なことである」[☆45]というミルのことば

☆44　理論や方法の交換可能性という点で、これはローダンの研究伝統に近い。Cf., Laudan [1977], pp. 93–95.〔邦訳一二五—一二七頁〕

☆45　Mill [1859], p. 142.〔邦訳三六頁〕

がここにはあてはまる。

このように科学の目的、およびこれを奉じる研究伝統が多元的状態にあるべきことは、合理主義者自身の原則から導かれる。実際に科学の歴史は、単一のパラダイムの一元的な交代劇というよりは、競合する研究伝統の共存の歴史として描き出せる。[☆46]むしろ「いかなる思想も、知識を改善するのにはあまりにも古すぎでバカらしいなどということはない。[☆47]」どんな考えでも思わぬところで役に立つことはあるし、復古が現状に活気を与えることも珍しいことではない。たとえばコペルニクスがなぜ地動説を主張したのかについては、先に見たようにさまざまな説明が可能であり、その原因をひとつにかぎるのはおそらく無理だろう。だが少なくとも、彼自身は次のように述べている。

> 離心円を考える人びとは、それによって見かけの運動を正確に導き出して計算することができるように見えたとしても、運動の一様性にかんするいくつかの根本原則に反するように見えるものを多く許容している。……世界のかたちとその部分の正確な対称性を、彼らは見出すことも説明することもできない。……哲学者たちは世界にかんする最小のことがらを注意深く研究しているけれども、もっとも完全な芸術家によってわれわれのためにつくられた宇宙の機構の運動をひとつも正確に説明していない。[☆48]

このように運動の一様性の原則や世界の対称性といった観点から、コペルニクスは既存の天体

☆46 Lakatos [1978a], p. 69.〔邦訳一〇三頁以下〕, Laudan [1981b], p. 145.
☆47 Feyerabend [1975a], p. 47.〔邦訳四五頁〕
☆48 Copernicus [1543], 邦訳一五一〜六頁。

理論に失望した。そこで彼は、それらとはまったく異なる理論がほかにないかどうかを調べ、ヒケタスやピュタゴラス派のフィロラオスなどが地球は動いていると考えていたことを知る。しかし当時、「たしかに多くの論者は、通常地球は宇宙の中心に制止しているとされており、その反対を考えることは許されないことであって、笑うべきことでさえあるというように考えていた。」[☆49]

5　多元的状態の落とし穴

したがって、ある研究伝統がほかを圧倒し排除して一元化を目指そうとする目論見は、合理主義の観点からは阻止されなければならない。そしてこのためには、多元的状態の意義は積極的に主張されなければならない。

だが、本来自由で公正な議論のための防波堤であるはずのこの多元的状態は、じつはこのままではまったく正反対の役割を演じてしまう可能性がある。つまりこの状態は、ある研究伝統がほかを圧倒し排除して、一元化を目指すためのもっとも強力な武器に転化してしまうのである。これまで見てきたように、合理主義者たちが目的の多元的状態という帰結を避けようとしたのも、やはり以下に述べるような理由があったからだと思われる。

デュエムが言うように、多元的状態にある研究伝統がほかを批判すれば、その矛先はブーメランのように自分の方へ跳ね返ってくるだろう。こちらにとっては受け容れられないような目的を相手が出してきた場合、これを正当な根拠にもとづいていないとして批判すれば、逆から

☆49　Copernicus [1543], 邦訳二九頁。

見ればこちらを批判させるきっかけを相手に与えてしまっている。「ではそちらはどうなのか。正当な根拠にもとづいていると言えるのか。」こうしてこのようなやりとりは、結局おたがい様の議論になってしまう。[☆50]

となると、この状態でみずからを守る最上の方法は、結局、他をいっさい攻撃しないことである。批判を逃れるために批判をしない。自分の伝統のなかに深く埋没し、ひたすら沈黙し、モンロー主義を決め込むのである。これを逆に言えば、いかなる立場も批判しなければ、あらゆる批判から逃れることができることになる。こうしておたがい様の議論は、合理的な議論を崩壊させてしまう。バートリーは、このメカニズムを次のように暴いている。

〔おたがい様の議論〕を使って自分の立場は相手の立場と同等であることを保証し、これを強化しようとする者は、そうする程度に応じて批判に対する相手の耐性を高めてしまっている。なぜなら、批判されれば相手もおたがい様の議論を使えるからである。[☆51]

それでも、それぞれが平和共存しているうちはまだいいかもしれない。だが、論争や不一致を解決する手段が合理的な議論による方法か、あるいは権威や圧力による方法かのどちらかしかないとすれば、もし目的のレベルで不一致が生じてしまったら、もはやこのレベルでは前者の方法は不可能な「神々の争い」なのだから、その決着をつけるのは後者の方法、つまり権威や圧力によるほかはないことになってしまうだろう。

☆50　Bartley［1962］, p. 72.
☆51　Bartley［1962］, p. 79.

数ある伝統のなかであるひとつの伝統が勢いを得て、やがて覇権獲得の野望をあらわにし出したとする。ほかの伝統との衝突が起こり、当然さまざまな批判があびせられるだろう。だがこの伝統は、おたがい様の議論を使ってこうした批判を次々とかわしていくことができる。そしてある程度強大になったら、その伝統はもはや権威と化し、一元化が事実上招来される。その強大な伝統は「パラダイム」となって、ほかを排除するための恣意的な境界線が設けられてしまう。

このような共通の規準がない状態での各研究伝統の多元的状態をそのまま認めるだけでは、ミルが不当だとした力や権威による決着を防ぐことができない。逆におたがい様の議論は、力によっていったん支配権を確立した研究伝統に対するいかなる批判も封じてしまう効果をもつ。こうして権威主義がはびこってしまい、自由で公正な議論が阻害されてしまう。これは決して架空の事態ではなく、実際に近代科学において起こったことである。たとえばそういう覇権主義の一例として、機械論的－力学的研究伝統があげられる。

機械論的－力学的研究伝統は、「あらゆる物体の力学的なふるまい、運動がそれを質点同士のつり合いと質点の運動とに還元することによって解明される。ふつう広がりのある物質は、たがいに力を及ぼし合う質点の集まりと見なされる。したがって、力が働いたときの質点のふるまいを規定する法則＝運動方程式がすべての力学の基礎になる。どんな物体であっても、それをつくる質点の数、相互の距離、それらのあいだに働く力を知ることによって、そのいかなる力学的なふるまいも演繹的に導くことができる。」☆52

☆52　広重［1979］, p. 22

このような要素論的－力学的研究伝統は、一七世紀の段階ではまだ数ある自然思想のうちのひとつにしかすぎなかった。しかし一八世紀に入り、ダランベールが「力学は全自然学の基礎である。……実際あらゆる自然現象、物体系で起こるすべての変化は運動に帰せられなければならず、運動法則によって支配されている」[☆53]と断定してからは、この研究伝統は野望をあらわにする。要素論的－力学的研究伝統は、まず天体力学の分野での正確な予測の成功などにより、その目的を徐々に達成していった。他方その理論は、オイラー、ダランベール、ラグランジュらによって数学的に厳密に定式化され、強大化していった。そしてラプラスが太陽系の安定性を証明したころには、物理学を代表する世界像を確立していた。ラプラスは、将来を見越して次のような有名な勝利宣言をする。

与えられた時点において自然を動かしているすべての力と自然を構成するすべての実在の状態を知っている叡智が、なおそのうえにこれらの情報を解析するだけの大きな力をもつならば、同じ式のなかに宇宙でもっとも大きな天体の運動も、もっとも軽い原子の運動も包摂できるだろう。この叡智にとって不確かなことはなにひとつない。未来も、過去と同じように見通せるだろう。[☆54]

一九世紀後半におけるこの要素論的－力学的研究伝統の破竹の進撃を、ボルツマンは適切な比喩を使って、次のように報告している。

☆53 Diderot, d'Alembert [1751/80], tom II, p.969, mouvement の項目。

☆54 Laplace [1814], p. 3.〔邦訳一〇頁〕言うまでもなくこのラプラスのデーモンは、ポパーが徹底的に批判した「科学的」決定論の原型である。第7章第2節参照。

> ある国が近隣諸国に比べて大きな成功を収めると、ふつうその国はこれらに対する支配権を要求する。それだけでなくこれらの国を征服し、隷属させようとする。これと同じことが科学の分野でも起こっている。力学は、ほどなく全物理学における支配権を獲得した。まず音響学が当然これに無抵抗に従属した。……同じことが光学でも起こった。……熱は物体の最小部分の運動であるという考えにもとづいて、力学は熱理論の領域へ出兵を開始した。……電気と磁気も電磁流体の仮説によって力学の法則に従わされた。☆55

このように、要素論的－力学的研究伝統は物理学を「征服」した。もちろん、その進撃は順風満帆だったわけではない。とくに、熱理論におけるエネルゲティークとの争いは熾烈をきわめた。

一八八五年の講演で、オストヴァルトは「力学の方程式にはみな時間の符号が入れ替えられるという性質があるが、純粋に力学的な世界ではわれわれの世界の意味での前後関係がない」としたうえで、「現実の自然現象の事実としての非可逆性は、力学の方程式では記述できない過程が存在することを示している」☆56として、いわゆる要素論的－力学的研究伝統を批判した。だがこれに対してボルツマンは、確率を援用した統計力学を樹立し、非可逆性の困難を解決する一方で、逆にエネルギー概念だけでの理論構築の不備を指摘した。☆57 結局エネルゲティークは、実験事実によって要素論的－力学的研究伝統の軍門に下ることになる。

☆55 Bolzmann [1925], pp. 311-312. ユルモによれば、こうした力学帝国主義が本書二〇五頁以下で見た方法論的決定論と独断的決定論の混同を引き起こしたという。Ullmo [1969], pp. 181f.

☆56 Ostwald [1916], p. 230.

☆57 Bolzmann [1925], pp. 128-136.

　このようにして全物理学を征服した要素論的－力学的研究伝統は、いよいよ自然科学のほかの分野にも進出しはじめ、その勢いは止まるところを知らない[☆58]。もっとも、要素論的－力学的研究伝統もひとつの世界像である以上、その統一を目指すのはむしろ当然だったと言える。だが各分野におけるこれの支持者たちは、勝手に「非科学的」とか「不完全」などのレッテルをつくって、要素論的－力学的研究伝統と相容れないほかの研究伝統を抑圧し、排除しようとした。すでに一八世紀において「あらゆる自然現象の力学的説明という考えは、ついに科学のドグマに硬化してしまい」、これを推進する啓蒙主義者たちの「図式に合わないものはことごとく無視され、嘲笑され、否定されたのである[☆59]。」

　こうした要素論的－力学的研究伝統の権威は、二〇世紀における物理科学のさまざまな展開によって今では失墜したように見える。だが、権威主義的な現象がなくなったわけではない。たとえばポパーは、コペンハーゲン派を批判し続けてきたが、その理由は主観主義的な傾向を批判するためという理由のほかに、物理学は道の終わりに到達したのであってさらなるブレイクスルーは不可能だとするコペンハーゲン派の「道の終わり」(the end-of-road)のテーゼが権威となっているからと考えたからであった[☆60]。

　科学がほんとうに自由で公正な議論の理想ならば、最終的に正当化されていないこのような権威による一元化は許されないはずである。「抑圧しようとしている意見が間違っていることにわれわれは決して確信をもてないし、また仮りに確信をもてるとしても、これを抑圧することはいぜんとして害悪である[☆61]。」だが、こうした覇権主義を防ぐことは可能だろうか。正当化

☆58　Bolzmann［1925］, p. 312f.
☆59　Whitehead［1926］, pp. 74, 75.〔邦訳七八、七九頁〕
☆60　Cf., Popper［1982b］, pp. 6f. ポパーにとって「量子力学は、ほかのどの物理学理論とも同じように推測である。」Popper［1971］, p. 183. 広重によれば、現在では量子論はアインシュタインよりも主としてボーアによって展開されたという印象が一般に流布しているが、その原因のひとつとして、こんにちの理論物理学における指導的な理論家の多くがなんらかのかたちでボーアの「息がかかった」人たちだったことがあげられるという。広重［1970a］, p. 282.
☆61　Mill［1859］, p. 143.〔邦訳三八－三九頁〕

主義的な議論を知り尽くしている要素論的 - 力学的研究伝統の支持者なら、「正当な根拠がないではないか」という批判に対してこう答えるだろう。「最終的な根拠としての目的が異なるのだから、われわれは他の研究伝統が正当な根拠を欠いていると批判することはできない。だが逆に、他からもわれわれの研究伝統をこのようにして批判することはできないはずである。おたがい様なのだから。」こうして、合理的な議論は崩壊し、残るのはクーンが描いたような改宗のようなものしかなくなってしまうだろう。

こうして、正当化主義的な議論から必然的に生じてくる多元的状態から、さらにおたがい様の議論が生じ、結果的に自由で公正な議論を抑圧する覇権主義が合理的に守られるという合理主義にとってまさに壊滅的な事態が招来されてしまった。しかし、正当化主義的な構想ではこの事態に対処するすべがない。

6　問題設定の転換

自由で公正な議論を守るためにこうした力や権威がものをいう状態を避けるべきとするならば、もう一歩進んで目的レベルの合理的議論の可能性を探る必要がある。けれどもこれまでの立場では、それは不可能である。とくに、「どのようにしてもっともよい理論、方法、目的を選び出すか」といった正当化を志向する問題設定自体が、せいぜいあるものをほかのもので置き換えるといった程度のことしか可能にしない。

ポパーによれば、このような正当化を志向した問題設定は、すでに第1章で見たようにすべてなんらかの権威主義的な答えを予想しているという。ポパーは伝統的政治哲学と伝統的認識論を例にとって、その根底にある権威主義的問題設定の構造を次のように摘出する。

知識の権威ある源泉はなにかという伝統的な根本問題は、プラトンによって立てられたような国家哲学の伝統的な根本問題、つまり「だれが統治すべきか」という問いに対応している。この問いが要求しているのは、権威主義的な答えである。伝統的な答えは、「もっとも善良なる者」とか、「もっとも賢明なる者」などであった。だが、これとはべつの種類の「民衆」とか「最大多数」などの見かけ上はリベラルな答えにしても、権威主義的な問題設定の枠組みにとらわれたままである。☆62

このような権威主義的な問いが、一元的で不変な社会を前提にしていることはあきらかである。さらにこの問題設定が、これまで見てきた正当化志向の問題設定とよく似ていることも言うまでもない。☆63 ふつう科学はあらゆる知識活動のなかでも最高であり、科学的方法こそ科学の最大の特長であると捉えられている以上、科学論の問題設定のうちでもっとも重要なのは、科学的方法とはなにか、その正当化の根拠たる科学の目的はなにかという問題であり、これに対してさまざまな権威主義的答えが出されてきたのは、これまで見てきたとおりである。

しかし、そもそも目的レベルの合理的議論の可能性を探らなければならなかったのは、まさにこうした権威主義を断ち切るためではなかったのか。つまり、多元的状態のもとでのおのお

☆62 Popper [1984a], p. 57.〔邦訳八五頁〕Cf., Popper [1945], vol. I, pp.120f.〔邦訳第一部一二六―一二七頁〕, Popper [1963], pp. 24f.〔邦訳四二―四四頁〕, Bartley [1962], p. 110.

☆63 ポパーによれば、「あなたはそれをどんなところから知ったのか、あなたの主張はどのような源泉を拠所にしているのか、どのような知覚があなたの主張の基礎にあるのか」といった伝統的認識論の問題設定も同じく権威主義的である。Cf., Popper [1963], pp. 24-25.〔邦訳四二―四三頁〕, Popper [1984a], p. 56.〔邦訳八四頁〕

のの研究伝統の存立を脅かすような権威や圧力を防止するためである。だとすれば、正当化志向の鳥瞰的な観点はもはや不必要なだけでなく、避けなければならない。

したがってここにおいて、正当化を志向するような答えを要求するこのような問題設定そのものを変換する必要がある。ポパーは先に触れたような権威主義的問題設定を、「悪い支配者、無能な支配者がもたらす害悪を可能なかぎり最小にとどめるような政治制度を築きあげるために、いったいなにができるか」というかたちに変換することを提案し、こうすることによってだけ国家についての合理的理論が打ち立てられると主張する。[☆64] 同様に、目的の正当化を志向するような合理的議論はもはや不可能なのだから、ここで残されているのは逆の方向性を志向する立場、つまり批判的議論である。ポパーが伝統的政治哲学においておこなったように、ここでも問題設定そのものを新たに、「各研究伝統の目的はどのようにして効果的に批判できるか」というかたちに転換する必要がある。

7　実現可能性による目的批判

では、目的に対する合理的批判はどのようにして可能なのだろうか。従来の合理主義の立場では、批判とは正当化されていないことの指摘であり、批判はつねに正当化を前提にしてきた。しかし正当化がこれまで見てきたような限界をさらけ出している以上、もはやこれを前提にすることはできない。ではこうした正当化を前提にしない批判とは、どのような批判だろうか。このことを見るために、まず事実と決断の二元論にコミットしているポパー自身が実際に帰納

☆64　Popper［1945］, vol. I, pp. 120–121.〔邦訳第一部一二六――一二七頁〕, Popper［1963］, p. 25.〔邦訳四四頁〕, Popper［1984a］, pp. 57f.〔邦訳八六頁〕また、cf., Bartley［1962］, p. 111.

主義の目的を批判している事例をここでもう一度振り返ってみよう。

すでに第2章で見たように、ポパーは長年にわたるその批判的活動において、帰納主義をその枠組みから徹底的に批判した。帰納主義の目的は知識の確実性を確率論により数量的に表現すること、より厳密に言えば、科学的知識であることを標榜して提出されるさまざまな理論の客観的受容可能性の尺度を数学的確率論の諸定理によって作り出すことであった。帰納主義者たちはすでに科学的知識といえども絶対的確実性はないと認めていたが、科学的知識の確実性は他の知識に比べればはるかに高く、絶対的確実性を表わす1にきわめて近いと直観的に信じていた。そこでライヘンバッハは、このような直観的確信を統計的確率にもとづいて厳密に表現しようとし、与えられた仮説とその初期条件の無限集合のおのおのの要素とここから導出される観察可能な単称命題について、両方がともに真である場合の数の相対頻度を確認し、その極限値を仮説の確率尺度と見なすことによって科学的普遍命題の確実性を計算しようとした。だがこれに対してポパーは、ここでは個別事象の確率と仮説の確率を同一視すると、いかなる仮説であれ帰納主義の統計的確率によって測られるその確実性の値がすべて0になってしまうことを示した。

ここでポパーが示したことはなんだろうか。それは、帰納主義の目的は実現不可能だということである。この実現不可能性を示すことにより、ポパーは帰納主義の目的を批判しているのである。また古典的な力学的決定論の伝統は、現在を正確に知ることができれば未来を正確に予測することができるという想定のもとで物理的世界の確定的な記述を目指そうとしていたが

（第7章第2節参照）、量子力学における不確定性関係などによって、ミクロの対象の位置と運動量を同時に正確に確定することが不可能なことが示されて、力学的決定論の原則の前提部が実現不可能となってしまった。[☆65] そして第7章で見たポパーの「科学的」決定論批判も、この決定論の目的が実現不可能なことを示そうとしていた。こうして決定論の目的は、もちろん決定的にではないが現在までにかなり効果的に批判されてきている。

これらの批判において暗黙のうちに前提にされているのは、ought-implies-can（Sollen impliziert Können）という規則であり、その対偶である。たとえばバートリーはこの規則について、道徳的行為について論じるさいに、次のように論じている。

しかしながら道徳的命令に対する事実からの批判は、道徳を検討するさいに深くしみ通るような役割を演じている。ほとんどすべての道徳はある種の義務を課す。しかし遂行が不可能であれば、一般に義務から解放される。あるいは少なくとも、その義務が減じられる。これは通常の道徳的な議論においてと同じように、法においても成り立つ。[☆66]

またアルバートも、この規則を価値と事実の橋渡しをする架橋原理（Brücken-Prinzip）と呼んで、次のように説明している。

ここでは、ある程度まで架橋原理が問題である。それは当為文と事実言明を橋渡しし、そ

☆65　Heisenberg［1927］, p. 197.〔邦訳三五四頁〕
☆66　Bartley［1962］, p. 201. バートリーは意見や推測を批判する手段として、（1）整合性、（2）感覚的観察による反駁、（3）科学理論との矛盾、（4）問題解決の成功、の四つのチェック・ポイントを指摘しているが（Bartley［1962］, p. 127）、ここで述べている架橋原理による目的批判は、第四のチェックにあたるだろう。

してそれによって倫理と科学を橋渡しするための格率である。そしてその機能は、規範言明に対する科学的批判を可能にすることにある。……この命題はいくらか古い格言「だれも能力以上の義務を負わない(ultra posse nemo obligatur)」に対応する。その意味は、これと論理的に等価の対偶「Nicht-Können は Nicht-Sollen を含意する」を考えてみれば、よりはっきりするだろう。☆67

バートリーが言うように、これは法の世界ではよく知られた規則であって、普通は個人の行為について道徳的、法的判断を下すさいに利用される。だがこの規則は、科学などの合理的営為の目的を批判するさいにも応用できるというのがここでの論点である。つまり、目的に対する正当化を前提にしない批判とは、目的の実現可能性によって可能なのである。ある目的が実現可能であっても、このことがその目的の正当化になることはないが、逆にその目的が実現不可能であれば、それを指摘することでその目的を合理的に批判することができる。☆68

架橋原理を利用した批判が正当化とは結びついていないことは、以下に示すとおりである。義務論理と様相論理の演算子を使って前記の規則を表現すると、$Op \rightarrow Mp$となる。ここでpは事象や行為を表わす変項である。ここでの議論では、

$$(Op \rightarrow Mp \wedge \sim Mp) \rightarrow \sim Op$$

☆67 Albert [1968], p. 76.〔邦訳一一七頁〕, cf., Albert [1977], p. 48. こうした架橋原理によって価値批判が可能であるという批判的合理主義者の議論は、バートリーやアルバートのほかに、Watkins [1957/58], 小河原 [1993], pp. 241-245などに見られる。またワインガルトナーは、価値判断の反証可能性をポパーの反証可能性との類推で形式的な観点から研究している。Cf., Weingartner [1985].

☆68 ポパーは『探求の論理』を執筆していたころは、「目的の選択は決断の問題であり、それについては議論によって争うことはできない」と述べていたが、のちになって「真理に関心があり、たがいに認め合う用意があるパートナーとは合理的な討論がつねに可能であると考える」と述べている。Popper [1934], p. 12, Popper [1959a], p. 37.

という式を利用している。もっともきわめて単純に記号化したので、後件は「pであるべきではない」という明確な否定のかたちになっているが、事実によって価値判断を否定できるかどうかは、あとで見るように疑問の残るところだろう。しかし、事実と価値の二元論が禁止しているのは、事実判断から価値判断を導き出すこと、つまり事実によって価値判断を肯定することである。様相論理では$p \to Mp$が成り立つので、そのような議論は形式的には、

$$(Op \to Mp \land (p \to Mp \land p)) \to Op$$

というかたちになるが、これはあきらかに後件肯定の誤りになっている。つまり、たとえある目的が実現可能でもそれは決して正当化されない。ある研究伝統の目的がどれほど大幅に実現され、成功したとしても、その成功という事実からその伝統の目的を追求すべきだという決断はいっこうに出てこないのである。だが逆にある目的が実現不可能ならば、それは批判の対象となる。そしてこの種の議論は、じつは科学においてよく使われている。

このように、ある目的はその実現不可能性を指摘することによって批判できる。これは第6章でも触れたように、精神主義が主観主義的な非合理の権化であるだけに、きわめて重要な合理的な批判である。目的の実現可能性が、事実によって否定されているにもかかわらず、なおも不可能なことをただやり続けるだけのは、一面では主観主義的な狂信の現

〔邦訳四五頁〕この種の考え方の変化は、むしろ、『開かれた社会とその敵』において顕著であるが (cf., Popper [1945], vol. II, chapter 24)、これについてはバートリーの影響が認められるかもしれない。Cf., 小河原 [1993], pp. 54-62.

われでもあるが、また一面ではものごとを合理的に突き詰めて検討することを怠っている怠慢でもある。架橋原理が否定されてしまえば、可能か不可能かについての冷徹で合理的な判断はないがしろにされるだけである。[☆69]

8　批判的議論の精緻化

さて、目的に対する合理的批判は大筋で以前述べたようになるが、ここでは事態を大幅に単純化しているので、ここで次のように異論を唱えられるかもしれない。「われわれはこれまでの議論において、目的を異にするおのおのの研究伝統は共約不可能であると、つまり、共通の規準は存在しないと想定してきたはずなのに、ここで cannot implies ought not というテーゼをそのような共通の規準として暗に想定してしまっているのではないか。」

これに対しては次のように答えられる。たしかに、ここでは目的の実現可能性をさまざまな異なった目的を批判するための共通の規準として考えている。それゆえ、これを共有しない目的はこれによって批判することはできないだろう。しかし、この規準を共有しない目的とはどのような目的だろうか。それは実現を目指さない目的なのだから、ほかの目的から見ればたんなる画餅でしかなく、現実的に実現されて勢力を伸ばし、やがて脅威となる恐れなどはない。合理主義の第二の原則は権威や力で威圧することを排除するが、こうした画餅の目的はこの原則にとっていわば無害である。それゆえ、これを批判する必要はない。

☆69　もっとも、正確に言うと、精神主義といえども不可能なことでもやるべきだとは言っていない。問題は、不可能かどうかの事実問題が、精神というきわめて曖昧で主観的な概念によって捻じ曲げられ、架橋原理の前件が独立テスト可能でなくされてしまっていることである。このため「精神力によって不可能事も可能になるはずだ」という精神主義的命題は、反証不可能にされてしまっている。ことが成就しなかった場合には、いつでも「意欲、精神力が足りなかったからだ」といって言い逃れが可能だからである。

さらにまた、次のような強力な異論も提出されてくるだろう。実現不可能ならやるべきではないという批判は、新しく誕生したばかりの研究伝統に対しても適用できるはずだが、はたしてその実現不可能性などあらかじめ示せるのだろうか。新しいことなのだから実際にその目的を実行し、やってみなければわからないのではないか。それにたとえどんなに実現不可能に見えたとしても、その実現を目指して努力することは、はたして愚かなことだろうか。ふつう理想と呼ばれているものは、たいてい実現困難である。実現できないならやめてしまえでは、あまりにも現実主義的、御都合主義的な考え方ではないか。

この異論はまったく正しいし、実際に科学の現場でもこれと同じようなことが言われることがある。たとえばアインシュタインは、みずから追求している物理的実在の完全な記述という目的が実現困難になり、多くの理論物理学者が現象の統計的処理という目的に鞍替えして自分の目的が「内容のない形而上学的偏見」として非難されるようになると、逆にそのような現象のみの処理という目的こそ浅薄な実証主義であるとやり返して時代の流れに安易に同調せず、死ぬまでその信念を曲げなかった。

たしかに、本当に実現不可能かどうかは実際に実行してみなければわからないだろう。だがそうだとすれば、実際に実行してみるべきではないか。可能かどうかを知るために、手をこまねいていないでまえに向かって進むべきではないか。ある目的にコミットしている当事者なら、その実現不可能と思われる部分を克服するために、それがいったいなんなのかをはっきりと識別（discern）し、認識する必要がある。その実現を促進するために、むしろ進んで批判的議論に身を投ずるべきだろう。

アインシュタインもまたこの道を選んだ。彼はたんに物理学上の実証主義的傾向に対して不満を述べ立てるだけでなく、みずからコミットしていた実在論的な研究伝統の目的のまえに立ちはだかり、これの実現を不可能にしている不確定性関係に繰り返し批判を加えた。

不確定性関係については、運動粒子の位置と運動量のあいだに成り立つ関係のほかに、量子論の公式 $E=h\nu$ と $t=1/\nu$ の両辺を掛け合わせると、$\varDelta E\varDelta t \geqq h$ というエネルギーと時間の不確定性関係も導かれる。すなわち、時間とエネルギーのあいだにも不確定性関係が成立する(本書二〇一頁参照)。アインシュタインはこれを批判するために、一九三〇年の第六回ソルヴェイ会議でボーアに次のような思考実験を突きつけた。☆70 まず側面に穴の開いた箱を考える。この箱は内蔵された時計仕掛けで、一定の時刻にごく短時間 $\varDelta t$ だけシャッターが開くようになっており、このなかには一定量の輻射も入っている。ここでシャッターを開けて単一の光子を箱から出す瞬間の $\varDelta t$ は、いくらでも高い精度で測定できる。またその放出された光子のエネルギー $\varDelta E$ は、特殊相対論の有名な $E=mc^2$ という関係式から、放出前後の箱の質量の差を測定することによって正確に決定できる。こうして $\varDelta t$ と $\varDelta E$ は同時にいくらでも高い精度で測定でき、かくてエネルギーと時間の不確定性関係は論駁された、というのがアインシュタインの議論である。

この議論にはボーアも困惑したらしいが、彼は次の重大な事実を指摘することによって、

☆70 Cf., Bohr [1949], pp. 224ff. 〔邦訳二四五―二四七頁〕

アインシュタインに反論した。箱の質量を計るためにはこれを鉛直方向に可動状態にしておかなければならない。さて、光子の放出の前後では箱の重力加速度gがわずかながらも違ってくるが、gの値が異なる二点では時間の経過も異なるという一般相対論の帰結により、光子の放出時点の測定に不確定性が生じてしまう。つまり、ボーアはアインシュタインの理論を逆手にとったのである。[☆71]

しかしアインシュタインは負けずに、今度は「(1) 量子力学での波動関数による実在の記述は不完全であるか、それとも、(2) [可換ではない演算子によって記述される二つの物理量] には同時の実在性がないか」という選言において、「(1) が誤りなら (2) も誤りである」という結論を導くパラドックスを構成し、量子力学をさらに批判しようとする。

このように見てくると、異なる目的をもつ二つの伝統が不確定性関係や相対性理論まで巻き込む理論のレベルで議論を展開している。すなわち、目的レベルの議論が理論レベルでの代理戦になっていることがわかる。不確定性関係を認めればアインシュタインの目指す実在論的な目的は実現不可能になるが、他方この公式が論駁されれば、今度はコペンハーゲン派の目的が破綻をきたす。クーンは理論選択に価値選択が介入する場合について「どちらもたがいの正当化を与えることはできない」と述べているが、今見たようなアインシュタインとボーアの論争は、まさにそのようなケースの典型と言えるだろう。正当化主義的な観点からは、このようなケースは否定的にしか捉えられないだろうが、今や目的

☆71　ボーアのこうした議論に対して、ポパーは次のような異論を唱えている。「ボーアが言うように量子論の無矛盾性を救うために($(E = mc^2)$と結びつけて)アインシュタインの重力理論のある特殊な定式を仮定しなければならないとすれば、これは量子論がニュートンの重力理論と矛盾するという奇妙な主張と同じことになり、さらにはアインシュタインの重力理論……の有効性が量子論から導き出せるといういっそう奇妙な主張と同じことになる。」Popper [1934], p. 402, Popper [1959a], p. 447.〔邦訳五四九頁〕

をめぐる議論にその実現可能性を支える理論選択が介入しているという逆の見方をすることができる。

もちろん、このような議論は最終的な目的にかんする議論なので、いくら理論のレベルで議論を重ねても、どちらかを決定的に選ぶというかたちで決着をつけることはできないだろう。これは、事実によって理論を決定的に反証できないのと同じである。実際、ボーアらの議論によってアインシュタインの目的は劣勢に立たされはしたが、決して否定はされなかった。ここで目的を事実によって否定できると考えてしまうならば、それは厳密な意味において事実と価値の二元論に抵触することになる。

目的は決して否定されないという今ここで確認された論点は、目的についての批判的議論を改良していくための契機となる。目的の実現不可能性を指摘することによる批判とは、決してそれを否定したり排除したりすることではない。「批判」を意味するヨーロッパ語の critique、Kritik という言葉は、元来 able to discern、すなわち見分ける、識別できるという意味をもつ。つまり批判するということの原義は、それを細かく見分けていくということであり、否定とか非難などの意味はない。このように目的レベルの批判的議論とは、その目的を含む研究伝統全体が参加し、その実現可能な部分と不可能な部分を識別することによって、全体を精緻化（elaborate）していく議論なのである。☆72

となると目的についての批判的議論は、先の反論により次のように精緻化される。ある研究伝統 R_i にはその目的 A のほかに、A の実現を可能にすると考えられている方法 H_i や、

☆72　こうした意味で「批判」を捉えるケースは決して稀ではない。Cf., Popper [1963], pp. 50f.〔邦訳八六－八七頁〕

諸理論T_jまたその他さまざまな条件C_kなどがその要素として含まれている。もちろん、R_1にはAを追求すべきであるという規範文も含まれている。さて、敵対する研究伝統R_2の視点から、Aの実現不可能性が指摘されたとする。すると、この事態は次のように図式化される。

$$(OA \wedge H_i \wedge T_j \wedge C_k) \rightarrow MA$$
$$\sim MA$$
$$\overline{}$$
$$\sim OA \vee \sim H_i \vee \sim T_j \vee \sim C_k$$

これを見ると、Aの実現不可能性の指摘がただちにAを実現すべきであるという文の否定には結びつくものではないことがわかる。R_1の支持者は$\sim MA$の原因を方法H_iに帰することもできるし、理論T_jに帰することもできる。また、条件C_kが整っていなかっただけだとすることもできる。そこでこれらの要素のうちどれかを修正し交換して、またやりなおすことができる。このやり方はいくらでも繰り返せる。こうしてAは保持され続けてもR_1は全体としての変容をよぎなくされ、より精緻化されていく。

この図式は、いわゆるデュエム－クワインのテーゼのヴァリエーションである。[☆73] R_2からのR_1に対する批判は、たとえそれがAに向けられた批判であったとしても、R_1全体に吸収

☆73 Duhem［1906］, p. 284.〔邦訳二五二―二五三頁〕また、第4章第6節参照。

される。そしてその答えとしてR_1の要素のうちどれに変更が加えられるかは、論理的には決められないことである。

事実と価値の二元論はこれまで事実によって目的を完全に否定してしまうことを禁止してきたが、この図式を見れば論理的にも目的を単独で否定し去れないことがわかるだろう。たとえ指摘された実現不可能性が理論内部の論理的な内部矛盾であったとしても、目的を絶対的に否定し切ることはできない。というのも、論理的な実現不可能性の指摘はつねになんらかの条件を前提とするかぎりにおいて可能であるが、端的にその前提条件のどれかを修正する、あるいは取り除くことで矛盾を解消することは可能だからである。

そのような場合の例として、たとえばカルナップの帰納論理の展開があげられる。すでに第2章で見たように、カルナップの研究の目的は経験的証拠による仮説の確証度を論理的確率によって測ることだったが、このカルナップの研究でも個々の観察の報告命題から全称命題である仮説への推論（全称推理）のさいの確証度が0になってしまうことが示された。そこでカルナップは、仮説の確証事例の連鎖が確証度を高めるという肯定的事例の定理を導入した。このように帰納主義はその理論、方法、適用範囲などにいろいろと修正を加えていくことにより、その目的の当初の論理的実現不可能性を回避し続けた。しかしその代わり、帰納論理は全体としてもとの姿からかなり変わってしまい、その目的の実現可能な範囲もかなりはっきりと確定されてくるようになった。つまり、目的の精緻化が進んだのである。☆74

☆74　このように、批判によって変わることができたという意味では、カルナップの思想はきわめて合理的で科学的であったと評価することができる。ポパーも、カルナップのこうした態度に敬意を表していた。Popper［1963］, p. 245.〔邦訳四八四頁〕, Popper［1990］, p. 5.〔邦訳七一八頁〕

こうして、どの研究伝統の目的も批判的検討を免れることはない。批判によって伝統自体が淘汰されてしまうことはないにしても、もはや無傷でいることはありえない。その傷が目的にとって手足である方法や理論をほとんどもぎ取ってしまうほどのかなりの深手になる場合もあるだろう。しかし逆に、ボーアが「アインシュタインの関心と批判は、原子の現象を記述するという状況のさまざまな側面を再検討するためのもっとも価値ある動機付けを与えてくれた☆75」と言っているように、批判によって研究伝統全体が強化され、改良される場合もある。この場合、批判は研究を前進させるための推進力になる。

たとえばコペルニクスは地動説をたんなる数学的な道具としてではなく、実際の宇宙の構造を捉える理論として提出したが、そうである以上彼は天動説の基礎であった当時の自然学からくる次のような批判にも答えなければならなかった。もし地球が回っているとすれば、「地上にしっかりと据えられていない物体はすべて地球の動きとは反対の方向へ動くように見えるだろうし、雲や、飛んだり投げられたりした物体は東へ動くことはないだろう。なぜなら、東へ動く地球の動きはつねにこれらに追いつき、追い越してしまうからであり、このため、他の物体はみな西の方へ後退するように見えるだろう☆76。」この批判に答えられなければ、実在する宇宙を説明するという地動説本来の目的は果たせない。そこで地動説側にとっては、当時の自然学をそのまま認めてこれと地動説との食い違いをなんとか解消させてしまうか、あるいは地動説に合致する新しい理論体系をつくりあげるかのどちらかの道をとらざるをえない。コペルニクス自身ははっきりとした態度をとらなかっ

☆75　Bohr［1949］, p. 218.〔邦訳二三七頁〕Cf., Popper［1994a］, p. 57.〔邦訳一一一頁〕

☆76　Ptolemaios［1984］, p. 45.

だが、☆77 彼に続いたガリレイ、ケプラーらの地動説論者は後者を選んで新しい力学を建設していった。そしてそれ以降の自然研究では、地動説の立場からガリレイ、ケプラー、ニュートンらによって地動説に対するこうした批判が問題とされ、解決が試みられて、やがて地動説を支える古典力学が形成されていった。とすると、もし天動説からのこうした批判がなかったら、地動説はアリストテレス流の自然学の域を超えられなかったかもしれないとさえ言えるだろう（この点については、第4章第9節参照）。

もちろん批判によって研究が推進される場合でも、精緻化されるもとの研究伝統は決して無傷、不変ではありえない。たとえば地動説の精緻化の過程では、コペルニクスが固く信じていた円運動の完全性という考えは、結局ケプラーによって捨てられた。だが精緻化としての批判は、これによって結果的には後退をよぎなくさせられる場合があるにせよ、本来は個々の研究伝統にとって否定的な意味合いはまったくない。むしろ、おのおのの研究活動の推進力となりうるという点では建設的である。それが目的レベルの合理的議論を可能にしている。

このように科学者も合理主義者も、実際に合理主義の二つの原則に抵触しないかたちで、目的のレベルにおける批判による合理的な議論をおこなっている。それにもかかわらず、彼らが目的レベルでの合理的な議論が不可能であると思い込んでしまったのは、すでに見たような正当化志向の問題設定、つまり「どのようにして最上の目的を選び出すか」という権威主義的な問題設定にとらわれていたからではないかと思われる。

☆77 Cf., Copernicus [1543]，〔邦訳一五—一六頁〕

たしかに批判的議論によっては、どの目的を選ぶべきかという問いに答えることはできない。しかしそれだからといって、ここから短絡的にすべての目的はみな同じだとか、なんでもかまわないなどということは決してできない。目的は実現されるべき価値として立てられているのであり、この点については事実にもとづいて議論を展開することができる。つまり否定的な側面において、事実と決断は接点をもっていると言える。

9　現代における目的批判

以上見てきたように、なんらかの目的を正当化するようなより上位の共通の規準がない、つまりおのおのの目的は正当化にかんして共約不可能であるにもかかわらず、このレベルでの合理的議論は必要であれば批判的議論によって可能なのである。ここで必要であればと付け加えたのは、このような批判的議論は、目的同士の論争が生じる可能性のないところや、そのような論争の決着が権威や力によってつけられる恐れのないところでは必要ないからである。逆に言うと、目的レベルの批判的議論を振りかざして、まだ生まれたばかりで実現可能性に乏しいひ弱な研究伝統の息の根を止めてしまうようなことは、多元的状態の理念からすればつつしまなければならない。

批判的議論では、正当化的議論と違って最終的な決着がつけられないのだから、議論を終わらせることはできない。それゆえ暫定的であるにせよ、目的の選択にとっての直接の原因となるのは、批判的議論ではなく決断だけである。しかしこの批判的議論は、少なくともバートリーが言うように、合理主義の第二の原則に反する手段によって支配的になった伝統の権威をおたがい様の議論を使って守ろうとすることは阻止できると思われる。[☆78]

さて、ここで次のように言われるかもしれない。「ではその目的が実現可能なら、いかなる研究も実行していいのか。」広重によれば、自然の存在がなんであり、どういう構造をもつかという難問を避け、経験を処理するうえでの有効性という目標に鞍替えして役に立つと認められるにいたった現代科学は、このことによって体制化し巨大化したという。[☆79] もしそうだとすれば、この動きの根底には困難を避け、たやすく実現できる手頃な目標だけを追求する安直な御都合主義があると言えるだろう。となると、目的の実現不可能性による批判というテーゼは、このままではあきらかにこうした御都合主義に迎合してしまうことになりかねない。

もちろんすでに述べたように、実現可能なら実行すべきだとは決してならない。この反論に対しては、非正当化主義の立場からこの批判が目的の正当化とはいっさいかかわりをもたないことを指摘しよう。つまりある目的が実現可能であると示されても、それがただちにその目的の正当化にはならないからである。もし、ここで実現可能性という事実からその目的を選ぶべきだと結論すれば、それこそ合理主義の二元論の原則に抵触することになる。

しかし実現可能である以上、実行すべきでない、あるいは実行してはならないということも決して言えない。この点で禁止されていないのだから、目的の多元的状態を認める観

☆78 Bartley [1962], pp. 161ff.

☆79 広重 [1970a], pp. 309-313.

点からは、この反論に対しては「そのとおりである」と答えなくてはならないだろう。では兵器開発や遺伝子操作なども、実現可能な分だけ実行してもよいというのか。

もちろんわれわれはこうした研究に対して、ふつう警戒の念を抱いたり、反対したりもする。つまり、これらを批判的に見ているのである。こうした研究を批判的に見るのは、やはりこの場合でもわれわれがふつう実現されるべき、あるいは維持されるべきと考えている理念がこれらの研究によって阻害され、脅かされると考えているからではないだろうか。たとえばクローン人間の製造に反対するのは、これによって基本的人権が完璧に尊重される倫理的な理想社会の実現が妨げられると考えるからこそである。つまりクローン人間研究には、現代文明社会の科学的研究として、当然、基本的人権の尊重という目的も前提として含まれており、この前提のもとでのクローン人間製造の不可能性が指摘されている。また核兵器の開発に反対するのも、人類の存続という大きな目的が脅かされると考えるからだろう。だから、この次元でも目的の実現可能性に着目する観点が必要になる。

だがこの次元での議論には、これまでとは大きく異なっている部分がある。それはすでにあきらかなように、目的の実現可能性を批判的に検討するさいに、ある個別の研究伝統の個別の目的だけを取り出すのではなく、それが置かれた環境や脈絡までも視野に入れて、その研究伝統には直接関係ないと思われるような上位の複数の目的まで考慮している点である。要するにここにおいて大切なのは、価値や目的を批判的に検討するさいには、科学理論を批判的に検討する場合にもまして、第4章で見たようなホリスティックな観点が必要なのである。目的や価値をバラバラに切り離してしまっては、どこに本当の問題があるのかが見えなくなってしまうからである。もし批判のためだけに批判をするのなら、理論と同じようになんらかの目的も切り離して孤立させれば効果的な批判は可能になるだろう。だが、それでは重大な意図せざる結果を招いてしまうかもしれない。たとえば、ただ戦争に勝つという目的だけを切り離してしまっては、敵味方双方の全滅という事態を招いてしまうかもしれない。また、新しい化学物質をただ目先の利益のために生産し続ければ、それがやがて環境に対して重大な影響を及ぼしてしまうかもしれないのである。だからこうした活動の目的を批判する場合には、第5章で論じたような当事者意識のもとで、ピースミールに生き残りを図っていくという観点こそが肝要であり、このためには批判的検討の対象を体系として長期的な視点から扱わなければならない。

このように目的批判のために指摘される実現不可能性は、たんなる物理的な実現不可能性にとどまらない。目的レベルの批判的議論では、科学的な目的と科学外の目的を峻別して前者にだけ範囲をかぎってしまうことはもはや許されないだろう。ある研究伝統の目的を批判するさいには、たんなる論理的、物理的実現可能性だけでなく、さまざまな角度からこれを見ていくことが必要である。ポパーはかつて科学者の社会的責任について、「多くの人びとが技術の進歩はいつでもわれわれを幸福にするのだろうかと問いかけてきたが、どれほど多くの回避可能な苦難が技術の進歩による不可避の意図せざる帰結であるかを見出すことを自分たちの仕事にしている人はほとんどいない」[☆80]と述べたが、現代科学技術の

☆80 Popper [1994a], p. 128.〔邦訳二二七頁〕本章第5節で見たような覇権主義は、見かけ上の実現可能性が高そうに見えるかもしれないので、これを批判するためにはこうした科学外の観点がおそらく必要になってくるだろう。

研究プロジェクトの目的を効果的に批判するためには、こうした仕事がきわめて重要になってくると思われる。

10　アカウンタビリティの必要性

だとすれば、そのように効果的に目的を批判できるためには、しかも間主観的に批判できるためには、ある研究がなにを目指しており、そしてどのような方法、手段をとろうとしているのかを事前にあきらかにしておくべきだということになる。そしてこの点で目的の定式化には、経験的命題ではないにもかかわらず反証可能性と似た規準が必要になってくる。

ある命題が反証可能であろうと目指そうとすれば、それが意味することは「言い逃れ」をしないということである。つまりどのような条件が成立したならば、テストに失敗したときにある命題にその責任があるかを、ある命題、ある理論がテストにかけられるまえにできるだけ明確に説明することである。[☆81] したがって、反証可能性が意味しているのは、その命題がいかなる条件のもとで挫折するのかを明言することにより言い逃れの道をみずから封じ、それによって失敗の原因を引き受けるということなのである。

この意味では、反証可能性を責任引き受け可能性と言い換えてもよい。だが、この場合の責任とは、通常の意味での責任（responsibility）とは若干異なる。それはちょうどウォルフレンがいう説明責任（accountability）に相当するだろう。「『説明する責任』システムの

☆81　Cf., Popper [1976], p. 41.〔邦訳上巻七〇頁〕

主眼は、恣意的で不明瞭な権力を排し、古い政策がもはや人びとの利益にならないとはっきりしたときに、すみやかに新しい政策を採用しやすくすることにある。[☆82]」この説明責任とは、ものごとを変えるための機構であり、民主主義には不可欠の考えである。ここで「ものごとを変える」とは、改良、改善を意味しているが、ウォルフレンの説明責任とポパーの反証可能性の関係をよりよく理解するためには、この改良、改善という観点から両者の関係を見る必要がある。

第7章で見たように、ポパーにもアカウンタビリティという概念がある。もっともこれは、ウォルフレンがこのことばを使っている政治、社会のコンテキストとはまったくべつの決定論論駁というコンテキストにおいてではあるが、しかし双方の議論においてアカウンタビリティということばが一致したのは決して偶然ではない。[☆83] すでに第7章で見たように、ポパーは決定論を論駁するために、そのターゲットとして「科学的」決定論を想定した。そのさい予測の失敗をたんに初期条件が十分でなかったと定性的に説明するだけではいつでも言い逃れができてしまうので、それを許さないために、算出可能性（accountability）の原理を導入したのであった。だがこの原理のお蔭で、失敗の原因を究明することができるようになり、それによって誤りを排除しつつ科学的予測を改善することが可能になった。こうしてこの改善可能性という意味では、算出可能性の原理と反証可能性の規準とは内容的に重なり合う。そしてこの条件こそが、理論とその目的をさらに改良していくうえでの最大の手がかりになる。なぜなら、この条件は改善のための因果関係を示している

☆82　Wolferen［1994］、邦訳八三頁。大胆さを尊重する反証可能性理論と慎重さを重んじるピースミール工学の思想は、このアカウンタビリティという概念を橋渡しとして責任意識という観点から統一的に理解することもできるだろう。社会政策者はユートピア的な改革にともなう犠牲の責任を回避する責任があり、そのためには軌道修正のための学習がいつでも可能な反証可能でピースミールな前進が必要とされる。Cf., Schäfer［1988］, p. 98.

☆83　ちなみにヴーヴレスによる『開かれた宇宙』のフランス語訳（Popper［1984c］）では、accountability は、responsabilité と訳されており、このことばのもつ規範的な意味がより前面に出てきている。この訳語を見ればポパーとウォルフレンの accountability が決し

からである。

以上を逆に言うと、アカウンタビリティのない伝統や組織では、それが奉じる目的に対するコントロールがきかなくなる恐れがあるということになる。つまりアカウンタビリティにもとづいた批判が不可能な場合には、事実による目的のチェックがきかなくなり、現実を無視して目的が暴走してしまう危険性があるわけである。☆84

このように科学にかぎらずいかなる活動の目的も、アカウンタビリティを維持しつつ、当事者意識をもってピースミールに実施していくことにより、批判的に検討し、改良し、精緻化していくことができるし、またそうすべきなのである。☆85

11　批判の意味

こうして目的を批判し、精緻化していくためにも、説明責任という観点から見た反証主義の考え方が有力な手がかりになることがわかる。責任の所在が曖昧であることによって生じる弊害は政治的、倫理的、道徳的、法律的など無数にあるだろうが、認識論的には学習の阻害という重大な帰結をもたらす。責任を曖昧にしておくことにより、失敗が失敗として認識されなくなるからである。

なんらかの目的をもった人や組織がみずからの行動の結果からおのれを改善しようとするとき、それは学習と呼ばれるだろう。そして行動から学習するためには、成功、失敗などのその結果をフィードバックする必要がある。しかし失敗が失敗として認識されなければ

て無関係ではないことが理解できるだろう。

☆84　軍国時代の日本においては、この危険性が現実のものとなった。たとえば、cf., 丸山［1964］、第三章など。

☆85　この点を考慮すれば、ポパーのピースミール社会工学は目的を無批判に据える悪しき官僚の哲学であるという批判（Carr［1961］, pp. 154－155.〔邦訳二三一－二三二頁〕）にも答えられる。芸術における創造的自己批判において、「実行する段になり、具体化し、起草するとなると、その芸術家にとってプランもまた誤りの修正によって変わる」（Popper［1984a］, p. 262.〔邦訳三六七頁〕）というように、社会政策のピースミールな実施によって、その目的も十分に変化しうるからである。

ば、決して失敗から学ぶことはできない。しかしながら、責任のないところに失敗の認識はない。なぜなら、目的をもった組織において失敗を認識させるのは、アカウンタビリティだからである。そして、失敗の認識のないところに失敗からの学習はさらにない。

たとえば戦争中の日本軍では、「撤退」を「転進」と言い、「全滅」を「玉砕」と言い、なにが起ころうともあらかじめわかっていたことだと言って、決して失敗を認めようとしなかった。そして、ノモンハン事件の惨敗からもまったくなにも学ばなかった。こうして個々の失敗を認めず、個々の失敗から学ぼうとしなかったために、国家が全体として失敗してしまった。このように責任の所在が曖昧なところでは、失敗はつねにごまかされ、うやむやにされてしまう。そして失敗からの学習がないため、同じことがなんどでも繰り返されてしまう。

こうした問題の解決としては、責任を明確にするしかない。そして責任を明確にすることは、行動や行動の目的を明確に説明することである。この点で、責任の取り方を明確にし、その観点からたがいに批判し合う反証主義的態度（失敗を隠さず認める態度）はきわめて重要である。☆86

批判はふつう非難と混同され、敵意の現われとさえ見られることがある。そして批判を受け容れることは屈服を意味するとも考えられ、一種の屈辱とも見なされている。たしかに、そういう侮辱的な批判もあるかもしれないが、しかしそれはたいてい相手を理解しない、たんなる誹謗中傷と同程度のものだろう。本来批判とは、論理的矛盾や事実との齟齬

☆86　こうした方向性のひとつとして、二大政党制の方が政策の失敗がよりはっきりするというポパーの政党制度についての議論はおおいに参考になるだろう。Cf., Popper [1994c], chapter 9.

を指摘することにより、批判される対象と現実を直面させる試みである。そしてその目的は、その批判対象をよりよきものにすることにある。この意味では、批判はその対象に対する真剣な関心の現われである。[☆87] つまり批判とは批判の対象を改善するきっかけ、チャンスなのである。だから批判を受け容れることは改良への一ステップである。一般に批判されて誤りを認めることは、面目を失うことに通じると考えられてしまっている。だが、ある理論や行動が誤る可能性があることを前提とする反証可能性を重視する批判的合理主義では、むしろ誤ることがありえない無謬性こそ恥ずべきことなのである。俗な言い方をすれば、いわば間違えないような奴は本物じゃない、というのが批判的合理主義、反証主義の根本的な主張である。人はこのことばにどれほど勇気づけられることだろうか。

第3章で見たように、一般には前例主義に見られるような帰納主義的な見方がはびこっているので、成功した者は続けて成功し、失敗した者は続けて失敗すると考えられがちである。失敗が極端に忌避されつづけているのも、ひとつにはこうした見方によって自己に対するイメージが固定、固着してしまうことを恐れるためということもあるだろう。しかし、本当に失敗がそのようにいつまでも長引くとすれば、それはまさに失敗を忌避し続けるからこそだとも言える。失敗を積極的に評価し、そこから学ぶことができれば、失敗した者が次に成功し、逆に成功におぼれた者が次に失敗することも十分にありうる。

批判、誤り、失敗などの意味を以上のように捉えることができるとすれば、これらは決して受け容れがたいものではないはずである。むしろ批判の意味を積極的に認めることに

☆87 Bartley [1962], p. 165. Cf., Notturno [2000], p. 53.

よって、これにともなう副産物である攻撃性や敵愾心、嫌悪感をやわらげるような礼儀、思いやり、和の精神を発達させることもできるのではないだろうか。

おわりに

これまで、批判的合理主義を非正当化主義として特徴づけることからはじめて、この思想が理論上、実際上のさまざまな問題にどのように取り組み、どのような議論を展開しているか、あるいはさらに進んで、どのような議論が展開できるかをあきらかにしてきた。「はじめに」で示唆したように、批判的合理主義の思想はきわめて理解しにくいので、これまでいろいろと誤解されてきた。しかし考えてみれば、まったくの無理解はべつとしても、誤解もまたひとつの解釈である。そして本書で提示されているのも、ひとつの解釈である。すると、ある思想について、客観的に正しい理解、解釈などありえるのだろうか。これこそ唯一の正統的な解釈であると主張する権利などどこにあるのだろうか。たとえ正しい解釈があったとしても、これこそまさに正しいのだと、どうしたらわかるのだろうか。

この点について少なくとも批判的合理主義の精神にのっとって言えることは、そのような正統の解釈などないし、解釈の正統性を正当化しようとする試みはみな等しく批判されるべきだということだろう。批判的合理主義者にとってもっとも忌避すべきことは、誤った理解、解釈があることではなく、批判的解釈であれ好意的解釈であれ、一方的、一面的にしか解釈されないことではないだろうか。それゆえ本書においては、これまでポパーと批判的合理主義の思想について、一方的、一面的にしか理解されておらず、通念として見方が固定されてしまっていると思われる論点については、あえて従来とはまったく異なる解釈、見方を打ち出した部分もある。

本書において読者に伝えたかったメッセージはいくつもあるが、そのうちのひとつとして、ここでは批判的合理主義の思想が実際に役に立つということを指摘しておきたい。もっとも、役に立つというと、それではそれは道具にすぎないのかと言われるかもしれないが、この思想がそんな程度のものでは決してないことは、本書を通じてあきらかになっていると思う。それは現場の具体的な実務から政治や社会の究極目標のコントロールまで、あらゆる場面で、あらゆる意味において役に立つのである。この点はモノー、エックルス、メダワー、ボンディなどの科学者だけでなく、シュミット、ワイツゼッカーなどの政治家やソロスなどの実業家も指摘してきた点である。だからポパーと批判的合理主義者の思想は、学問研究者だけでなく、一般の実務に携わっている人たちにも広く知ってもらいたいと思う。

本書を執筆するにあたっては、何人かの方のお力をお借りすることができた。本書を原稿の段階で読んで貴重なコメントを寄せて下さった小河原誠氏と立花希一氏には大変お世話になった。とくに小河原氏は本書の執筆を勧めて下さり、出版にあたってはさまざまな面でご支援下さった。ここで改めて謝意を表わしたい。また、研究や討論のための場を提供してくれた日本ポパー哲学研究会にも感謝したい（研究会のホームページは、http://www.law.mita.keio.ac.jp/popper/）。本書は読者がポパーの思想の基本的な部分を理解されていることを前提にして議論を進めているが、この点で十全を期したいと思われる読者には、小河原誠著『ポパー——批判的合理主義』（講談社、一九九七年）を読まれることをお勧めする。また、小河原誠編『批判と挑戦——ポパー哲学の継承と発展にむけて』（未来社、二〇〇〇年）は、本書と同じく従来のポパー理解に対する問題提起を狙っている。さらに、ポパー研究会編集の論文集も近々刊行される予定である。本書と合わせて読まれることをお勧めしたい。

二〇〇〇年八月

筆者

Poppers, Frankfurt am Main : Suhrkamp.

Wendel, H. J. [1998]: 'Das Abgrenzungsproblem', in Keuth [1998], pp. 41-66.

Wettersten, J. R. [1992]: *The Roots of Critical Rationalism*, Amsterdam : Rodopi.

Weyl, H. [1949]: *Philosophy of Mathematics and Natural Science*, Princeton University Press. 菅原正夫，下村寅太郎，森繁雄訳『数学と自然科学の哲学』岩波書店，1959.

Whitehead, A. N. [1926]: *Science and Modern World*, Cambridge University Press. 上田泰治，村上至孝訳『科学と近代世界』松籟社，1981.

Wiener, N. [1964]: *God and Golem, Inc.* , Cambridge : MIT Press. 鎮目恭夫訳『科学と神』みすず書房，1965.

Williams, D. E. [1989]: *Truth, Hope and Power : The Thought of Karl Popper*, University of Tront Press.

Wolferen, K. van [1994]: *The False Realities of A Politicized Society*. 篠原勝訳『人間を幸福にしない日本というシステム』毎日新聞社，1994.

Worrall, J. [1995]: '"Revolution in Permanence": Popper on Theory Change in Science', in O'Hear [1995], pp. 75-102.

Wright, G. H. von [1938]: 'Der Wahrscheinlichkeitsbegriff in der modernen Erkenntnisphilosophie', *Theoria* IV, pp. 3-20.

山脇直司 [1993]:『包括的社会哲学』東京大学出版会.

Yourgrau, W., van der Merwe, A. (eds.) [1971]: *Perspectives in Quantum Theory*, New York : Dover.

付記．欧文の引用に際して，その多くは自ら新たに訳出した．また，邦訳しか参照できなかったものでも，文脈に合わせるために部分的に修正した場合もある．

立花希一［1988］:「境界設定と生活様式の問題」秋田大学教育学部研究紀要，人文科学・社会科学第 39 集，pp. 1–12.

立花希一［1991a］:「科学と権威主義」小林，中山，中島［1991］, pp. 141–178.

立花希一［1991b］: 'The Paradox of Corroboration',『ポパー・レター』, vol. 3, no. 2, pp. 4–12.

立花希一［1996］:「メタ倫理学と批判的合理主義」秋田大学教育学部研究紀要，人文科学・社会科学第 50 集，pp. 13–23.

立花希一［1997］:「批判的合理主義と汎批判的合理主義の齟齬：反証主義の視点から」秋田大学教育学部研究紀要，人文科学・社会科学，第 51 集，pp. 19–26.

立花希一［1998］:「デュエム＝クワイン・テーゼとポパー」科学哲学 31, pp. 1–31.

戸部良一，寺本義也，鎌田伸一，杉之尾孝生，村井友秀，野中郁次郎［1984］:『失敗の本質，日本軍の組織論的研究』ダイヤモンド社.

Toulmin, S.［1953］: *The Philosophy of Science*, New York : Harper & Row. 藤川吉美訳『科学哲学』東京図書，1971.

Toulmin, S.［1961］: *Foresight and Understanding*, New York : Harper Torchbooks.

Trusted, J.［1979］: *The Logic of Scientific Inference*, London : Macmillan. 所澤保孝，中澤義和，牧野広義，和田武訳『科学の方法と論理』昭和堂，1984.

内井惣七［1995］:『科学哲学入門』世界思想社.

Ullmo, J.［1969］: *La Pensée scientifique moderne*, Paris : Flammarion.

Urmson, J. O.［1956］: *Philosophical Analysis*, Oxford University Press.

van Fraassen, B. C.［1980］: *The Scientific Image*, Oxford University Press. 丹治信春訳『科学的世界像』紀伊国屋書店，1986.

Vollmer, G.［1991］: 'Wider den Instrumentalismus', in Bohnen, Musgrave［1991］, pp. 130–148.

Waismann, F.［1976］: *Logik, Sprache, Philosophie*, Stuttgart : Reclam.

Wallner, F. (ed.)［1985］: *Karl Popper – Philosophie und Wissenschaft, Beiträge zum Popper-Kolloquium*, Wien : Wilhelm Braumüller.

Watkins, J. W. N.［1957/58］: 'Epistemology and Politics', *Proceedings of the Aristotelian Society*, 1957–58, pp. 79–102.

Watkins, J. W. N.［1970］: 'Against "Normal Science" ', in Lakatos, Musgrave［1970］, pp. 25–37. 山田富秋訳「反『通常科学』」邦訳，pp. 41–58.

Watkins, J. W. N.［1984］: *Science and Scepticism*, Princeton : Princeton University Press. 中才敏郎訳『科学と懐疑論』法政大学出版局，1992.

Weber, M.［1922］: *Gesammelte Aufsätze zur Wissenschaftslehre*, Tubingen : J. C. B. Mohr (Paul Siebeck), 5. Aufl., 1982.

Weinberg, G. M.［1971］: *The Psychology of Computer Programming*, New York : Van Nostrand Reinhold. 木村泉，角田博保，久野靖，白濱律雄訳『プログラミングの心理学』技術評論社，1994.

Weingartner, P.［1985］: 'Sind Wertaussagen falsifizierbar ? Ein wissenschaftstheoretischer Ansatz im Anschluß an Popper im Bereich der Werte', in Wallner［1985］, pp. 39–51.

Wellmer, A.［1967］: *Methodologie als Erkenntnistheorie, Zur Wissenschaftslehre Karl R.*

Russell, B. [1912]: *The Problems of Philosophy*, Oxford University Press, 1967. 生松敬三訳『哲学入門』角川文庫，1965.

Russell, B. [1914]: *Our Knowledge of the External World*, London : George Allen & Unwin, 1922.「外部世界はいかにして知られうるか」，山元一郎編『世界の名著 58』中央公論社，1971, pp. 81-304.

Russell, B. [1927]: *An Outline of Philosophy*, New York : Meridian, 1974.

Russell, B. [1935]: *Religion and Science*, Oxford University Press, 1961. 津田訳『宗教から科学へ』荒地出版社，1965.

Russell, B. [1948]: *Human Knowledge : Its Scope and Limits*, New York : Simon and Schuster. 鎮目恭夫訳『人間の知識―その範囲と限界―』みすず書房，1960.

Russell, B. [1961]: *Fact and Fiction*, London : George Allen & Unwin. 北川悌二訳『事実と虚構』音羽書房，1962.

Salmon, W. [1984]: *Scientific Explanation and the Causal Structure of the World*, Princeton University Press.

Schäfer, L. [1988]: *Karl R. Popper*, München : C. H. Beck, 2. Aufl., 1992.

Schilpp, P. A. (ed.) [1949]: *Albert Einstein, Philosopher-Scientist*, La Salle : Open Court, 3rd ed., 1982.

Schilpp, P. A. (ed.) [1963]: *The Philosophy of Rudolf Carnap*, La Salle : Open Court.

Schilpp, P. A. (ed.) [1974]: *The Philosophy of Karl Popper*, La Salle : Open Court.

Schleichert, H. (ed.) [1975], *Logischer Empirismus - der Wiener Kreis*, München : Wilhelm Fink Verlag.

Schlick, M. [1925]: *Allgemeine Erkenntnislehre*, Frankfurt am Main : Suhrkamp, 1979.

Schlick, M. [1931]: 'Kausalität in der gegenwärtigen Physik', *Naturwissenschaften* 19, pp. 145-162.

Schurz, G. [1998]: 'Das Problem der Induktion', in Keuth [1998], pp. 25-40.

Scriven, M. [1962] : 'Explanations, Predictions, and Laws', in Feigl, H, Maxwell, G [1962], pp. 170-230.

Seiffert, H., Radnitzky, G. (eds.) [1989]: *Handlexikon zur Wissenschaftstheorie*, München.

関雅美 [1990]:『ポパーの科学論と社会論』勁草書房.

Shapiro, E. Y. [1982]: *Algorithmic Program Debugging*, Cambridge, Massachusetts : The MIT Press.

Stegmüller, W. [1978/79]: *Hauptstromungen der Gegenwartsphilosophie*, Stuttgart : Kröner, 6. Aufl. 中埜肇，竹尾治一郎監訳『現代哲学の主潮流』法政大学出版局，1981-95.

Stokes, G. [1998]: *Popper*, Cambridge : Polity Press.

高島弘文 [1974]:『カール＝ポパーの哲学』東京大学出版会.

高島弘文 [1997]:「帰納の実践的問題――反 D. ミラー論――」神戸大学人文学部，人文学部紀要第 15 号，pp. 87-109.

竹尾治一郎 [1994]:「ポパーと帰納法の問題」，長尾，河上 [1994]，pp. 138-143.

竹尾治一郎 [1999]:『分析哲学入門』世界思想社.

立花希一 [1984]:「ポパーの批判的方法について」哲学・思想論叢第 2 号，pp. 25-35.

Popper, K. R. [1984c]: *L'Univers irrésolu : plaidoyer pour indéterminisme*, Paris : Hermann, traduction française de R. Bouveresse.

Popper, K. R. [1989]: 'The Critical Approach versus the Mystique of Leadership', *Human Systems Management* **8**, pp. 259–265.

Popper, K. R. [1990]: *A World of Propensities*, Bristol : Thoemmes. 田島裕訳『確定性の世界』信山文庫，1998.

Popper, K. R. [1994a]: *The Myth of the Framework*, London : Routledge. ポパー哲学研究会訳『フレームワークの神話』未來社，1998.

Popper, K. R. [1994b]: *Knowledge and the Body-Mind Problem*, London : Routledge.

Popper, K. R. [1994c]: *Alles Leben ist Problemlösen*, München : Piper.

Popper, K. R., Andersson, G., Radnitzky, G. [1989]: 'Zwei Bedeutungen von Falsifizierbarkeit', in Seiffert, Radnitzky [1989], pp. 82–86.

Popper, K. R., Chmielewski, A. J. [1999]: 'The Future is Open : A Conversation with Sir Karl Popper', in Jarvie, Prolong [1999], pp. 28–38.

Popper, K. R., Eccles, J. C. [1977]: *The Self and Its Brain*, London : Routledge, 1983. 西脇与作，大村裕訳『自我と脳』思索社，1986.

Popper, K. R., Kreuzer, F. [1982]: *Offene Gesellschaft-offene Universum*, Munchen : Piper. 小河原誠訳『開かれた社会―開かれた宇宙』未來社

Popper, K. R., Lorenz, K. [1985]: *Die Zukunft ist offen*, München : Piper, 6. Aufl., 1994. 辻瑆訳『未来は開かれている』新思索社，1986.

Popper, K. R., Miller, D. [1983]: 'A Proof of Impossibility of Inductive Probability', *Nature* **302**, 21, pp. 687–688.

Popper, K. R., Miller, D. [1987]: 'Why Probabilistic Support is not Inductive', *Philosophical Transactions Royal Society* **321**, pp. 569–591.

Pressman, R. S. [1982]: *Software Engineering, A Practitioner's Approach*, New York : McGraw-Hill, 3rd ed., 1992.

Ptolemaios, K. [1984]: *Ptolemy's Almagest.*, tr. By G. J. Toomer, Duckworth, 1984.

Putnam, H. [1974]: 'The "Corroboration" of Theories', in Schilpp [1974], pp. 221–240.

Quine, W. V. O. [1953]: *From a Logical Point of View*, Harbard University Press, 2nd ed., 1980. 飯田隆訳『論理的観点から』勁草書房，1992.

Radbruch, G. [1973]: *Rechtsphilosopie*, Stuttgart, Köhler, 8 Aufl., 1973. 田中耕太郎訳『法哲学』東京大学出版会，1961.

Radnitzky, G., Bartley III, W. W. (eds.) [1987]: *Evolutionary Epistemology, Rationality, and the Sociology of Knowledge*, La Salle : Open Court.

Reichenbach, H. [1938]: *Experience and Prediction*, The University of Chicago Press.

Reichenbach, H. [1949]: *The Theory of Probability*, University of California Press, 1971, English translation by E. H. Hutten, M. Reichenbach.

Reichenbach, H. [1951]: *The Rise of Scientific Philosophy*, Berkeley : University of California Press. 市井三郎訳『科学哲学の形成』みすず書房，1954.

Rescher, N. [1958]: 'On Prediction and Explanation', *The British Journal for the Philosophy of Science* **8**, pp. 281–290.

Richards, S. [1983]: *Philosophy and Sociology of Science*, Oxford : Basil Blackwell. 岩坪紹夫訳『科学・哲学・社会』紀伊国屋書店，1985.

chaft.

大江志乃夫［1985］:『日本の参謀本部』中公新書.

Parain-Vial, J. [1983]: *Philosophie des sciences de la nature, tendances nouvelles*, Paris : Klincksieck.

Poincaré, H. [1902]: *La Science et l'Hypothèse*, Paris : Flammarion, 1968. 河野伊三郎訳『科学と仮説』岩波文庫, 1938.

Poincaré, H. [1905]: *La Value de la Science*, Paris : Flammarion, 1970. 吉田洋一訳『科学の価値』岩波文庫, 1977.

Poincaré, H. [1913]: *Dernières pensées*, Paris : Flammarion. 河野伊三郎訳『晩年の思想』岩波文庫, 1939.

Popper, K. R. [1933]: 'Ein Kriterium des empirischen Charakters theoretischer Systeme', *Erkenntnis* **3**, pp. 426-427, reprinted in Popper [1934], pp. 253-258.

Popper, K. R. [1934]: *Logik der Forschung*, Tübingen : J. C. B. Mohr, 7. Aufl., 1982.

Popper, K. R. [1945]: *The Open Society and Its Enemies*, Princeton University Press, volume I and II, 5th ed., 1966. 内田詔夫, 小河原誠訳『開かれた社会とその敵』未來社, 1980.

Popper, K. R. [1957]: *The Poverty of Historicism*, London : Routledge and Kegan Paul, 2nd ed., 1960. 久野收, 市井三郎訳『歴史主義の貧困』中央公論社, 1980.

Popper, K. R. [1959a]: *The Logic of Scientific Discovery*, New York : Harper & Row, 1965. 大内義一, 森博訳『科学的発見の論理』恒星社厚生閣, 1971/1972.

Popper, K. R. [1959b]: 'The Propensity Interpretation of Probability', *The British Journal for the Philosophy of Science* **10**, pp. 25-42.

Popper, K. R. [1963]: *Conjectures and Refutations*, London : Routledge and Kegan Paul, 4th ed., 1972. 藤本隆志, 石垣寿郎, 森博訳『推測と反駁』法政大学出版局, 1980.

Popper, K. R. [1970]: 'Normal Science and Its Danger', in Lakatos, Musgrave [1970], pp. 51-58. 森博訳「通常科学とその危険」邦訳, pp. 75-85.

Popper, K. R. [1971]: 'Particle Annihilation and the Argument of Einstein, Podolsky, and Rosen', Yourgrau, van der Merwe [1971], pp. 182-198.

Popper, K. R. [1972]: *Objective Knowledge*, Oxford at the Clarendon Press, revised ed., 1979. 森博訳『客観的知識』木鐸社, 1974.

Popper, K. R. [1974]: 'Replies to My Critics', in Schilpp [1974], pp. 961-1197.

Popper, K. R. [1976]: *Unended Quest*, Glasgow : Fontana/Collins. 森博訳『果てしなき探求』岩波書店, 1995/96.

Popper, K. R. [1979]: *Die beiden Grundprobleme der Erkenntnistheorie*, Tubingen : J. C. B. Mohr.

Popper, K. R. [1982a]: *The Open Universe*, London : Routledge, 1988. 小河原誠, 蔭山泰之訳『開かれた宇宙』岩波書店, 1999.

Popper, K. R. [1982b]: *Quantum Theory and the Schism in Physics*, London : Hutchinson.

Popper, K. R. [1983]: *Realism and the Aim of Science*, London : Routledge, 1999.

Popper, K. R. [1984a]: *Auf der Suche nach einer besseren Welt*, München : Piper. 小河原誠, 蔭山泰之訳『よりよき世界を求めて』未來社, 1995.

Popper, K. R. [1984b]: 'Against Induction : One of Many Arguments', in Andersson [1984c], pp. 245-247.

Collins, 1962. 塩尻公明，木村健康訳『自由論』岩波文庫，1971.
Miller, D. [1982]: 'Conjectural Knowledge : Popper's Solution of the Problem of Induction', in Levinson [1982], pp. 17–49.
Miller, D. [1994]: *Critical Rationalism : Restatement and Defence*, La Salle : Open Court.
Miller, D. [1995]: 'Propensities and Indeterminism', in O'Hear [1995], pp. 121–147.
南博 [1953]:『日本人の心理』岩波新書.
Monod, J. [1970]: *Le hasard et la nécessité*, Paris : E'ditions du Seuil. 渡辺格，村上光彦訳『偶然と必然』みすず書房，1972.
Moore, G. E. [1903]: *Principia Ethica*, Cambridge University Press. 深谷昭三訳『倫理学原理』三和書房，1973.
村上陽一郎 [1980]:『科学のダイナミックス』サイエンス社.
Musgrave, A. [1991]: 'What is Critical Rationalism ?', in Bohnen, Musgrave [1991], pp. 17–30.
Myers, G. J. [1976]: *Software Reliability*, New York : John Wiley & Sons. 有沢誠訳『ソフトウェアの信頼性』近代科学社，1977.
Myers, G. J. [1978]: *Composite/Structured Design*, New York : Van Nostrand Reinhold. 国友義久，伊藤武夫訳『ソフトウェアの複合／構造化設計』近代科学社，1979.
Myers, G. J. [1979]: *The Art of Software Testing*, New York : John Wiley & Sons. 長尾真監訳，松尾正信訳『ソフトウェアのテスト技法』近代科学社，1980.
長尾龍一，河上倫逸編 [1994]:『開かれた社会の哲学，カール・ポパーと現代』未來社.
Nagel, E [1938]: 'Principles of the Theory of Probability', in Neurath, Carnap, Morris [1938], pp. 341–422.
Nagel, E. [1979]: *Teleology Revisited and Other Essays in the Philosophy and History of Science*, New York : Columbia University Press.
Neurath, O. [1935]: 'Pseudorationalismus der Falsifikation', *Erkenntnis* 5, pp. 353–365, reprinted in Neurath, *Wissenschafliche Weltauffassung Sozialismus und Logischer Empirismus*, Frankfurt am Main : Suhrkamp, 1979, pp. 132–144.
Neurath, O., Carnap, R., Morris, C., (eds.) [1938]: *Foundations of the Unity of Science*, The Chicago University Press, volume I.
Newton-Smith, W. H. [1981]: *The Rationality of Science*, London : Routledge and Kegan Paul.
野家啓一 [1993]:『科学の解釈学』新曜社.
野中郁二郎 [1985]:『企業進化論』日本経済新聞社.
Notturno, M .A. [1999]: '*The Open Society and Its Enemies* : Authority, Community, and Bureaucracy', in Jarvie, Prolong [1999], pp. 41–55.
Notturno, M .A. [2000]: *Science and Open Society*, Budapest : Central European University Prss.
Obermeier, O. P. [1980]: *Poppers "kritischer Rationalismus"*, München : Ernst Vögel.
O'Hear, A. [1980]: *Karl Popper*, London : Routledge and Kegan Paul.
O'Hear, A. (ed.) [1995]: *Karl Popper : Philosophy and Problems*, Cambridge University Press.
Ostwald, W. [1916]: *Abhandlungen und Vorträge*, Leibzig : Akademische Verlagsgesells-

1978. 大槻春彦訳『人間本性論』岩波文庫，1948/52.

市井三郎［1963］:『哲学的分析』岩波書店.

飯塚浩二［1991］:『日本の軍隊』岩波書店.

伊東俊太郎［1981］:『科学と現実』中央公論社.

岩崎武雄［1976］:『真理論』東京大学出版会.

Jarvie, I., Prolong, S. (eds.) [1999]: *Popper's Open Society after 50 Years*, London : Routledge.

Jeffrey, R. C. [1984]: 'The impossibility of inductive probability', *Nature* **310**, p. 433.

Keat, R., Urry, J. [1982]: *Social Theory as Science*, London : Routledge and Kegan Paul.

Keuth, H. (ed.) [1998]: *Karl Popper, Logik der Forschung*, Berlin : Akademie Verlag, 1998.

Kitcher, P. [1981]: 'Explanatory Unification', *Philosophy of Science* **48**, pp. 507–531

Kneale, W. C. [1974]: 'The Demarcation of Science', in Schilpp [1974], pp. 205–217.

小林傳司，中山伸樹，中島秀人編［1991］:『科学とは何だろうか』木鐸社.

小河原誠［1993］:『討論的理性批判の冒険』未來社.

小河原誠［1997］:『ポパー——批判的合理主義』講談社.

Kuhn, T. S. [1962]: *The Structure of Scientific Revolutions*, The University of Chicago Press, 2nd ed., 1970. 中山茂訳『科学革命の構造』みすず書房，1971.

Kuhn, T. S. [1970]: 'Reflections on my Critics', in Lakatos, Musgrave [1970], pp. 231–278. 立花希一訳「私の批判者たちについての考察」邦訳，pp. 323–387.

Kuhn, T. S. [1977]: *The Essential Tension*, The University of Chicago Press. 安孫子誠也，佐野正博訳『本質的緊張』みすず書房，1987.

Lakatos, I. [1978a]: *The Methodology of Scientific Research Programmes*, Cambridge University Press. 村上陽一郎，井山弘幸，小林傳司，横山輝雄訳『方法の擁護』新曜社，1986.

Lakatos, I [1978b]: *Mathematics, Science and Epistemology*, Cambridge University Press.

Lakatos, I., Musgrave, A. (eds.) [1970]: *Criticism and the Growth of Knowledge*, Cambridge University Press. 森博監訳『批判と知識の成長』木鐸社，1985.

Laplace, P. S. [1814]: *Essai philosophique sur les Probabilités*, Paris : Gauthier-villars. 内井惣七訳『確率の哲学的試論』岩波文庫，1997.

Laudan, L. [1977]: *Progress and Its Problems*, Berkeley : University of California Press. 村上陽一郎，井山弘幸訳『科学は合理的に進歩する』サイエンス社，1986.

Laudan, L. [1981a]: *Science and Hypothesis*, Dordrecht : D Reidel.

Laudan, L. [1981b]: 'A Problem-Solving Approach to Scientific Progress', in Hacking [1981], pp. 144–155.

Laudan, L. [1984]: *Science and Values*, University of California Press.

Levinson, P. (ed.) [1982]: *In Pursuit of Truth, Essays on the Philosophy of Karl Popper on the Occasion of His 80th Birthday*, New Jersey : Humanities Press.

Mach, E. [1926]: *Erkenntnis und Irrtum*, Darmstadt : Wissenschaftliche Buchgesellschaft, 1980.

Malherbe, J. F. [1976]: *La philosophie de Karl Popper et le positivisme logique*, Namur : Presses Universitaires de Namur, 2e edition, 1979.

丸山眞男［1964］:『現代政治の思想と行動』未來社，増補版.

Mill, J. S. [1859]: *On Liberty*, reprinted in Mill, J. S., Utilitarianism, Glasgow : William

Gillies, D. [1995]: 'Popper's Contribution to the Philosophy of Probability', in O'Hear [1995], pp. 103–120.

Gómez Tutor, J. I. [1988]: *Das Induktions- und Abgrenzungsproblem in den Fruhschriften von Karl R. Popper*, Frankfurt am Main : Peter Lang.

Goodman, N. [1954]: *Fact, Fiction and Forecast*, Cambridge : Harvard University Press, 4th ed., 1983. 雨宮民雄訳『事実，虚構，予言』勁草書房，1987.

Greenwood, J. D. [1990]: 'Two Dogmas of Neo-empiricism : The "Theory-Informity" of Observation and the Quine-Duhem Thesis', *Philosophy of Science* **57**, pp. 553–574.

Gröbl, E. [1983]: *Geltung und Gegenstand, Zur Metaphysik im Fruhwerk Karl R. Poppers*, Frankfurt am Main : Campus Verlag.

Hacking, I. [1965]: *Logic of Statistical Inference*, Cambridge University Press.

Hacking, I. (ed.) [1981]: *Scientific Revolutions*, Oxford University Press.

Hacohen, M. H. [1993]: *The Making of Open Society : Karl Popper, Philosophy and Politics in Interwar Vienna*, UMI Dissertation Information Service.

Hahn, H. [1933]: 'Logik, Mathematik und Naturerkennen', *Einheitswissenschaft*, Heft 2, pp. 5–33, reprinted in Schleichert [1975], pp. 40–69.

浜井修 [1990]:「ポパー哲学の問題点」『ポパー・レター』，vol. 2，no.2，pp. 9–10.

Hanfling, O. [1981]: *Logical Positivism*, Oxford : Basil Blackwell.

Hanson, N. R. [1958]: *Patterns of Discovery*, Cambridge University Press. 村上陽一郎訳『科学的発見のパターン』講談社学術文庫，1986.

Heisenberg, W. [1927]: 'Über den anschaulichen Inhalt der quantentheoretischen Kinematik und Mechanik', *Zeitschrift für Physik* 43, pp. 172–198. 河辺六男訳「量子論的な運動学および力学の直観的内容について」湯川秀樹，井上健編『世界の名著 66』中央公論社，1970, pp. 325–355.

Hempel, C. G. [1937]: 'Le problème de la vérite", *Theoria* **III**, pp. 206–246.

Hempel, C. G. [1965]: *Aspects of Scientific Explanation*, New York : Free Press. 長坂源一郎訳『科学的説明の諸問題』岩波書店，1973.

Hempel, C. G. [1966]: *Philosophy of Natural Science*, Englewood Cliffs : Prentice-Hall. 黒崎宏訳『自然科学の哲学』培風館，1967.

Hesse, M. [1970]: *Models and Analogies in Science*, Notre Dame University Press. 高田紀代志訳『科学・モデル・アナロジー』培風館，1986.

Hesse, M. [1980]: *Revolution & Reconstruction in the Philosophy of Science*, Harvester Press. 村上陽一郎，横山輝雄，鬼頭秀一，井山弘幸訳『知の革命と再構成』サイエンス社，1986.

広重徹 [1965]:『科学と歴史』みすず書房.

広重徹 [1970a]:「存在 vs. 機能」広重 [1970b], pp. 257–314.

広重徹編 [1970b]:『科学史のすすめ』筑摩書房.

広重徹 [1979]:『近代科学再考』朝日新聞社.

Hübner, K. [1978]: *Kritik der wissenschaftlichen Vernunft*, Freiburg/München : Karl Alber, 2. Aufl., 1979. 神野慧一郎，中才敏郎，熊谷陽一訳『科学的理性批判』法政大学出版局，1992.

Hume, D. [1739/40]: *A Treatise of Human Nature*, Oxford University Press, 2nd ed.,

Carnap, R. [1950]: *The Nature and Application of Inductive Logic, Consisting of Six Sections from Logical Foundations of Probability*, The University of Chicago Press.

Carnap, R. [1952]: *The Continuum of Inductive Methods*, The University of Chicago Press.

Carnap, R. [1959]: *Inductive Logik und Wahrscheinlichkeit*, Wien : Springer.

Carnap, R. [1963]: 'Intellectual Autobiography', in Schilpp [1963], pp. 3–84.

Carnap, R. [1966a]: *Scheinprobleme in der Philosophie*, Frankfurt am Main : Suhrkamp.

Carnap, R. [1966b]: *An Introduction to the Philosophy of Science*, New York : Harper. 沢田允茂，中山浩二郎，持丸悦朗訳『物理学の哲学的基礎』岩波書店，1963.

Carnap, R., Hahn, H., Neurath, O. [1929]: 'Wissenschaftliche Weltauffassung – Der Wiener Kreis', *Veroffentlichungen des Vereins Ernst Mach*, pp. 9–30, reprinted in Schleichert [1975], pp. 201–222.

Carr, E. H. [1961]: *What is History ?*, Penguin books. 清水幾太郎訳『歴史とはなにか』岩波新書，1962.

Chalmers, A. F. [1976/99]: *What is this Thing called Science ?*, Indianapolis : Hackett, 3rd edition, 1999. 高田紀代志，佐野正博訳『新版科学論の展開』恒星社厚生閣，1985.

Copernicus, N. [1543]: *De revolutionibus orbium coelestium*. 矢島祐利訳『天球の回転について』岩波文庫，1953.

Corvi, R. [1997]: *An Introduction into the Thought of Karl Popper*, London : Routledge, English translation by P. Camiller.

Diderot, D., d'Alembert, J. [1751/80]: *Encyclopédie*, Readex Microprint Corporation, 1969.

Duhem, P. [1906]: *La théorie physique : son objet-sa structure*, Paris : Vrin, 1981. 小林道夫，熊谷陽一，安孫子信訳『物理理論の目的と構造』勁草書房，1991.

Düsberg, K. J. [1979]: 'Sind emprische Theorien falsifizierbar ?', *Zeitschrift für allgemeine Wissenschaftstheorie* **10**, pp. 11–27.

Fain, H. [1963]: 'Some Problems of Causal Explanation', *Mind* **72**, pp. 519–532.

Feigl, H., Maxwell, G. (eds.) [1962]: *Scientific Explanation, Space, and Time*, Minnesota Studies in the Philosophy of Science, Volume III, Mineapolis : University of Minnesota Press.

Festinger, L. [1957]: *A Theory of Coginitive Dissonance*, Evanston : Row, Peterson. 末永俊郎監訳『認知的不協和の理論』誠信書房，1965.

Feyerabend, P. [1975a]: *Against Method*, London : Verso, 1978. 村上陽一郎，渡辺博訳『方法への挑戦』新曜社，1981.

Feyerabend, P. [1975b]: 'How to defend Society against Science', *Radical Philosophy* **2**, reprinted in Hacking [1981], pp. 156–167.

Feyerabend, P. [1978]: *Science in a Free Society*, London : Verso, 1982.

Forge, J. [1980]: 'The Structure of Physical Explanation', *Philosophy of Science* **47**, pp. 203–226.

Friedman, M. [1974]: 'Explanation and Scientific Understanding', *Journal of Philosophy* **71**, pp. 5–19.

Geier, M. [1994]: *Karl Popper*, Hamburg : Rowohlt, 2. Aufl.

Gillies, D. [1993]: *Philosophy of Science in the Twentieth Century*, Oxford : Blackwell.

Baker, S. F. [1957]: *Induction and Hypothesis*, Cornell University Press.

Bartley III, W. W. [1962]: *The Retreat to Commitment*, La Salle : Open Court, 2nd ed., 1984.

Bartley III, W. W. [1982a]: 'Critical Study : The philosophy of Karl Popper Part III : Rationality, Criticism, and Logic', *Philosophia* **11**, pp. 121–221.

Bartley III, W. W. [1982b] : 'A Popperian Harvest', in Levinson [1982], pp. 249–289. 小河原誠訳「ポパー哲学収穫の秋」，小河原誠編訳『ポパー哲学の挑戦』未來社，1986, pp. 7–79, 203–218.

Bartley III, W. W. [1987]: 'Alienation Alienated : The Economics of Knowledge versus the Psychology and Sociology of Knowledge', in Radnitzky, Bartley [1987], pp. 423–451.

Baudouin, J. [1989]: *Karl Popper*, Paris : Press Universitaires de france, 3e édition corrigée, 1995.

Bohnen, A., Musgrave, A. (eds.) [1991]: *Wege der Vernunft, Festschrift zum siebzigsten Geburtstag von Hans Albert*, Tübingen : J. C. B. Mohr.

Bohr, N. [1949]: 'Discussion with Einstein on Epistemological Problems in Atomic Physics', in Schilpp [1949], pp. 199–241. 山本義隆訳「原子物理学における認識論上の問題をめぐるアインシュタインとの討論」，山本義隆編訳『因果性と相補性』岩波文庫，1999, pp. 209–272.

Bolzmann, L. [1925]: *Populäre Schriften*, Leibzig : Johan Ambrosius Barth, 3. Aufl.

Bouveresse, R. [1981]: *Karl Popper ou le rationalisme critique*, Paris : Vrin.

Bouveresse, R. (ed.) [1989]: *Karl Popper et la science d'aujourd'hui*, Aubier.

Boyer, A. [1989]: 'La méthode en perspective', in Bouveresse [1989], pp. 95–101.

Boyer, A. [1994]: *Introduction à la lecture de Karl Popper*, Paris : Presses de l'école normale supérieure.

Bridgeman, P. W. [1927]: *The Logic of Modern Physics*, New York : Arno Press, 1980. 今田恵，石橋栄訳『現代物理学の論理』創元社，1941.

Bronowski, J. [1974]: 'Humanism and the Growth of Knowledge', in Schilpp [1974], pp. 606–631.

Brooks Jr., F. P. [1975]: *The Mythical Man-Month*, Reading : Addison-Wesley, Anniversary edition, 1995. 滝沢徹，牧野祐子，富澤昇訳『人月の神話』アジソン・ウェイスレイ・パブリッシャーズ・ジャパン，1996.

Brown, H. [1977]: *Perception, Theory and Commitment*, University of Chicago Press. 野家啓一，伊藤春樹訳『科学論序説』培風館，1985.

Bunge, M. [1959]: *Causality and Modern Science*, New York : Dover, 3rd ed., 1979. 黒崎宏訳『因果性』岩波書店，1972.

Burke, T. E. [1983]: *The Philosophy of Popper*, Manchester University Press.

Carnap, R. [1928]: *Der logische Aufbau der Welt*, Hamburg : Felix Meiner, 3. Aufl., 1966.

Carnap, R. [1934]: 'Theoretische Fragen und praktische Entscheidungen', *Natur und Geist* **2**, Nr. 9, pp. 257–260.

Carnap, R. [1945]: 'On Inductive Logic', *Philosophy of Science* **12**, pp. 72–97. 内井惣七訳「帰納論理について」永井成男，内田種臣編『カルナップ哲学論集』紀伊国屋書店，1977, pp. 57–95.

文献一覧

Ackermann, R. J. [1976]: *The Philosophy of Karl Popper*, The University of Massachusetts Press.

Agassi, J. [1975]: *Science in Flux*, Dordrecht : D. Reidel.

Albert, H. [1968]: *Traktat über kritische Vernunft*, Tübingen : J. C. B. Mohr, 4. Aufl., 1980. 萩原能久訳『批判的理性論考』御茶の水書房，1985.

Albert, H. [1971]: *Plädoyer für kritischen Rationalismus*, München : Piper.

Albert, H. [1977]: *Kritische Vernunft und menschliche Praxis*, Stuttgart : Reclam.

Albert, H. [1982]: *Die Wissenschaft und die Fehlbarkeit der Vernunft*, Tübingen : J. C. B. Mohr.

Albert, H. [1987]: *Kritik der reinen Erkenntnislehre*, Tübingen : J. C. B. Mohr.

Andersson, G. [1982]: 'Naïve and Critical Falsificationism', in Levinson [1982], pp. 50-63.

Andersson, G. [1984a]: 'Creativity in Science and Politics', in Andersson [1984c], pp. 1-14.

Andersson, G. [1984b]: 'How to accept fallible Test Statements', in Andersson [1984c], pp. 47-68.

Andersson, G. (ed.) [1984c]: *Rationality in Science and Politics*, Dordrecht : Reidel.

Andersson, G. [1988]: *Kritik und Wissenschaftsgeschichte : Kuhns, Lakatos' und Feyerabends Kritik des kritischen Rationalismus*, Tübingen : J. C. B. Mohr.

Andersson, G. [1992]: 'Popper : Logik der Forschung', in *Hauptwerke der Philosophie 20. Jahrhundert*, Stuttgart : Reclam, pp. 205-235.

碧海純一 [1959]:『法哲学概論』弘文堂，全訂第一版，1973.

碧海純一 [1973]:『合理主義の復権』木鐸社，再増補版，1981.

Apel, K.O [1975]: 'The Problem of Philosophical Fundamental Grounding in Light of a Transcendental Pragmatics of Language', *Man and World* vol. 8, Nr. 3. 竹市明弘編『哲学の変貌』岩波書店，1984, pp. 185-266.

Ariew, R. [1984]: 'The Duhem Thesis', *The British Journal for the Philosophy of Science* 35, pp. 313-325.

有沢誠 [1988]:『ソフトウェア工学』岩波書店.

Artigas, M. [1999]: *The Ethical Nature of Karl Popper's Theory of Knowledge*, Berne : Peter Lang.

Aronson, J. L. [1984]: *A Realist Philosophy of Science*, London : Macmillan.

Ayer, A. J. [1936]: *Language, Truth and Logic*, Penguin Books, 1971. 吉田夏彦訳『言語，真理，論理』岩波書店，1951.

Ayer, A. J. [1956]: *The Problem of Knowledge*, Penguin Books. 神野慧一郎訳『知識の哲学』白水社，1981.

Ayer, A. J. [1959a]: 'Editor's Introduction', in Ayer [1959b], pp. 3-28.

Ayer, A. J. (ed.) [1959b]: *Logical Positivism*, New York : Free Press.

Ayer, A. J. [1972]: *Probability and Evidence*, London : Macmillan.

Ayer, A. J. [1973]: *The Central Questions of Philosophy*, Penguin Books, 1976. 竹尾治一郎訳『哲学の中心問題』法政大学出版局，1976.

マ行

ヤ行

ラ行

ワ行

タ行

ナ行

ハ行

サ行

ア行

カ行

マ行

ヤ行

ラ行

ワ行

人名索引

ア行

カ行

サ行

タ行

ナ行

ハ行

■著者略歴

蔭山泰之（かげやま・やすゆき）

一九六一年　東京生まれ。

一九八八年　東京大学大学院理学系研究科修士課程修了

現在　コンピュータ・メーカー勤務

共著　小河原誠編『批判と挑戦』（二〇〇〇年、未來社）

共訳書　カール・R・ポパー『よりよき世界をもとめて』（一九九五年、未來社）、『フレームワークの神話』（一九九八年、未來社）

【ポイエーシス叢書44】

批判的合理主義の思想

二〇〇〇年十月三十日　初版第一刷発行

定価……本体二八〇〇円＋税

著者……蔭山泰之

発行所……株式会社　未来社

東京都文京区小石川三―七―二
振替　〇〇一七〇―三―八七三八五
電話（03）3814-5521〜4
http://www.miraisha.co.jp/
Email: info@miraisha.co.jp

発行者……西谷能英

印刷……精興社

製本……富士製本

ISBN4-624-93244-7 C0310

ポイエーシス叢書

（消費税別）

☆は近刊

1 起源と根源　カフカ・ベンヤミン・ハイデガー　小林康夫著　二八〇〇円
2 未完のポリフォニー　バフチンとロシア・アヴァンギャルド　桑野隆著　二八〇〇円
3 ポスト形而上学の思想　ユルゲン・ハーバーマス著／藤澤賢一郎・忽那敬三訳　二八〇〇円
4 アンチ・ソシュール　ポスト・ソシュール派文学理論批判　レイモンド・タリス著／村山淳彦訳　四二〇〇円
5 知識人の裏切り　ジュリアン・バンダ著／宇京頼三訳　二八〇〇円
6 「意味」の地平へ　レヴィ＝ストロース、柳田国男、デュルケーム　川田稔著　一八〇〇円
7 巨人の肩の上で　法の社会理論と現代　河上倫逸著　二八〇〇円
8 無益にして不確実なるデカルト　ジャン＝フランソワ・ルヴェル著／飯塚勝久訳　一八〇〇円
9 タブローの解体　ゲーテ「親和力」を読む　水田恭平著　二五〇〇円
10 余分な人間　『収容所群島』をめぐる考察　クロード・ルフォール著／宇京頼三訳　二八〇〇円
11 本来性という隠語　ドイツ的なイデオロギーについて　テオドール・W・アドルノ著／笠原賢介訳　二五〇〇円
12 他者と共同体　湯浅博雄著　三五〇〇円
13 境界の思考　ジャベス・デリダ・ランボー　鈴村和成著　三五〇〇円
14 開かれた社会―開かれた宇宙　哲学者のライフワークについての対話

カール・R・ポパー、フランツ・クロイツァー／小河原誠訳　二〇〇〇円

15 討論的理性批判の冒険　ポパー哲学の新展開　小河原誠著　三二〇〇円

16 ニュー・クリティシズム以後の批評理論（上）　フランク・レントリッキア著／村山淳彦・福士久夫訳　四八〇〇円

17 ニュー・クリティシズム以後の批評理論（下）　フランク・レントリッキア著／村山淳彦・福士久夫訳　三八〇〇円

18 フィギュール　ジェラール・ジュネット著／平岡篤頼・松崎芳隆訳　三八〇〇円

19 ニュー・クリティシズムから脱構築へ　アメリカにおける構造主義とポスト構造主義の受容

アート・バーマン著／立崎秀和訳　六三〇〇円

20 ジェイムスン、アルチュセール、マルクス　『政治的無意識』入門講座

ウィリアム・C・ダウリング著／辻麻子訳　二五〇〇円

21 スーパーセルフ　知られざる内なる力　イアン・ウィルソン著／池上良正・池上冨美子訳　二八〇〇円

22 歴史家と母たち　カルロ・ギンズブルグ論　上村忠男著　二八〇〇円

23 アウシュヴィッツと表象の限界　ソール・フリードランダー編／上村忠男・小沢弘明・岩崎稔訳　三二〇〇円

24 オートポイエーシス・システムとしての法　グンター・トイプナー著／土方透・野崎和義訳　三二〇〇円

25 地上に尺度はあるか　非形而上学的倫理の根本諸規定　ウェルナー・マルクス著／上妻精・米田美智子訳　三八〇〇円

26 ガーダマーとの対話　解釈学・美学・実践哲学

ハンス－ゲオルク・ガーダマー著／カルステン・ドゥット編／巻田悦郎訳　一八〇〇円

27 インファンス読解　ジャン＝フランソワ・リオタール著／小林康夫・竹森佳史ほか訳　二五〇〇円

28 身体　光と闇　石光泰夫著　三五〇〇円

29 マルティン・ハイデガー　伝記への途上で　フーゴ・オット著／北川東子・藤澤賢一郎・忽那敬三訳　五八〇〇円
30 よりよき世界を求めて　カール・R・ポパー著／小河原誠・蔭山泰之訳　三八〇〇円
31 ガーダマー自伝　哲学修業時代　ハンス＝ゲオルク・ガーダマー著／中村志朗訳　三五〇〇円
32 虚構の音楽　ワーグナーのフィギュール　フィリップ・ラクー＝ラバルト著／谷口博史訳　三三〇〇円
33 ヘテロトピアの思考　上村忠男著　二八〇〇円
34 夢と幻惑　ドイツ史とナチズムのドラマ　フリッツ・スターン著／檜山雅人訳　三八〇〇円
35 反復論序説　湯浅博雄著　二八〇〇円
36 経験としての詩　ツェラン・ヘルダーリン・ハイデガー　フィリップ・ラクー＝ラバルト著／谷口博史訳　二九〇〇円
37 アヴァンギャルドの時代　1910年―30年代　塚原史著　二五〇〇円
38 啓蒙のイロニー　ハーバーマスをめぐる論争史　矢代梓著　二六〇〇円
39 フレームワークの神話　科学と合理性の擁護　カール・R・ポパー著／ポパー哲学研究会訳　三八〇〇円
40 グローバリゼーションのなかのアジア　カルチュラル・スタディーズの現在　伊豫谷登士翁・酒井直樹・テッサ・モリス＝スズキ編　二五〇〇円
41 ハーバーマスと公共圏　クレイグ・キャルホーン編／山本啓・新田滋訳　三五〇〇円
42 イメージのなかのヒトラー　アルヴィン・H・ローゼンフェルド著／金井和子訳　二四〇〇円
43 自由の経験　ジャン＝リュック・ナンシー著／澤田直訳　二八〇〇円
44 批判的合理主義の思想　蔭山泰之著　二八〇〇円
45 滞留［付／「私の死の瞬間」］　ジャック・デリダ著／湯浅博雄監訳　二〇〇〇円

本書の関連書

ホッブズ　その思想体系
J・W・N・ワトキンス著／田中浩・高野清弘訳　三八〇〇円

[第2版] 公共性の構造転換　市民社会の一カテゴリーについての探究
ユルゲン・ハーバーマス著／細谷貞雄・山田正行訳　三八〇〇円

信頼　社会の複雑性とその縮減
ニクラス・ルーマン著／野崎和義・土方透訳　一八〇〇円